麦克法兰自选集

REFLECTIONS ON
CAMBRIDGE

反思剑桥

〔英〕艾伦·麦克法兰 著
管可秾 译

商务印书馆
The Commercial Press

Alan Macfarlane
REFLECTIONS ON CAMBRIDGE

Copyright © 2009 by Alan Macfarlane. Chinese (Simplified Characters) Trade paperback copyright © 2022 by The Commercial Press.

All Rights Reserved

本书根据 Social Science Press 2009 年英文版译出

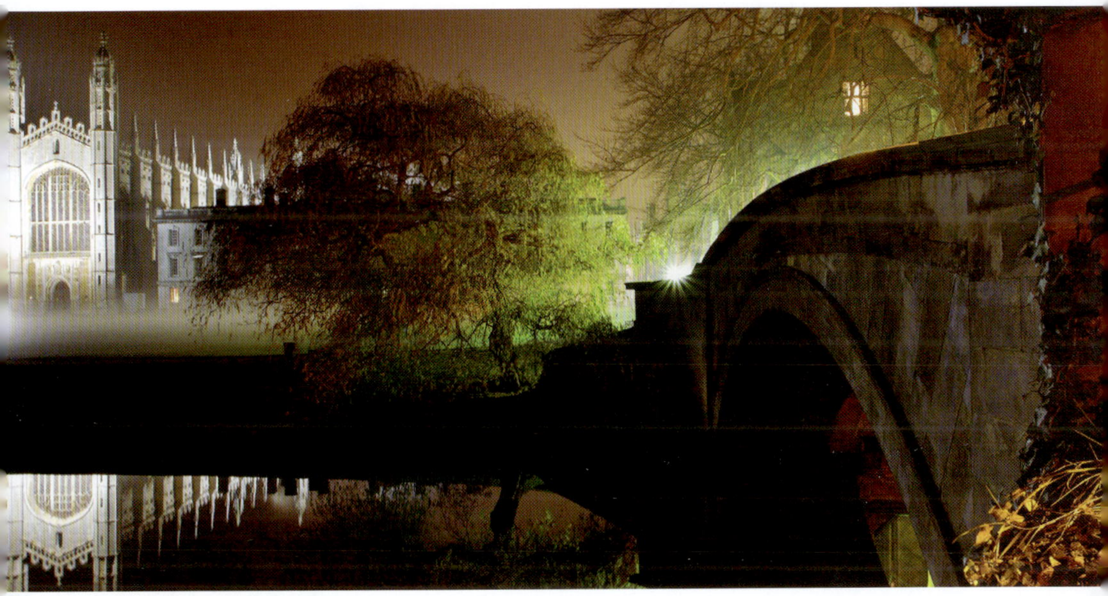

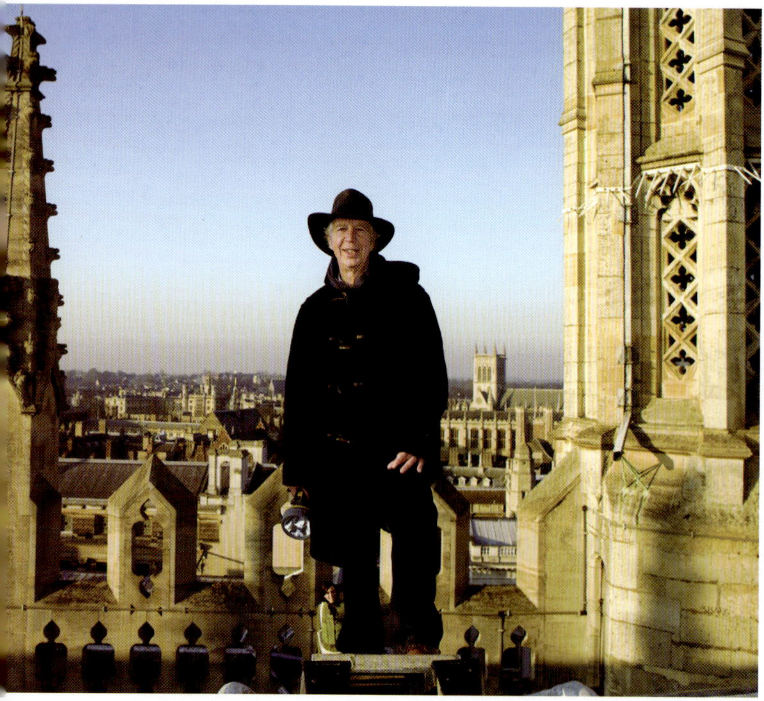

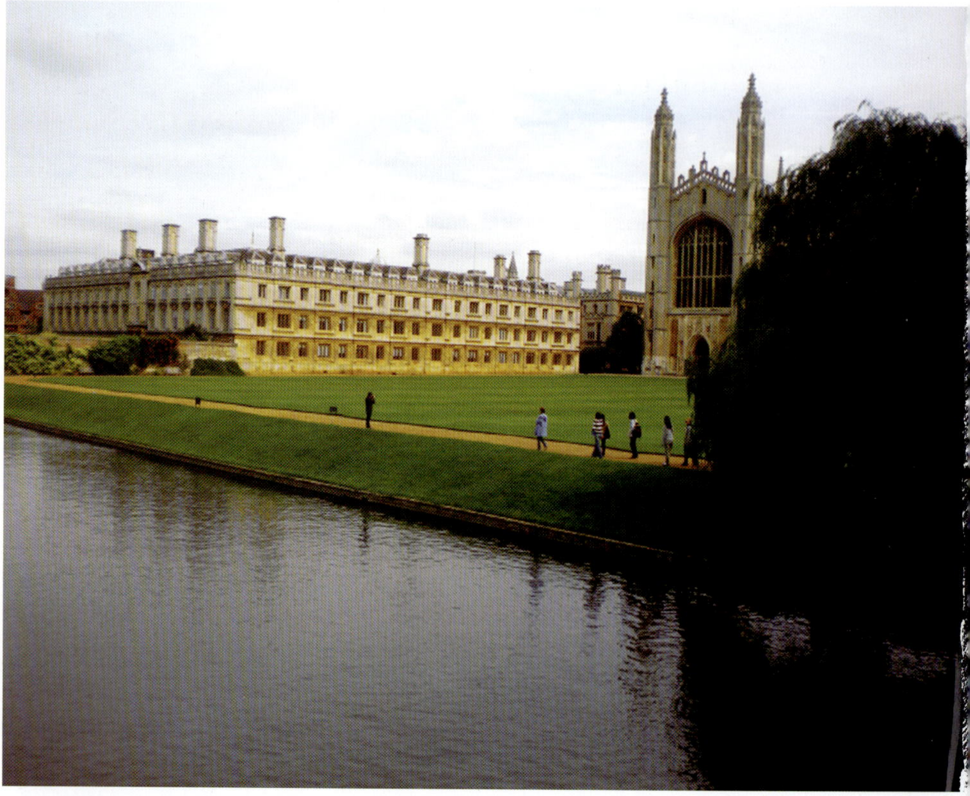

Hinc lucem et pocula sacra

启蒙之所　智识之源

——剑桥校训

致中国读者

为《反思剑桥》中译本作序，是一种特殊的愉快。至此我的书已有六种译介到中国，其中，商务印书馆出版了《玻璃的世界》（2003年）、《给莉莉的信》（2006年）、《英国个人主义的起源》（2008年）和这本《反思剑桥》；上海三联书店出版了《日本镜中行》（2010年）。以上五种的译者都是管可秾。在此我要向译者、商务印书馆和上海三联书店表示感谢。

从表面看，我迄今撰写的二十余种著作好像是在论述各不相同的问题，但是究其内里，它们蕴含着几个共同的主题。而且，这些著作都与当前这本论述剑桥的书有着密切的交织关系。

写作《反思剑桥》的念头，实际上，萌生于我和我的一名中国博士生同访华南的旅途中。由于我们的有趣讨论，加之我在剑桥辅导的中国学生日益增多，我渐渐意识到，这些中国学生，以及在剑桥作长期或短期访问的中国学者，毕竟来自一种迥然不同的历史和文化背景，他们急需一部指南，以索解剑桥的阃奥。今天，中国学生已构成剑桥最大的留学生群体，并且还有更多的中国人希望来此求学，若能有这么一本书，说明英国的大学是如何运作的，特别是阐述剑桥和牛津这两所名校的运行之道，我以为将大有裨益。

1996年至今，我在朋友和学生的陪同下六次游历中国，访问了多所大学并在那里讲学，所到之处，包括清华大学、北京大学、人民大学、武汉大学、天津大学、南京大学、云南大学、汕头大学、厦门大学、成都大学；此外我还作为"李嘉诚剑桥访问教授"在香港中文大学授课。其间，我和很多大学师生进行了交谈，同时也造访了不少中小学校。

由此我认识到，在一定意义上，当代中国正努力按照西方的模式，特别是英美两国的模式，打造自己的大中小学，因而很需要进一步深化对西方的教育制度和教育机构的认识。为了呼应这种需要，本书不仅详述了一所西方大学的外表和外在结构，即所谓皮相，又尤其揭示了它的内在精神，或曰本质。内在的东西虽然更难说清，但是我的人类学训练和研究已经教会我如何深入探究。而身兼历史学者，我的史学素养则教会我从长线观察一个地域的变化性和连贯性，如剑桥在漫漫八百年中所表现的那样。

将西方大学体系的外在形式和内在本质一并移植到当代中国，无疑十分困难。难就难在大学并不是一个可以单独分立出来的组织。一家汽车制造厂，或者一间企业管理办公室，倒是比较容易照搬，一所大学却不然，因为大学与它所处的那个文明在方方面面都深切地融成了一体。为了移植成活，或者反过来，为了留学有益，就必须更加宽泛地了解一所西方大学所处的文化环境。例如，我在书中告诉读者，英格兰的法律、经济、政治权力、家庭结构、阶级关系、个人性格等等，自有它们长期形成的特点，剑桥精神不仅是一面折射它们的镜子，也是一个塑造它们的模具。剑桥大学诞生于一种特定的宗教背景，又从希腊和阿拉伯的源头汲取了一揽子特定的思想方法和逻辑，可见，剑桥大学赖以成长的那个世界判然有别于中国的儒家文明。

英格兰，以及剑桥，历来比较独立，也比较富裕，故而有机会孕育一个良性的环境，供其居民无畏无羁地探究人类世界和自然世界。人们普遍认为，正是这种限制无多的自由，为创造和革新奠定了不可或缺的基础。

提到创造性，我希望读者注意本书的一个要旨。我在书中试图解释，什么样的环境才会是人类进取心的最佳温床，能够引发各种领域的发现、革新和创造性思维。在这方面，剑桥提供的环境可以说无出其右。我们发现，剑桥绝不仅仅是普通意义上的官办机构；它是一个理想，一种生活方式，一次营造优异教学环境、鼓励知性和创造性生活的伟大尝试。

很多西方人感到惭愧，因为在19世纪和20世纪初，我们骄狂的祖辈曾经压榨和羞辱中国。我本人的几位祖辈也难辞其咎，其中有一位曾任英国驻厦门领事。所幸我的祖辈中也不乏教育家，其中有一位曾任剑桥大学国王学院的院长，那是剑桥最伟大的学院之一，碰巧也是如今我所属的学院。中国读者将有望看到，本书大力弘扬了祖辈们的教育成就，而不齿于他们的帝国功业。

剑桥的八百年发展史还可能给予人们另一个启示，或许也会引起中国读者的兴趣，那就是：一切文明都需要改变自己，调整自己，去恶除旧，不断从新思想的涌泉中汲取精华，否则将会淤塞沉滞，最终萎谢凋敝。然而，以人性的、建设性的、比较和平的、无痛苦的方式去实现变化，是一件很难的事情。包括中华文明在内，大多数文明的常例是：变化遭到激烈的抵抗，直到爆发一场革命，犹如洪水决堤，把一切彻底颠覆。

剑桥却大相异趣。悠悠八百载，剑桥的发展史呈现出一个最耐人寻味的特点，我在本书的探索中谓之为"变化的同一"，也就是变化性与连贯性之间的完美平衡———一边不断调整自己，一边保持昔日的最好元素。这种技巧，尤易发育于一种受到天然保护的环境，譬如一个数百年间从未被外力征服的岛国，无怪乎我会发现，"变化的同一"模式在日本和英国发展得最为充分。但是，对于辽阔、自信而强大的当代中国，这种模式同样也不失为一条值得探索的进路。因此本书试图论说，什么样的政治、社会或文化机制既能保障相当快速的变化，又不会将昔日之善破坏殆尽。

专门为中国读者写一篇序言，此中的另一份愉快是证明我个人对中国读者的尊重和喜爱，同时确认一条由我而起的公共纽带。就个人感情而言，在我访问中国的大学和城镇时，在我与中国学生和中国同行的无数次对话中，我遇到的所有人都以他们的开放、好学、变通、敏感给我留下了深刻的印象。他们是极好的交谈对象，善于倾听，言辞合理，不带偏见，而且举止得体。他们那著名的殷勤好客和幽默风趣，更是自不待言。这一切特质，构成了他们未来大步发展的良好基础。

关于那条令我感慨不已的公共纽带，我想提请中国读者特别注意本书正文已经提及的一件事情，即通过我本人而促成的一种中英联系，以此结束这篇简短的序言。

——恕我寡闻，我担任剑桥大学国王学院院士足足三十多年，才初次听说，若干年前一位赫赫有名的中国诗人曾与我们学院发生过一些联系。我进一步追踪这个故事，终于获闻徐志摩的非凡经历和他 1920—1922 年在国王学院的逗留。我听说,其间他将他学习政治经济学的兴趣转移到了阅读英国的浪漫主义诗篇上,于是开始了诗人和作家的崭新事业。初别剑桥时,他写了两首诗表达他的深深眷恋,一首叫做《康桥再会吧》,另一首是《再别康桥》。* 我得知此事后,立刻设法拜读了这两首诗的译文。尔后,当我在徐志摩热爱的街道上和花园里散步时,我再三地玩味其诗,反复地揣摩其人。我发现我自己因他的词句而苏慰,而感动。我蓦然意识到,在我即将离开我执教三十余年的社会人类学系而告退休的时刻,我也在说"剑桥再会吧"——虽不是彻底的道别,** 却至少是对我的一部分剑桥经历的道别。

我与徐志摩的生命和情感开始交织。徐志摩对剑河之畔诸学院后园的眷恋,他对国王学院桥边那棵"金柳"的思慕,与我自己对国王学院的爱融成了一体。我的爱,是知性的、美学的,也是社交的。结果,我不由自主地变成了一名最起劲的谈判家,促成国王学院在桥头立起了一块三吨重的白色北京花岗石——中国朋友称之为"汉白玉"——纪念碑,上面镌刻着徐志摩的几行诗。我还参与了一份协议的达成:在纪念碑几步开外,种上一棵新的柳树,万一那棵旧日的"金柳"不幸死去,即可取而代之,以保"既变化又连贯"的进程绵亘千秋。最近,徐志摩纪念碑的匿名捐献者任命我为"纪念碑守护人",我深感光荣。现在,能以徐志摩纪念碑守护人的名

---

* 第一首较长,写于 1922 年,第二首是我们耳熟能详的那一首,较短,写于 1928 年。"康桥"即"剑桥"旧译。凡标 * 号者皆为译注,其他为原注。

** 作者退休以后,虽离开剑桥大学社会人类学系的教学岗位,但按例继续保持国王学院院士的身份和各项权利,故曰"不是彻底的道别"。

义，向中国读者介绍这位中国诗人曾经体验并且如此热爱的剑桥大学，我宁不自豪！

　　这块纪念碑、这位中国诗人、我作为剑桥人对剑桥的了解、我最近作为访客对中国部分地区的认识，这一切元素结合起来，令我满怀希望：我们一定能携手共建一个美好的世界，在那里，战争、侵略、不平等、冲突、资源浪费、怨恨将连根拔除，和谐、宁静、求知、互相宽容、尊重智识的价值观将蔚然成风。这些美德，其实早已是中国和剑桥——前者是地球上最古老和最伟大的文明之一，后者是地球上最古老和最伟大的两所英格兰大学之一——等最伟大的人类实验场的核心精神。我殷殷期待中国读者：掩卷之后，你们的心中将燃起同样的希望，你们的生命和事业则将更加充实和丰富。

艾伦·麦克法兰

写于剑桥八百年华诞

2009年7月20日，剑桥近郊的洛德

献给莎拉——我剑桥岁月的伴侣

目　录

图片目录及说明 …………………………………… xi
序 …………………………………………………… 1

剑 桥 历 史

1. 奇特的幸存 ……………………………………… 15
2. 变化的同一 ……………………………………… 36

剑 桥 文 化

3. 魅影 ……………………………………………… 57
4. 文化 ……………………………………………… 81
5. 政治 ……………………………………………… 100
6. 节律 ……………………………………………… 109

剑 桥 社 会

7. 习惯 ……………………………………………… 133
8. 学院制 …………………………………………… 154
9. 共同体 …………………………………………… 179
10. 结社 …………………………………………… 202

剑 桥 思 想

11. 教育	229
12. 创造力	249
13. 发现	266
章外章1：古今巨匠	285
章外章2：采访手记	309
跋	322
剑桥大学诸学院一览	333
人名英中对照表	337

图片目录及说明

前插图片一

剑桥大学国王学院夜景

国王学院礼拜堂（左）倒映在剑河中；吉布斯大楼掩映在一棵古老的柳树背后（中）；白昼会有平底撑船穿过桥洞（右），滑行在剑河上。照明灯仅在重大场合燃起，如圣诞前夕英国广播公司到此录制"九经颂歌礼"的时候。

［摄影：肖恩·T.麦克休］

前插图片二

(1) 艾伦·麦克法兰在国王学院礼拜堂的屋脊上，2008年

艾伦·麦克法兰站在国王学院礼拜堂的屋脊上，他的右边可见到礼拜堂的一支锥形雉堞，他的背后是他数十年来生活和工作的剑桥城。

［摄影：博鲁特·皮特林］

(2) 国王学院后园

剑河穿行于一系列学院背后，形成一道特殊的风景线，称为"后园"。这是国王学院的一段后园。艾伦·麦克法兰作为国王学院院士，经常行走于此。中国诗人徐志摩1920年代与国王学院发生联系的时候，或许也曾在这里一边行走，一边构思他的几首早期诗作。

［摄影：莎拉·哈里森］

"致中国读者"附图

(1) 徐志摩纪念碑

1920—1922年间徐志摩与剑桥大学国王学院发生联系，其间他深受济慈、雪莱、华兹华斯、柯勒律治等英国诗人的影响，从此成为了一位诗人。就在这座纪念碑附近，他写下了脍炙人口的诗篇《再别康桥》。为了纪念徐志摩，国王学院于2008年夏立起了这座汉白玉纪念碑，碑文由徐志摩家乡的一位居民书写。

［摄影：莎拉·哈里森］

(2) 徐志摩的"金柳"

剑桥诸学院的很多树木都有古老而煊赫的历史，如基督学院的约翰·弥尔顿的桑树，以马利学院的东方悬铃树，等等。这是国王学院桥畔一棵古老的柳树，极可能是徐志摩的"金柳"，近日国王学院在它附近立起了一座徐志摩纪念碑。

［摄影：莎拉·哈里森］

"序"附图

艾伦·麦克法兰和外孙女莉莉在家中书房，2004年

书房内两台电脑与一排排图书相映成趣，折射着信息媒介的变革，这番变革，在笔者数十年来目击的剑桥诸多现象中，是一个至关重要的现象。

［摄影：莎拉·哈里森］

正文插图

图1　13世纪剑桥地图 ………………………………… 13

图 2	19世纪剑桥地图	14
图 3	伊利大教堂	19
图 4	国王学院古桥和驳船	22
图 5	三一学院图书馆和剑河	37
图 6	剑河上的撑船	45
图 7	剑桥大学和剑桥市中心鸟瞰	55
图 8	七叶树和参议院	56
图 9	学院后园	60
图 10	国王学院礼拜堂扇形穹隆	72
图 11	国王学院夜景	75
图 12	三一学院回廊	83
图 13	三一学院大庭院	88
图 14	院士会合室	105
图 15	院士花园	110
图 16	院士"私室"	114
图 17	国王大道和国王学院礼拜堂	131
图 18	国王学院礼拜堂一景	132
图 19	三一学院图书馆	139
图 20	国王学院吉布斯大楼	144
图 21	国王学院图书馆夜景	157
图 22	学院礼拜堂	168
图 23	国王学院餐厅	180
图 24	老卡文迪许实验室	214
图 25	费茨威廉博物馆	218

图 26　浴酒馆夜景 …………………………………………… 227
图 27　鹰酒馆夜景 …………………………………………… 228
图 28　威廉·华兹华斯 ……………………………………… 241
图 29　查尔斯·达尔文 ……………………………………… 243
图 30　欧内斯特·卢瑟福在老卡文迪许实验室的工作间，
　　　　1930 年代 …………………………………………… 254
图 31　艾萨克·牛顿塑像 …………………………………… 261
图 32　弗朗西斯·克里克和詹姆斯·沃森 ………………… 267
图 33　F．W．梅特兰 ………………………………………… 272

序

命笔之初，我以为我会写出一篇简短的实用性文字，解释剑桥大学的运作。当时我意识到，在我执教的后二十年，较之我执教的前二十年，剑桥学生的背景已极为不同，研究生的来源更是大不一样。而今有许多学生来自英国以外，甚至欧洲以外，这最新一代的学子们发现，他们不仅需要在这里学习全新的治学技能和理论知识，而且需要在一种他们常感陌生的（英国）文化中艰难航行、在一套错综复杂的（剑桥）传统中苦苦摸索。

在我为这样一群读者写作的过程中，我又逐渐意识到，本书的潜在受众恐怕不止是来自亚洲的学生，*或许还包括更广泛的朋友和同侪；许多来自美国、欧洲各国乃至英国各地的人，好像也对剑桥困惑不解。我蓦然想起了我自己的经历：纵然我1971年成为国王学院院士，1975年担任剑桥大学讲师，1981年升任高级讲师，1991年终成教授，我对周围事物的认识却非一蹴而就。将我1971年以来的积年经验形诸文字，以便他人能在我的陪同下采取几条捷径，显然是值得一试的事情。

---

* 作者的初衷是为中国留学生写作本书，故特别提到亚洲。参见"致中国读者"。凡标*号者，皆为译注，其他为原注，以下均此。

动笔不久我又发现,这本书还写到了另一个问题。就个人而言,这个问题是:我靠什么探索世界;广义而言则是:人类发明创新的源泉和条件是什么。其实这是一个我已研究经年的主题,我早已认识到,除个人因素外,制度和环境对于我们的人生作为也会发生极大的影响。

此刻我一边写作,一边雄心勃勃地对一批有着剑桥渊源的学界翘楚进行深度视像采访,旨在了解他们的生活与工作怎样互相契合,个人的创造力与制度的创造性又怎样相辅相成。① 因此本书也是一部关于办学之道的沉思录,旨在探问剑桥大学八百年来如何促进了或阻碍了知识的创造。剑桥充当人类奇思妙想之渊薮已经长达五个世纪,*所以恰恰是思考这个问题的最合适地点。可见本书的读者也包括那些渴望了解他山之石的办学人士。而他山之石人人皆可取用,只要你矢志创办一个社交的、文化的、政治的实体,以促进发明和创新以及最广义的教育事业。

还有一个主题也逐渐显现出来,它关系到我终生的研究兴趣,拙著《英国个人主义的起源》**也曾加以探讨,那就是历史学家 E. P. 汤普森***所谓"英格兰的特殊性"。至少在最近一代学子以前,

---

① 这些采访影片,可在我的网站 www.alanmacfarlane.com 上看到,其中一部分同时录入 Youtube-ayabaya。

* 剑桥大学已经诞生八百年,但是它发展壮大和产生重大国际影响却是从 16 世纪开始。

** 《英国个人主义的起源》(The Origins of English Individualism,中译本商务印书馆 2008 年 7 月)发表于 1978 年,引起巨大反响,并奠定了作者的学术地位。

*** 本书提到的人大多有剑桥渊源,此处的 E. P. 汤普森(Edward Palmer Thompson,1924—1993)即毕业于圣体学院。此种渊源均在本书末的"人名英中对照表"中注明。

剑桥大学一直是个典型的极具英格兰(上中产阶级的)气质的地方。研究了剑桥,等于综览了整个英格兰的文化、习俗、政治的独特表征,也等于纵览了英格兰历史沿革的性质。因此,本书也将诉诸那些对英格兰——一个通过"大英帝国"和美国而对当今世界发生了深远影响的文明——的民族性格和内在倾向深感兴趣的人们。

我个人的经历显然是"英格兰的特殊性"之论的真实写照。牛津和剑桥投下一道阴影,笼罩着为它们训练和输送生源的中小学校。成年之后我终于明白,自从我八岁入读牛津北部的龙小学,我便开始为进入牛津或剑桥大学而接受"洗礼"了。经过无休止的拉丁文课程的熏陶,经过自律行为和体育运动的磨砺,不知不觉间,我的头脑、我的身体、我的希望和恐惧,已全部被进入牛桥*的希冀所塑造。我的老师几乎是清一色的前牛桥人;我深受两位舅舅的影响,他们两位也都毕业于牛津。所以本书也是在试图廓清,我这大半生究竟承受了哪些力量的影响。

将牛津和剑桥并置,共称"牛桥",是为了提请读者诸君注意:虽然本书以剑桥为专题,但我所讲的大部分内容同样适用于牛津。两校之间当然差别鲜明,却也酷肖得像是一家人,而且,与其说它俩是表姐妹,毋宁说是亲姐妹。我的议论大都可以贴上"牛津和剑桥"或者"牛桥"的标签。然而这终究是一本关于剑桥的书,因此我已尽我所能,避免将两校相提并论。不过,读者诸君仍有必要记住

---

* 牛桥,Oxbridge,是牛津大学(Oxford)和剑桥大学(Cambridge)的合称,首次出现在萨克雷的小说《潘丹尼斯》中,这部小说还创造了意思相同的另一合称——Camford(剑津)。

两校一家的事实。

　　最后一个写作目的与我本人的学养有关——我的第一专业是历史，第二个长期志趣是人类学的"救援"功能。剑桥正在迅速变化，我深知我现在居住的剑桥与我1971年加入的剑桥已不可同日而语。在古老建筑和古老仪式的表象底下，那些口口相传的传统和生活方式已经倏然而逝。这也构成了我系列采访剑桥学者的原因之一，我希望借此成就一部口头史，记录一群人的故事，而他们的居处，是一个先进工业社会的腹地，而非一个尚无文字的偏远村庄。

　　每一个历史时期都有剑桥纪事付梓，例如A.C.本森的《国王学院：临窗眺望》、E.F.本森的《昔日时光》、格温·雷维拉特的《碧河彼时：剑桥童年》、克里斯多佛·衣修午德的《狮与影》、克莱夫·詹姆斯的《六月里的五月狂欢周》。* 本书也属此类，也用部分笔墨追溯了一份"碧河彼时"和一份个人的体验，这个人是剑桥一门学科的教师和一所学院的院士，他将描述他眼中的剑桥世界，主要回忆他自认为在1971—2009年亲身经历的事情。在未来几代人看来，本书可能像是一幅素描，其中描绘的世界已然生疏，却也不难认出。对于我有幸与之共同生活的一群多姿多彩的非凡人物，

---

　　* 五月狂欢周，May Week，剑桥专用语，指每个学年结束后，学生因大考完毕而彻夜狂欢，持续一个多星期；过去在五月，但现在在六月。又：以上几位作者均以剑桥人身份而描述剑桥：A. C. 本森（A. C. Benson，1862—1925）毕业于国王学院，曾任抹大拉学院院长；E. F. 本森（E. F. Benson，1867—1940）毕业于国王学院；格温·雷维拉特（Gwen Raverat，1885—1957）是达尔文的孙女，其故居现为达尔文学院的一部分；克里斯多佛·衣修午德（Christopher Isherwood，1904—1986）肄业于圣体学院；克莱夫·詹姆斯（Clive James，1939— ）毕业于彭布罗克学院。

本书或能将他们口口相传的历史和传统保存少许,传诸后世。

✦✦✦

举凡诗人、小说家和人类学家,都喜欢先体验生活,然后追述自己的记忆,此即剑桥诗人威廉·华兹华斯所说的"发乎情,止乎静"。首先要参与,要现场调查,要亲身卷入时间和行动的漩流,然后退居一隅,回味和重组已经发生的事件,将无序变成一次有序的创造。

这类创造行为必须含有一组平衡对峙——实际上是好几组。人类学家说得不错,只有将参与者和观察者、局外人和局内人兼于一身,才能一边受到写作对象的牵引,一边以理性的、思考的目光去凝望它。我们必须靠近它,同时又必须拉开距离,离开它,看着它一步步后退,但也不能退得太远——应当像一次美好的假日结束后,我们坐在火车或飞机上回味所有那些插曲和情绪一样。

剑桥是我此生最重要的体验。迄今为止,我在这座大学城度过了我六十七岁生命中的三十八年。在这里,我把子女养育成人,又开始同我的孙辈分享这个地方;我建起一座带花园的房子,并栽种乔木和灌木以纪念我的亲友;我教了好几代学生,也交了许多朋友;我授课、治校、主考,也在电影院和音乐厅度过了许多昂奋时光;我撰文写书,展开研究项目,也把这里当作研究尼泊尔、日本、中国等社会的根据地。

现在我将离去,或者毋宁说,我将腾出我的剑桥教授职位,结束我在社会人类学系的正式教学活动。虽然我仍将继续以院士身份留在国王学院,并与剑桥大学的一些研究项目保持关系,然而我此生最漫长、最能发挥影响力的一个阶段，或曰我的"田野工作"，已告结束。

眼下是个短暂的过渡期，那流经剑桥的涓涓河水，我仍然刻骨镂心地感觉到它、记得它，但我已经开始放弃权力、停止参与。此时此刻速写一份剑桥印象，也许是正当其时。如果我两年以前搁管，恐怕我还身在深林而不识其真面目；如果我两年以后提笔，恐怕我已迁往他乡别境，深刻的记忆和洞见已被新的事物冲淡。那么，此时不写又待何时？

本书应运而成。它是一组个人的冥思：依我之见，一所伟大的大学在其历史上的一个重要时期表现了怎样的面貌和性质？它也是一名历史学者兼人类学者的半专业、半私人的记叙：依我之见，剑桥大学的表象底下潜藏着怎样的精神和动力？

有关剑桥的二手描述汗牛充栋，我浏览过不少，但是我的记叙不以这类局外研究为基础。剑桥大学及诸学院的档案馆内，原始资料浩如烟海，但是我打算留待以后再去开采。我自己多年积累的文献何止千百，尽管它们能使我将要讲述的故事更加全面和翔实，但是同样，我也基本上未加收录和利用。我宁愿仅凭我的感觉而速写，因为我目前只想为剑桥及其运行之道勾勒一个大轮廓。

此举必有缺憾。虽然本书汲取了许多朋友和同事的思想，也吸纳了我摄制的七八十部剑桥人物采访长片的内容，但它基本上只能代表我一个人的观点。如后文所述，每个人的剑桥体验其实大不一样。假如我是个年轻人、女人、美国人，或者属于另一个学科或另一所学院，我看待剑桥的眼光一定迥然不同。尽管如此，我仍然希望，通过将我个人的剑桥经历放在亚洲各国文化的侧畔，放在英国历史上其他时期的侧畔,进行一番人类学比较研究,我成功地扩大了本书的适用范围。

我想强调,本书像我的《日本镜中行》*一样,是一次个人探险。这趟剑桥之旅同样穿越了一片既熟悉又陌生的国土。当我身在剑桥的时候,剑桥多半显得相当正常,相当自然,可是当我转身回望,或者从某个遥远大陆侧眼望去的时候,剑桥却又显得别致别样。它变成了一种超乎此世的反常事物,一粒有待解释的时间胶囊;它的神秘,不亚于我作为人类学者访问和工作过的任何地方。于是我发现,我多少能体会一位来自中国、印度、日本,甚至来自美国的访客必然感到的古怪和费解了。

作为剑桥本地居民,亲身生活在这个关系错杂的"村庄",我希望能向局外人把剑桥说个明白;而作为人类学者,眼睁睁地看着剑桥的变异,我希望趁着它尚未变成什么别的东西,赶紧记下这份与众不同的文化。

毋庸置疑,回忆和整理一段强烈体验时,会产生五味杂陈效应,这是人类学家的常情。我几乎像恋人一样爱着剑桥,我爱慕它,有时崇拜它,以它为骄傲,然而,也像所有的恋情一样,我因它而悲伤、沮丧、焦虑、疲惫,甚至愤怒。剑桥唤起我热烈而矛盾的感情。我很想平息胸中的狂澜,与昔日之我的鬼魂达成谅解,与昔日的饱和生活达成妥协。而我早已学会的办法就是,每逢我希望理解一件事情,从而使动荡的心趋于平静,我便把事情写下来。

我不知道本书能否帮助别人认知剑桥——无论是作为一个抽

---

* 《日本镜中行》(*Japan Through the Looking Glass*),中译本,商务印书馆,2022年。

象现象,还是作为访问者或求学者的一个有形居所。我只知道,写作本书帮助我澄清了思绪,对于那些曾经令我迷乱而只好暗自臆测的事物,我现在加深了认识。

✲✦✦✲

本书的又一个宗旨是试图探究我本人的工作环境及背景。当前有一股潮流,那就是力求阐明智力成果的产生条件,对此给予更明确的思考,而不再像以往那样睁一只眼闭一只眼,从而妨碍我们自己看清问题,限制我们自己观察世界的视野。既然时尚如此,写一写剑桥的大环境对于我来说也是义不容辞。

在我最丰饶多产的盛年,剑桥一直是我的知性家园,因而正是剑桥的潜在压力和内在结构,框定了我的所见所不见,决定了我的尝试、成功和失败。诚然,我也受到很多其他方面的影响——我的妻子、家人、朋友、旅行、书籍,但是剑桥,作为一个地方和一种建制,无疑是一股最重要的影响力。假设我当年留在了牛津,或者去了伦敦经济政治学院或美国,我的所为一定完全不同。为了认识我自己和我的工作,我也需要对剑桥作出一些解释。

是剑桥大学当初惠予我几年研究时间,聘我为研究员。* 是国王学院多年来惠予我温暖,帮我融入了一个知识和社交的共同体。是社会人类学系惠予我任意周游世界的许可,使我品尝到加入这门学科的兴奋。是这座美丽而古老的城市惠予我春风得意马

---

* Research Fellow(ship),虽按习惯译法译作"研究员",但其意殊异于中国的"研究员"。在牛桥,这是学术职称的最低一级,含试用性质,聘期为三四年。

蹄疾的岁月。是老卡文迪许实验室顶层的那间办公室惠予我使命感，去加入一种伟大思想传统的承传。

我在本书中试图说明，剑桥的历史、政治、习俗和文化不仅异乎寻常，而且气势逼人。一言以蔽之，它们开启了某些大门，也关闭了某些大门。在我的整个教学生涯中，我多少意识到了它们的压力，因而我既能抓住机会，也能接受限制。此时此刻，我一边走近一个新的自由天地，一边面临失去动力的危险，站在这条交界线上，我反而能更全面地鉴别剑桥的推力和拉力，也能更充分地认识到，我在这座八百年古老大学的漫长游戏中嬉耍了四十年，究竟给我自己造成了哪些正面和负面影响。

有时候我设想，如果前人写出了一本类似的书，并在我初入剑桥的时刻送给我，我是否会干得更好。我不敢说我会。剑桥新生代学子的体验必然与前人的有很大差异。假定我的前辈，譬如人类学教授迈耶·福特斯，写过一本书，阐述他所认为的剑桥之道，我会觉得很有趣；而如果当作我实践的指南，我却不敢说它有多大用处。迈耶·福特斯发表并出版的《就职演说》谈到剑桥的人类学发展史，读来引人入胜，不过我确实找不出任何内容，能大力帮助我应付人类学系和剑桥大学的日常生活。相反，迈耶当选为教授时，他的朋友爱德华·埃文斯－普里查德送给他的那本小书，即弗朗西斯·M.康福德所著《学术圈之小宇宙志》，* 这些年来倒是对

---

* F. M. 康福德(Cornford,1874－1943)，英国学者、诗人，三一学院毕业生和院士，所著《学术圈之小宇宙志：青年学术政客指南》(*Microcosmographia Academia；Being a Guide for the Young Academic Politician*)对学术界的政治权术进行讽刺并表示悲观，主要为熟悉剑桥之道的读者而写，但也适用于任何其他政治体系。详见第2章。

我和其他许多人颇有用处——虽然康福德在很多方面都说错了。错误的原因如下述：

第一是可能时过境迁：剑桥虽有深刻的连贯性，但也始终在迅速变化。第二是受众有限：一个人只有亲身经历这里的生活，面对这里的问题，搏击这里的矛盾，才能充分了解应该怎样利用他人的经验和答案。

然而我们又必须相信自己有能力描述我们已经走过、而别人尚未涉足的旅程，甚至有能力给予那些并未参与剑桥探索的人们以一份愉快甚或一份理解。本书记载的旅程，既不是《扬子江沿岸纪行》那样的长行，也不是《走过兴都库什山》那样的短旅，* 却又像它们一样，是在一片相当特殊的国土上的一次穿越时空之旅，它的讲述者是一个已经走完全程、正从历险中归宁的人。

✌︎✧✧︎✦

幸得多方人士襄助，我的剑桥之旅方能如此丰富，但因篇幅所限，我仅能向少数几位致谢。我要特别感谢我的历届各级学生、我在社会人类学系的同事，以及我在国王学院的朋友和院士同仁。我也要感谢所有那些接受我采访并使我获益匪浅的远远近近的剑桥同侪。

在本书的写作过程中，坊间有一部图文并茂的华丽文集付梓，

---

* 这两本书，前者为英国女旅行家莎贝拉·伯德（Isabella Bird, 1831—1904）所著，记录她始于 1896 年、溯长江而上的一次旅行。后者为英国游记作家埃里克·纽比（Eric Newby, 1919—2006）所著，记录他与朋友在毫无经验的情况下攀登阿富汗境内兴都库什山脉的一次旅行。

以迎接2009年的剑桥大学八百周年华诞。① 文集包含大量的宝贵信息,收录了各年龄层的剑桥人记叙的剑桥时光。不过,我在其中读到的任何内容都未根本改变我已形成的剑桥印象,虽然确实加深了我对剑桥多样性的欣赏。

以下友人在不同阶段阅读了本书的不同部分,并提出了宝贵意见(排名无特殊顺序):马娅·彼得洛维奇－斯蒂格、约翰·戴维、彼得·伯克、查尔斯·查德威克－希利、莎拉·施奈德曼、莉比·皮奇、彼得·琼斯、萨宾娜·德林格、理查德·欧文、西安·拉扎尔、蒂娜·科西尔、罗嘉陵、严潇潇、管可秾、安德鲁·摩根、卡拉·施汤、特里斯特拉姆·赖利－史密斯、王子兰、斯里亚娜·达斯、简－乔纳森·博克、汉娜·布鲁克、保罗·海伍德、詹姆斯·班尼特、迈克尔·洛特斯。我也要感谢我的出版人埃莎·贝泰耶,为了她的多方鼓励和支持。

我在心灵深处继续与逝友格里·马丁默默讨论,一如我俩多年间的同游和交谈。我尤其要感谢剑桥大学校长艾莉森·理查德博士,*她不仅允许我对她的生平经历进行视像采访,而且在剑桥大学八百周年校庆期间,拨冗仔细通读了本书。我也要感谢我的家人,尤其是母亲艾丽丝、父亲唐纳德,还有英吉和马特、阿斯特丽

---

① 彼得·帕纳门塔(编):《剑桥大学:八百周年写真》[Peter Pagnamenta (ed.), *The University of Cambridge: An 800th Anniversary Portrait*,剑桥,2008]。

* 校长,Vice-Chancellor,虽带有 Vice(副)字样,在英国却是大学最高执行首脑。英国大学往往再邀请社会名人担任 Chancellor,即"名誉校长",是象征性职位,如剑桥大学的现任名誉校长是伊丽莎白二世女王的丈夫爱丁堡公爵。Vice-Chancellor 下面可设若干 Pro-Vice-Chancellor,即"副校长"。这里提到的校长艾莉森·理查德博士(Dr. Alison Richard,1948—)是一位生物人类学家,毕业于剑桥大学纽纳姆学院。

德、凯特、莉莉和罗莎,他们多年来给了我无尽的鼓励、支持和欢乐。

  我最深挚的感谢永远归于我的妻子莎拉·哈里森。她给了我多方面的直接帮助,包括多次细读本书,并为我的采访做纪要。作为我剑桥岁月的同行者,她的重要性当然远远不止于此。像以往一样,本书也是我俩的共同作品,此中她的贡献我难以言表。

  最后,我要感谢肖恩·T.麦克休,他慨然允许我从他的网站(www.cambridgeincolour.com)上复制照片,用于封面和文中。我也要为封底和文中的照片感谢博鲁特·皮特林(www.borutpeterlin.com),并为文中的照片感谢尹志光(www.semitic.spaces.live.com)。本书在引用这些照片时,已分别标明摄影者是谁。此外,标明为"威利斯和克拉克"的图片来自罗伯特·威利斯和约翰·威利斯·克拉克,取自他们的四卷集《剑桥大学建筑史》(剑桥,1886年)。

剑桥历史

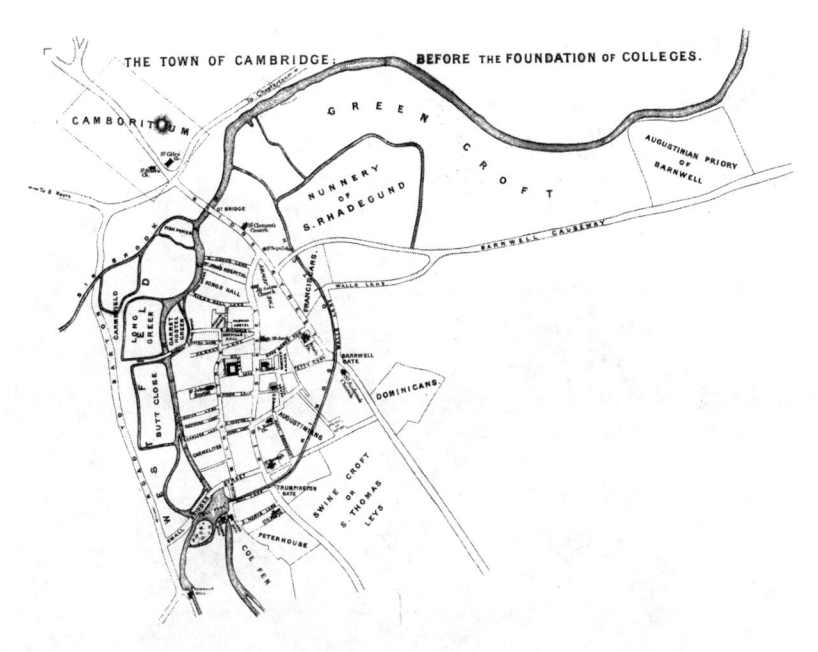

图1 13世纪剑桥地图

剑桥城区地图,大约绘制于1200年,即剑桥大学诸学院相继诞生的前夕。各条老街道今日大致保持原状,但是米尔街因建造国王学院和三一学院而被覆盖。多种宗教修会的产业当时遍布城区,后被剑桥大学及诸学院逐渐兼并,但仍给城区留下了僧院的基调。

[威利斯和克拉克,第4卷,图1]

14　剑桥历史

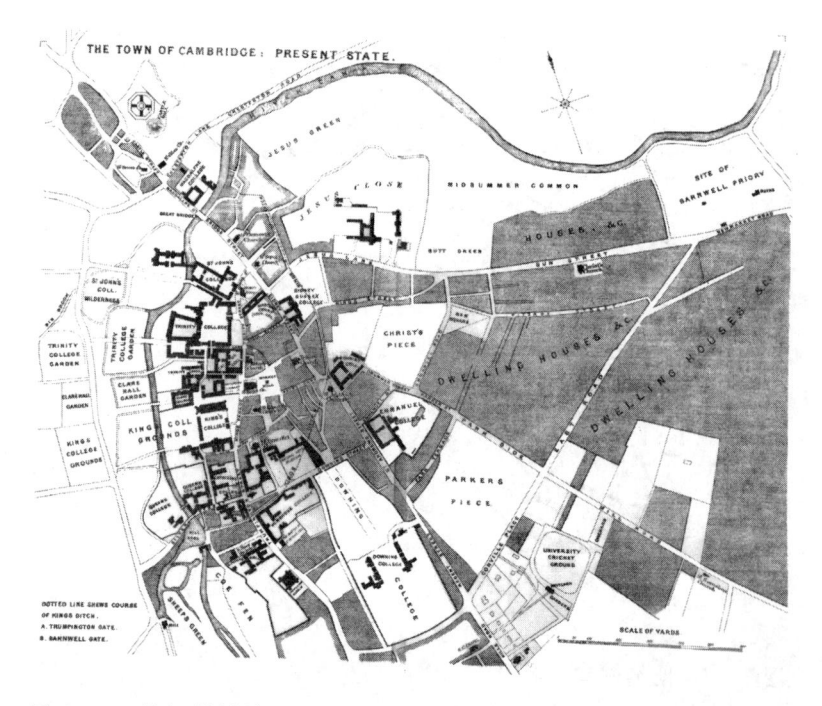

图 2　19 世纪剑桥地图

剑桥城区及剑桥大学地图，大约绘制于 1880 年。从那时至今一百多年来，市中心大体保持原状，但是圣安德鲁斯街以西、唐宁学院以北的那片区域，今日已布满博物馆和科学实验室。

［威利斯和克拉克，第 4 卷，图 1］

1

奇 特 的 幸 存

  1960年我初入牛津大学读本科,我记得,我当即被那里的建筑、传统以及一种亘古的连贯感和稳定感深深打动。牛津的一切看上去是如此自信,透出一种不证自明的必然性,仿佛它的存在既是文化的事实,也是自然的事实。1971年我受聘为剑桥大学国王学院院士时,*我的感觉竟也如出一辙。然而在牛桥两地,**我都丝毫未能预见我未来的一个发现:这两所大学并不是世间常态,而是绝世独秀;我也浑然不知,这两所发轫于同一欧洲根源的大学能够幸存到今天,不啻为一桩奇迹。同样,也是在经过多年的历练之后,我才逐渐认识到,无论我周围的景象,抑或我日常的体验,其实大多只是覆盖在中世纪风景之上的20世纪新发明。

  设立一种半独立的机构,以促进教学相长,是世界上大多数文明的理念,所以古希腊、古罗马、古代伊斯兰国家、古代中国都曾开

---

 * 院士,fellow。就剑桥而言,诸学院的教授、高级讲师和讲师均为院士。牛剑诸学院院士在院内拥有一定特权,如占用本院的一个房间,免费在高桌(High Table)就餐,可穿行草坪等等。全权院士(full fellow)组成本院的管理团体。详见后文和其他各章。

 ** 牛津大学和剑桥大学的合称,见第3页译注。

设高等院校。佛学院和穆斯林研修院如此追求,早期基督教修道院也如此追求。正是从这一普世理念出发,西方式大学滥觞于——据说——公元 9 世纪的意大利萨勒诺医学院,然后一步步发展到今天。

然而,牛桥两校草创之日便含有某些全新因素,判然有别于当时的任何其他教育机构。达米安·利德一语中的:"剑桥大学是一种独步于世的中世纪产物,有别于古代的演讲学校,也有别于中世纪上半叶修道院之类的学习场所。"我们不仅动辄将牛桥与前辈大学混为一谈,更有甚者,我们还动辄以大多数现代大学去推导与之迥异的牛桥,从而抹煞了牛桥的奇特性质。因此,利德进一步强调:"从基本构造上看,中世纪的牛津及剑桥与沃喜福鱼商会*的相像,远甚于与现代苏塞克斯大学的相像。"也就是说,"必须以看待中世纪行会或帮会的眼光去看待这两所中世纪大学,其师生关系则必须视为技工学徒与技工师傅的关系,或者侍从骑士与骑士的关系。……牛桥的教师是一个秘密的兄弟会内部的一名兄弟,他宣誓,他享有特权,他在仪式上与其他教师平等,他们为彼此的灵魂而祈祷"。①

牛桥与中世纪行会或帮会的相像,从牛桥的名分——"university"——上便可察知。论及语源,拉丁文 *universitas*** 原指任

---

* 沃喜福鱼商会,Worshipful Guild of Fishmongers,建于 1537 年,至今仍是伦敦金融城十二大行会之一。其名来自其箴言:Al Worship Be To God Only。

① 达米安·利德:《剑桥大学史》(Damian Leader, *The History of the University of Cambridge*,第 1 卷,第 1 页,剑桥大学出版社,1988 年)。

** 拉丁文,相当于英文的 university,两者均为"大学"。

何共同体或社团，历史上曾有好几百年人们不得不用 *universitas magistrorum et scholarium* 的说法特指"大学"，直到 14 世纪才脱去定语，单独用 *universitas* 指今人所说的"大学"。这类早期教育机构为一切现存大学设定了模板，纵然今天的大学与其始祖已经相去千里。

中世纪西方最伟大的教育基地之一是始建于 1160 年前后的巴黎大学，剑桥在很大程度上遵循了巴黎大学首创的学院模式。1257 年，法国神学家罗贝尔·德·索邦为巴黎大学创立了一所神学院，至今仍称"索邦学院"。不过，按奥地利史学家德尼夫勒的说法，今日欧陆硕果仅存的发轫于中世纪的学院，实际上只是原始索邦的一小部分，即 1364 年为二十四名西班牙学生和两名牧师设立的西班牙学院。① 牛桥两校大约诞生于 1180—1210 年间，两校都效仿巴黎大学的做法，建立一些小型会馆供学生寄宿，有时由一位高级教师加以督导，这就是牛桥诸学院的雏形。

欧陆的大学往往建于要津，靠近教会权力和世俗权力的中心。巴黎大学是一个最典型的代表，其他大多数欧陆大学也都位于大城市，那里有日益强大的教会和政府兴趣盎然地注视它们的发展。英格兰的两所中世纪大学反其道而行之，远离主教大教堂和大城市，独在商业集镇里成长。这个特点是奇怪的，也是决定性的。哈罗德·A.英尼斯指出："英格兰的两所大学不充当法律和宗教的

---

① 《大英百科全书》(*Encyclopedia Britannica*)，第 11 版，"Universities"词条，第 751 页。

棱堡,盖因它们既不位于首都,也不位于主教大教堂的驻地。"①剑桥大学坐落在外省的偏僻沼地,离伦敦很远,离伊利大教堂和林肯大教堂也不近,有助于保持独立。也正是因为它的孤立状态,知识能在一定程度上与权力分庭抗礼。

以城市规模论,剑桥历来小于牛津,虽然离伦敦略近几英里,但因地处沼泽边缘,仍不免散发出僻壤气息。我们或许纳闷:剑桥大学为什么要建在一片荒凉之地的中央?是什么吸引了那批传说中的学者,使他们在1209年离开牛津而到这里来安身?

剑桥处于两条干道的交汇处,一条干道从伦敦、另一条干道从科尔切斯特带来人流和车流。西干道由特朗平顿街和三一街构成,东干道则是摄政街和西德尼街。这四条街道都修筑在古代的砾石河床上,为一片古老的河谷留下了印记,同时也形成了几条最佳的路线,一直通向城堡山*下那淙淙流淌的剑河。② 剑桥最古老的历史档案表明,早在盎格鲁—撒克逊时代晚期,剑桥已然是一个繁华而不失静谧的城镇;至少在公元875年,那座跨越剑河或格兰塔河**——此河与此城同名——的古桥已然存在。***

---

① 哈罗德·A. 英尼斯:《传播的偏向》(Harold A. Innes, *The Bias of Communication*),多伦多大学出版社,第21页。

* 城堡山,Castle Hill,在剑河北岸,因1068年征服者威廉在此建立一座城堡或要塞而得名。

② 这里我引述了彼得·西尔比的说法。

** 在盎格鲁—撒克逊时代,即诺曼底征服以前,这条河称格兰塔河(the Granta),这座城称格兰塔桥(Grantebrycge),随着时间推移,城与河分别更名为剑桥和剑河,但是至今仍可称剑河上游为格兰塔河。

*** 以下关于早期剑桥的部分论述,系以剑桥大学官方网站(http://www.cam.ac.uk/univ/history/index.html)上的内容为基础,承蒙许可,特此致谢。

1086年威廉一世下令编撰《英格兰土地志》时，古桥以北的小山上已有一座城堡，河边已有一些商产和民宅，中心聚落区已有几座教堂。流经整个英格兰中部地区东部的几条河流为剑桥提供了通道，使商贾得以往返于内陆港和出海。剑桥日渐富有，以致存留到今日的中世纪教区教堂竟然多达十一个。1066年诺曼底大公即未来的威廉一世征服英格兰以前，剑桥便有不少粮食市场，时至12世纪，蒜巷、仲夏公地、斯陶尔布里奇公地已经纷纷开办集市。

而且，剑桥城内外已经遍布宗教机关，包括迁址于巴恩韦尔小修道院的教士团，以及圣拉德贡德女修道院；后者创立于1135年，以后并入了剑桥大学耶稣学院。此外，剑桥已有两座医院。在剑桥以北十七英里处，宏伟的伊利本笃修道院遥遥在望，1109年它更

图3　伊利大教堂

伊利市是伊利主教辖区所在地，位于剑桥西北几英里处，比剑桥大学更加古老。自剑桥大学诞生之日起，伊利主教辖区便大力施予保护和鼓励，并以伊利大教堂的美景和音乐为剑桥诸学院的美景和音乐锦上添花。

被立为主教座堂。*

⁓⋅ɞ ɛℷ⋅⁓

草创时期的剑桥大学是一份小家当，没有自己的房产和房基地。举行公共仪式全靠借用宗教修会的馆所和教区教堂，尤其是圣玛丽大教堂和圣本笃教堂；至于教学、讨论和住宿，则只好借用那些仅仅提供临时膳宿的私有民宅。不过，似乎时隔未久，律师们和神学家们便组成了一些名为"摄政董事会"的团体，大兴土木或大行租赁，以供教学和学生的住宿。这类筹资不足的早期私有会馆中，有几所一直存留到16世纪，最终并入各个学院。

1226年，剑桥大学有了一位名誉校长，课程也已走向正轨。根据近期的发现，1250年前后剑桥颁布了一套完整的校规，比牛津大学的第一套校规早五十年，比巴黎或博洛尼亚大学的第一套校规早很多。① 这套校规阐述的治校形式至今还能认出大要，尽管多年来一直在发展和变革。

14世纪下半叶，剑桥大学开始在今名"参议院山"的地址上购置不动产，并建立多个"院所"**——如今以"老院所"为人所知。

---

* 剑桥和伊利(Ely)是两个同属剑桥郡的市镇。1109年成立伊利主教辖区，统辖剑桥郡大部和诺福克郡西部，伊利被设为主教驻地，本笃修道院则被设为主教座堂，称伊利大教堂。

① M. B. 哈克特《剑桥大学原始校规》(M. B. Hackett, *The Original Statutes of Cambridge University*, 剑桥, 2008)。

** school, 译为院所，以区别于学院(college)。剑桥今有六个院所，如人文及社会科学院所、生物科学院所等，每个院所包含若干个科系(faculties)，科系又可细分为若干个系(departments)；参见第10章。在剑桥，院所、科系、系的主要功能是教学和研究；参见下条译注。

第一幢建筑是神学院所，它既充当教学和讨论的场所，又包含一个礼拜堂、一个图书馆、一个财务部、一个档案馆。剑桥大部分早期机构属于私人或宗教机关所有，从13世纪开始逐渐转移到一些新机构的名下，新机构称"学院"，* 仅招收少量高级法学生和神学生，便于他们为捐助人的灵魂而祈祷。年轻的本科生先前寓居于会馆或民宅，后来才进驻各个学院。

～∞ ∞～

15世纪末全欧洲共有七十九所大学，其中两所在苏格兰。奇怪的是，无论外形还是气质，牛津和剑桥这两所英格兰大学已经与其他大学有了分殊，最显著的标志是牛桥诸学院的富强。

今日剑桥共有三十一所学院，其中十三所是1520年以前诞生的，依时间顺序为：彼得学院（1317）、克莱尔学院（1338）、彭布罗克学院（1347）、冈维尔－凯厄斯学院（1348）、三一堂学院（1350）、圣体学院（1352）、白金汉学院（后更名为抹大拉学院）（1428）、国王学院（1441）、王后学院（1446）、圣凯瑟琳学院（1473）、耶稣学院（1497）、基督学院（1505）、圣约翰学院（1511）。

早期的剑桥是欧洲外围的一所小规模大学，1370年代仅有700名学生，1450年代才增加到1300名，尽管如此，剑桥诸学院却早已不是单纯的住宿建筑。只需看一眼国王学院15世纪后期的体制，我们就能发现，学院已经发展成社交－知识－宗教综合体，

---

* 学院，college。在剑桥，学院的主要功能是膳宿、社交和宗教，并为学生提供小组教学，即所谓"导师制"（supervision 或 tutorial）。剑桥今日共有三十一所学院，参见"剑桥大学诸学院一览"。

图 4　国王学院古桥和驳船

国王学院古桥一景，P. S.兰伯恩作于大约1790年。

就功能的多样性而论，简直像是家庭，然而远远大于家庭，而且总体说来不以血缘或婚姻纽带为基础。

　　C. R. 费伊如此描述当时的学院景象："每名学生的天职是：每天参加本院礼拜堂的仪式，每天六点钟开始上课；严格的常规学习，每周一次考试；无论水平高低，必须完成大量课业；集体在本院餐厅就餐，一边肃然聆听经文；偶尔交谈，也须用拉丁文。学院不仅为本院成员提供膳宿，而且为其穿衣、理发、剃须。学生及院士一律禁止出卖或典当衣服，除非已经穿戴两年。……学院仆役为全院人员理发和剃须。……学生、院士、牧师、职员以及其他干事一律不许养狗、养雪貂、养鹰，不许在学院内外掷物、玩耍、射击。而且，学生迈出院门之后，不许独自行走，不许脱学袍；若去乡间散步，必须事先向院长和主持牧师请假。"①

诸学院欣欣向荣，剑桥大学本身却发展滞缓。中世纪创建的最大一所学院，即国王学院，可以充当极端案例：国王学院的学生可以不经过剑桥大学的任何考试而获得各级学位，直到1851年这类特权才被革除。实际上，昔日的剑桥大学只能算是一种学院联盟，举足轻重者乃是诸学院。我们得知："16世纪中叶以前，诸学院已开始在剑桥大学的生活中发挥决定性作用，并已开始从本院成员中提名学监，*任期一年。众位院长常与剑桥大学校长及若干名资深博士一起，组成一个咨议班子，不久即得名'参议会'。从16世纪直到将近20世纪末，**校长职务均由一位学院院长兼任。"②从某种意义上说，至少在19世纪末以前，尚无一个统一的、中央化的剑桥大学。

这与欧陆和苏格兰的情况南辕北辙。在那里，大学发展得相对强势，学院却因民间捐资不足，无法积累独立的财富，也无任何途径开发强大的教学能力。学院制在中世纪羽翼初长，便趋于萎谢。及至18世纪末，唯有英格兰的牛津和剑桥，拜联盟结构之赐，保存了一批强大而独立的学院。

将牛桥的学院制移植到别处，其难度从美国的实验可见一斑。

---

① C. R. 费伊:《剑桥大学国王学院》(C. R. Fey, *King's College Cambridge*, 1907)，第54—55页。

* 学监，Proctor。在当今的剑桥诸学院，学监的职责是代表本院参加大学的所有仪式，管理本科生的纪律。任期从10月开始，持续一年。

** 1587—1992年，剑桥大学校长由学院院长兼任，任期一年，后延长为两年；1992年才设为全职。

② 引自剑桥大学网站上的"剑桥大学史"。

诺曼·斯卡福指出:"1646年以前跨越北大西洋的130名英格兰大学移民中,有100名来自剑桥,其中至少35名来自以马利学院,*轻松构成了一支最庞大的小分队,对新英格兰**居民的心灵产生了最强大的影响。这批剑桥移民包括著名的马萨诸塞传教士约翰·科顿,以及约翰·哈佛。……"①由此我们必然预期:哈佛大学会率先采取学院结构,其他常春藤盟校也会纷纷效尤。然而,尽管美国的大学几百年来立有"学院"之名,而且每所学院由一个不同的派系创立,却并未继承和组成牛桥式的学院体系。哈佛等美国大学确有许多结社和俱乐部、兄弟会和妇女联谊会,也确有各式各样以会馆为基地的社交团体,但是大学本身太过强势,能与之平分秋色的财富中心或教学中心终未成立。

因此,美国绝对没有牛桥学院制的等立物。19世纪大英帝国如日中天,在印度、加拿大、澳大利亚广兴大学,但也未能复制牛桥的学院制。后来,朝鲜、日本、中国等东亚文明蒸蒸日上,新大学如潮水般大量涌现,尽管它们从欧洲的某些大学传统中汲取了许多灵感,却未建立任何类似于牛桥学院制的体系。

---

* 以马利学院(Emmanuel College)时为清教徒的堡垒,1584年英国政治家沃尔特·迈尔德梅(Walter Mildmay,1523—1589,肄业于耶稣学院)创建该学院时,旨在培养新教传教士。又:剑桥很多学院得名于基督教,故译名尊重其源,如"以马利"不译"伊曼纽尔","抹大拉"不译"莫德琳",等等。

** 指美国的新英格兰地区。下文说到的约翰·科顿(John Cotton,1595—1652)和约翰·哈佛(John Harvard,1607—1638)这两个剑桥人都移民美国的新英格兰地区;前者是著名清教领袖,毕业于三一学院,后者是哈佛大学首位赞助人,毕业于以马利学院。

① 诺曼·斯卡福:《剑桥郡》(Norman Scarfe, *Cambridgeshire*,1983),第93—95页。

即使在英国国内，牛桥的实验也未可复制。苏格兰的古老大学坚守到16、17世纪，终于丢失了原有的学院结构，如今的学院徒剩虚名，或者仅仅充作宿舍。在爱尔兰，都柏林三一学院*是以剑桥大学为模式而打造的，甚至由剑桥人担任过数届领导，但真正的学院制也未形成气候。

从某些方面看，最有趣的案例恐怕是英格兰的达勒姆大学。早在17世纪中叶，奥利佛·克伦威尔就希望在达勒姆建立一所大学，但告徒劳。直到《1832年议会法案》被通过，达勒姆大学才得以成立，是为牛桥之外的第三所英格兰大学，并于1837年获得皇家特许状。达勒姆大学设有十几所学院，但皆不具备牛桥诸学院那样的自治权和独立性，而且它们既不拥有法人产权，也不承担牛桥诸学院那样的重大教学任务。一般说来，它们只负责学生的社会福利。英格兰更晚的大学，如曼彻斯特、利物浦、伦敦大学等维多利亚时代的"红砖大学"，又如肯特、苏塞克斯、兰开斯特大学等1960年代诞生的"平板玻璃大学"，也未建立任何远远超出会馆意义的学院。

∽⊱☙∾

学院制并非唯一的分殊。中世纪欧陆有着许多令人瞩目的大学，其中好几所，如博洛尼亚大学和巴黎大学，都比剑桥大学更古老、更优秀，但是在15—18世纪三百年间，这批卓越的中世纪大学

---

* 都柏林大学仅有一所学院，即三一学院，故"都柏林三一学院"（Trinity College, Dublin）成为该大学的别称；乃因首任院长亚当·洛夫特斯（Adam Loftus，1607—1638）毕业于剑桥大学三一学院而得名。

严重积弱,甚至彻底溃毁,几无例外。及至18世纪末,意大利、葡萄牙、西班牙、法国、德国的大学已丧失了大部分独立性。王权,往往与教会权力狼狈为奸,对古老大学的知识自治和雄厚财力心怀嫉妒。专制主义政府大搞中央集权,日甚一日地削弱大学,攫取了它们的财富,打垮了它们的独立。

这里且举几例。16世纪宗教改革期间,德国各大学变成了"政府的工具,……自治和自由的传统无以为继;教授变成了政府雇员。政府强制推行知识审查和严苛纪律,并将大学视为培训机构,用来为政府及其羽翼——德国国教——培养专职人员"。①

16世纪后期,一度非常独立的巴黎大学卷入了宗教战争,加之17、18世纪法国君主的权力一天天膨胀,致使巴黎大学逐渐落入了王权的直接掌控。1793年,革命政权取缔了法国所有的大学,已被阉割的巴黎大学由此遭受了最后一击。1808年,拿破仑虽然下令恢复大学,但是明文规定大学为政府机关,由政府官员管理,因此法国的大学教师至今还是公务员身份。在中央集权体制下,很难想象大学及其学院能有什么独立性可言。法国大革命致使大学消失一事并非孤案。德国的许多大学,包括美因茨、科隆、班贝格、萨尔茨堡、爱尔福特大学,也曾在1798—1815年间相继关闭。

这是一种普遍倾向,并不限于欧洲境内。看一看全世界独立知识机构的发展史,我们发现,无论在伊斯兰教的近东和印度,还

---

① 《社会科学百科全书》(Encyclopedia of the Social Science, 1935),"Universities"词条,第182页。

是在儒教的中国和新儒教的日本，大学的独立性和求知自由无不被扼杀于萌芽状态。18世纪，西北欧和北美以外的任何地方已不再有自由的大学这么一回事。

剑桥的故事是个例外。权力和知识的独立重镇，这一理念作为一种另类的选择，被剑桥神秘地推行至今，划出一道连绵八百年的拱弧。这是剑桥的最骄人成就，但也曾是千钧一发的搏斗。有一度几乎被彻底毁灭，有好几次差一点被修整为平庸。幸而，运气的眷顾，政坛人脉的搭救，权力制衡和权力分散的独特大环境，每一次都护佑剑桥躲过了灭顶之灾。

19世纪后期，英国各大学经历了一波又一波的改革风浪，如今更有政府在财政和结构问题上向大学常年施压，逼得大学一再降低宏图大志。虽然如此，但是自从1660年查理二世确认了前几位君主向剑桥颁发的特许状，这所大学便再也不曾遭受被取缔的致命威胁。18—19世纪整整二百年间，一大批政坛风云人物求学于剑桥，不仅包括好几位王室成员，也包括沃波尔、小皮特等多位名相。在这种情况下，毁灭剑桥大学自治权和特权的危险也就偃旗息鼓，尽管如后文所述，今日的剑桥仍然极易受到攻击。

❧❀❧

古老的剑桥大学何以能连续幸存和繁荣八百年？这个问题不妨分段回答。原因之一关乎剑桥的内部管理机制和与时俱进的能力。这一点我将在下一章讨论，此处先谈谈剑桥究竟运行于一个怎样的大环境。

有什么样的社会或文明就有什么样的大学，通常是恰如其分。

如果一个社会是开放的、平衡的、自由的，一种同样的大学将是它的反映。如果一个社会是封闭的、审判官式的、中央集权的，它的反映也将是另一种同样的大学。大学是映照文明史的一面镜子，这构成了我书写剑桥的又一个原因。为了真正认识剑桥，我们必须尽可能了解英格兰13世纪以降的历史，尤其应当熟悉13—17世纪英格兰成长期的历史。

特定的法律、政治、经济和宗教交集起来，塑造了剑桥大学。这个问题我将在未来几章细述，此处仅扼要指出：信托会和公司在英格兰法律中所具的独特性质似乎是最重要的决定因素；这又与一种独特的权力分散制度互为因果，据此，君王不能吞噬强大的教育机构的财富或破坏它们的独立。教育机构如此强大的部分原因，又在于民间捐资保障了它们的经济独立。这一切，后来又纳入了英格兰圣公宗＊的大语境，也就是说，英格兰的宗教格局使教会权力受到了限制，不能像欧陆的天主教或苏格兰的加尔文宗那样恣肆。

在上述各路力量的微妙交织中，剑桥进入了1500—1800年这段关键岁月，其间，剑桥的实验大可夭折，然而却走向了兴盛。正是在这段时期，剑桥大学及诸学院的财富和独立站稳了脚跟，但也正是在这段时期，剑桥的独立遭受了一次最凶险的潜在威胁。

＊ 从17世纪中叶开始，英国国教（Church of England）被视为一种独特的基督教传统，其理论、结构、礼拜式代表着一种介于罗马天主教（Roman Catholicism）和新教（Protestantism）之间的"中间道路"；并被称为圣公宗/圣公会（Anglicanism，或译英国国教派、安立甘宗）。此宗不仅成为英国的国教（national church / Established Church），也蔓延到了英格兰以外的很多地区。

◈◦☙ ❧◦◈

剑桥的历史始终贯穿着不确定的个人因素，某个人的存在或不存在可以导致天悬地殊的后果。对此，有几个典型的时刻可资证明，在那些时刻，诸学院的财富和独立简直九死一生。假设学院果真遭此劫难，今日的剑桥将是另一副模样。

亨利八世治下末年，剑桥经历了第一个、也是最大的一个威胁。伊丽莎白·利德姆—格林讲过这段故事，下面是我的转述。[①] 1530年代和1540年代，亨利八世已与罗马教廷分道扬镳，正忙于镇压修道院和征收它们的财产。1535年，掌玺大臣托马斯·克伦威尔委派他的副手托马斯·利——"一名国王学院毕业生，以镇压修道院而臭名昭著"——首次视察剑桥大学及诸学院，命令它们递交"伪教的不动产所有权状"，并附其他财产明细表，诸学院只得遵命而行。然而这只是序幕，根据国王的《镇压法令》，剑桥大学诸学院本身就"被视同宗教场所，兀鹫已经贪婪地盯上了它们"。1540年代中期，形势越发岌岌可危："1545年通过了一项解散所有重要礼拜堂和所有学院的法令，国王据此可以任意处置剑桥大学的所有学院。这不啻为一个终极威胁，盖因有史以来，诸学院其实等同于剑桥大学本身。……"

伊丽莎白·利德姆—格林说，牛桥究竟是怎样幸免于难的，详情不得而知。据她推测，这要归功于三道防线：第一，亨利八世接

---

① 伊丽莎白·利德姆—格林：《剑桥大学简史》（Elisabeth Leedham-Green, *A Concise History of the University of Cambridge*），剑桥大学出版社，第47—50页。

受劝告,起用了剑桥本地的勘测员,以节省从伦敦派遣专家的经费;第二,剑桥人成功地诉求了凯瑟琳·帕尔王后——大概是托马斯·史密斯和约翰·切克设法获得了她的支持,这两人都是王室教师,也都曾在剑桥就教于约翰·雷德曼。*

诸学院的土地勘测和收入调查,很可能就是诸学院自己的会计进行的。看到他们呈交的报表,亨利八世的评论是,"他觉得在他的王国里,并没有这么多的人靠着这么少的土地和租金这么诚实地维持生活啊"。于是问题被提了出来:诸学院在永远的赤字状态下靠什么过活?诸学院"对此作出了一个足够真实、然而过分'俭约'的回答:靠的是在租约到期的年份去征收续约费,靠的是卖木材"。

至于第三道防线,"论其机制是模糊不清的,论其效果却是壮观的"。那好像不过是诉诸亨利的虚荣心,或者诉诸亨利对自己灵魂的担忧,结果是,他不仅没有取缔牛桥诸学院,反而提升了它们的光荣。红衣主教沃尔西曾在牛津创建一所学院,此时已日渐凋敝,亨利八世接受劝告,重建了这所学院,并命名为亨利八世学院(后更名为基督教会学院)。** 约翰·雷德曼趁机进谏:陛下在剑桥也可以取得同样功效啊,只需将几所老学院合而为一罢了。这

---

* 托马斯·史密斯(Thomas Smith,1513—1577)和约翰·切克(John Cheke,1514—1557)为挚友,前者毕业于王后学院,1543至1544年担任剑桥大学副校长;后者毕业于圣约翰学院,1548年就任国王学院院长。约翰·雷德曼(John Redman,1514—1557)在剑桥大学取得诸种学位,1546年就任三一学院首位院长。

** 沃尔西(Wolsey,约1472—1530),牛津毕业,担任红衣主教期间,于1525年在牛津建红衣主教学院,未完即下台。1532年亨利八世重建该学院;1546年更名为基督教会学院,为牛津最大学院之一,兼作牛津主教辖区大教堂。

就是后来的三一学院。* 约翰·雷德曼甚至筹得资金,修竣了亨利六世始建的奢侈的国王学院礼拜堂。

利德姆—格林评论道:"局势遂转危为安,剑桥大学作为一种建制,好像从此以后再未面临如此严重的威胁。"1548 年,爱德华六世登基,强大的剑桥清教党徒额手称庆。新王治下,礼拜堂照旧取缔,但是法令明文规定,牛桥不属此列,诸学院礼拜堂可以继续为捐资人的灵魂唱弥撒。

两三个把持要害的个人运筹帷幄,竟能解救知识独立传统于水火,这个案例极好地说明了重大的后果可以取决于微小的因素。此情此景还将在现代重现,据说在 1997—1998 学年,牛津大学诸学院的学费损失达到了临界点,几乎殃及这所学院制大学的核心功能,而最后力回狂澜于既倒的也是两三个关键的个人,包括罗伊·詹金斯,以及当时的林肯学院院长**——前首相托尼·布莱尔在费茨公学的老师。①

史上第二次威胁并非来自君王一级,不过若未化险为夷,仍可严重削弱牛桥的独立。1630 年代劳德大主教执掌教权期间,要求以坎特伯雷大主教的身份视察牛桥,牛桥却拒绝让他享受这份权利。于是当局"要求剑桥大学查阅自己的不动产所有权状,看看是

---

* 1546 年亨利八世合并旧日的米迦勒学院和国王堂学院,成立三一学院,是为牛桥最大学院,且成就辉煌,独得 32 次诺贝尔奖。

** 罗伊·詹金斯(Roy Jenkins,1920—2003),1987—2003 年任牛津大学名誉校长。布莱尔的老师指威廉·埃里克·安德森爵士(Sir William Eric Anderson,1936—),曾是布莱尔在费茨公学的舍监,1994—2000 年任牛津大学林肯学院院长。

① 此事的部分描述见诺埃尔·安南:《牛桥先生》(Noel Annan, The Dons, 2000),第 299—301 页。

否载有任何特权,允许诸学院不受都主教管辖权*的约束。"剑桥大学坚持自己的的确确拥有特权,但是遭到查理一世的否认。眼看大主教的视察已经箭在弦上,然而奇迹降临了,"威胁压根未能实现,据劳德本人后来回忆:'因我此时开始预见我的麻烦,遂不去视察它们了。'"①

第三次威胁发生在17世纪中叶的内战与空位期间。这次威胁至少是差一点毁掉了一批全世界最精美的中世纪彩色玻璃。1644年,负责东部郡县的议会专员威廉·道辛被派往剑桥,去"彻底拆毁、清除、撤销所有迷信建筑或偶像崇拜遗迹"。图画和雕塑被捣毁,教堂唱诗台被夷为平地,其他装饰物也被碾成齑粉。但是天知道出于什么原因,国王学院巍峨的彩色玻璃窗居然逃过了一劫。后来,议会将军曼彻斯特伯爵驾临剑桥大学,多所学院的院长由于不接受《神圣盟约》等原因而被撤职。② 不过剑桥大学的根基固若金汤,这类破坏活动只是造成了一些皮伤。**

---

* 都主教(metropolitan archbishop)是英国国教中管辖教省的主教,常简称为大主教(archbishop)。英国国教会划分为两个教省:坎特伯雷教省(Province of Canterbury)和约克教省(Province of York),分别由坎特伯雷都/大主教和约克都/大主教管辖。其中坎特伯雷大主教的地位更是非同小可:他不仅是坎特伯雷教省的都主教,而且是整个英国国教会的最高主教(primate)。又:劳德(1573—1645)1633—1645年任坎特伯雷大主教。

① 利德姆-格林:《剑桥大学简史》,第70—71页。

② 同上,第81—83页。

** 本段几个史实说明如下:英国内战(1642—1648)主要因查理一世与议会之间的矛盾而起;曼彻斯特伯爵(1602—1671,毕业于剑桥大学西德尼·苏塞克斯学院)1643年就任东部郡县议会军的总司令,曾派专员威廉·道辛去剑桥销毁偶像;《神圣盟约》是1643年英格兰议会派与苏格兰签订的协议,苏格兰同意支持议会派,反对拥王派;"空位期间"指从1649年1月议会领袖克伦威尔弑君篡位,至1660年查理二世复辟的一段时期。

史上还有一次威胁不大出名,却发自剑桥大学内部。利德姆一格林提醒我们注意威廉·戴尔在内战和空位期间的叫嚣:这位冈维尔－凯厄斯学院院长当时是个激进的议会派,他跳出来大肆反对传统的学业制度,矛头实际上指向学位制。不过利德姆－格林又说,邀天之幸,戴尔者流"似乎倒也没有从这类荒谬前提中演绎出任何一种必须削弱牛桥地位的主张"。① 利德姆－格林并未提到其他资料所描述的下述事件:"威廉·戴尔——尽管身为凯厄斯学院院长——甚至提议:牛桥两校的教育方法因循守旧到了不可救药的地步,故应一并取缔,并在全国各地建立多所高校以代之。幸亏时任牛津大学名誉校长的奥利佛·克伦威尔不为所动,两校方才幸免于难。……"②

❧☙

鉴于这些意外,鉴于前述的分殊,我们可以看出,一切祸患皆有可能。所幸剑桥大学及诸学院凭借一系列奇特机缘,顶住了八百年的风雨而发展至今。

16世纪前期和中期,剑桥迎来了它的勃兴时代。国王学院礼拜堂竣工;抹大拉学院兼并一所本笃会学馆——前白金汉学院;抹大拉成立四年后,恢宏的三一学院于1546年成为剑桥新成员;约翰·凯厄斯博士扩大冈维尔堂学院,组成一个几乎全新的机构,命

---

① 利德姆－格林:《剑桥大学简史》,第91页。
② 《大英百科全书》,第11版,"Universities"词条,第771页。

名为冈维尔－凯厄斯学院(1557年);以利马学院(1548年)兼并一所多明我会修道院;西德尼·苏塞克斯学院(1549年)兼并一所圣芳济会修道院。这些新学院的主要宗旨是为英国国教培养教士,但也有史以来第一次招收了世俗学生,三一学院尤其一马当先。

19世纪末,剑桥经历了第二个学院大发展的阶段。1850—1910年学生数量翻了一番;诸学院开始聘任"教学院士",以取代私人指导教师;我们今日所知的导师制开始推行;1882年开始准许"先生"*结婚而不丧失院士身份;理工科系开始出现在唐宁街**附近的植物园原址上;两所女子学院也相继成立——戈登建于1869年,纽纳姆建于1872年。女子学院诞生之日,便立意辅导女子参加荣誉学士学位考试,***1882年果有第一批女子参加,然而,让女子成为剑桥全权成员的尝试却屡屡不果,直到未来的1947年才大功告成。

1900年,全英两万名大学生当中约有三分之一是牛桥学生,可见牛桥两校依然占据压倒性优势;不过,时至20世纪,牛桥学生数量已不足全英大学生的五分之一,但这只是相对的缩水,而非绝

---

  * 先生,don,专指牛桥等学院制大学的院士和辅导教师。
  ** 剑桥的而非伦敦的唐宁街。
  *** 此处原文是 tripos(原意"三脚凳",参见第11章),专指剑桥大学的荣誉学士学位考试。剑桥的学士学位课程不分"模块",而分"段"(parts),有些专业包含一个两年期的"第一段"和一个一年期的"第二段",有些专业相反,有些专业甚至设有第四年级——属"第二段"或"第三段"。逐段通过了所有的终端考试后,便取得"荣誉学士学位"(BA. Hon)而非"及格学位/普通学位"(pass/ordinary degree),盖因已将荣誉学士学位所需课程融入了普通学士课程。

对的衰落,事实上,20世纪甚至堪称剑桥大学最辉煌的世纪,对国民的知识和艺术生活作出了空前重大的贡献——然而这是后话。至此,关于剑桥古老风貌如何奇特地幸存下来,本章已经表述到1900年,至于最近一百年的故事,容在下一章细细分说。

2

变化的同一

剑桥最有趣的特点之一是既变化又恒定。为了长达八百年的存续和繁荣,剑桥不得不规避两个极端。其一,假设剑桥向每一波新时尚和新压力让步,弄得瞬息万变,那么它早已面目全非,所有的历史遗踪也早已遁迹,它那独一无二的自我也早已不复存在。

建筑可为一例。如果每逢有新风格流行,立刻将古老建筑尽行拆除,我们今日就无缘欣赏八百年的精巧混搭——不会有国王学院礼拜堂,不会有三一学院雷恩图书馆,不会有参议院,甚至不会有老卡文迪许实验室。再举一个比较抽象的例子:许多无形的价值观和风俗习惯也将无迹可循——不会有学院制,不会有充满论辩精神的导师制,不会有行政体系中的权力制衡,那些无处不在的大小仪式也将消失。在剑桥历史上的无数个关头,这种事可以轻易发生。漫漫八百年,何事又不能发生!然而剑桥坚持认为,只要旧物还能使用,便应当继续保存:"此物未坏,何须乱修!"——出于这种执念,剑桥终究保住了大部分传统。

其二,假设剑桥不具备变化能力,不能与时俱进,不能像竹子一样在风暴中屈伸自如,那也一样危险。它会和变化不息的本国大环境迅速失去联系。当英格兰演化为不列颠的时候,当封建农业社会演化为资本主义城市工业社会的时候,剑桥会独自搁浅,变成一堆反常的孤零零的废墟,或者变成一粒时间胶囊,除了展出狷介人物和古怪习俗以外,一无用处。

图 5　三一学院图书馆和剑河

剑河畔的三一学院图书馆,西面正墙;建于17世纪后期,设计师为克里斯多佛·雷恩爵士,故也称雷恩图书馆。

　　解决矛盾的诀窍是设计一种体系,它允许变化,但只是在考虑了结果之后,而且只是在一个无益的改革已经告退的舞台。为了存续下去,剑桥或任何其他机构都必须发明一种办法,选取那些明智而有益的改良,筛除那些破坏营养之根的革新计划。

　　剑桥犹如一棵渐渐老去、却还在继续结实的苹果树。如果每百年将这棵树从根部锯倒,或者将它的主枝狂砍一顿,它要么只剩下一截残桩,要么彻底变作另一种东西。反过来,如果疏于打理,不常为它细心剪枝,不常激励它蓬勃生长,它将会枝叶散乱而果实稀少。一个自然而然的问题产生了:到底是哪些机制产生了这种"剪枝"和"激励"?

✥

现在让我们从弗朗西斯·康福德说起。康福德是一位才华横溢的古典学家,*当他还是一位三十岁出头的年轻"先生"时,他热烈赞成对剑桥之树大修大剪,并且加入了图谋改革的行列。然而他频频发现自己被保守的敌手弄得垂头丧气,于是他花了一两个星期的时间,埋头撰写一篇讽刺文章,毫无疑问既是为了排遣挫败感,也是为了铺陈游戏规则。文章题为《学术圈之小宇宙志:青年学术政客指南》,1908年刊印出版,距今几乎恰好一百周年。

以不足二十页的篇幅,康福德告诫胸怀大志的年轻先生们,改革剑桥大学是一桩无望的事业,随着年龄的增长,他们自己也会变成改革的绊脚石。接下来他描述了各党派的性质,分析了党派间的区别:何谓"保守自由派",何谓"自由保守派",何谓"不赞成派"——那是投票反对一切变革的人士;最后还有"寄身唐宁街附近一列洞穴之中"的"亚杜兰派"**——亦即剑桥的科学家,康福德认为他们既贪婪又狂妄。

康福德还论述了诸学院实行的分小组关门开会的制度,或曰

---

* 古典学是人文学科的一个分支,主要研究希腊和罗马在古典时代(前600—600)的哲学、文化、历史等,更广义则可上溯至青铜时代(约前3000)的地中海世界。

** 亚杜兰,语出《圣经》:大卫及其盟党为躲避以色列王扫罗,而在亚杜兰洞穴中藏身。1866年,英国自由党有一个派系反对改革,被称为"亚杜兰派"(the Adullamites)。又:唐宁街仍指剑桥的而非伦敦的唐宁街。

"核心会议"制度:"核心会议仿佛一个捕鼠器,外面的鼠想进去,里面的鼠因为满眼只见鼠同胞,所以又想出来。捕鼠器的诱饵便是松饼和雪茄。……"在此制度下,如果你希望获得政治影响力,"也许就像希望患上痛风一样,真的需要双管齐下哩——这办法就是竟日端坐,并痛饮波尔图酒"。丧失影响力的办法则是出版一本谁都看得懂的书。①

康福德小册子对于今日的重要意义在于,它分析了变革之不可能的原因。那其实只是因为一个简单的事实:"主张做某事的理由仅有一条,余者皆是主张不做任何事的理由。"赞成做某事的理由"是此事当做",反对的理由主要有两条,而且屡试不爽。

第一条叫做"得寸进尺原理",康福德的解释是:"你现在万不可做正义的事,以免将来别人期望你做更加正义的事,那却是你担心自己没有勇气去满足的一种期望。"

第二条叫做"危险先例原理",康福德的解释是:"你万不可做公认为正确的事,以免你自己,或者你的同样胆怯的后继者们,没有勇气在将来的同样情况下做正确的事。……"这也意味着:"每一个不合习惯的公共行为要么是错的,要么——即使是对的——属于危险先例。结论只能是万事莫开头。"①

还有两条辅助的理由充当它们的后盾。一条是"给现行秩序以一次公正审判权",但是康福德指出,改革的建议却是得不到公正审判权的。另一条是"时机不成熟",康福德辛辣地评论道:"顺

---

① 戈登·约翰逊:《大学政治》(Gordon Johnson, *University Politics*, Cambridge, 1994),第97、99、102页。康福德全文可见此书,也可在互联网上免费下载。

① 戈登·约翰逊:《大学政治》,第97、99、102页。

便提一句,时机如同楂果,它的把戏是在成熟之前烂掉。"①

接着,康福德披露了"商业行为"中常用的防范变革的伎俩。其中包括好几种说辞,一种是:"现行措施可以阻止一场更具破坏性的改革。"另一种是:"与拟议中的改革同效的机制已然存在。"还有一种是:"一切改革以发自内部为佳",也叫做"洗床单原理"——床单自然应该私底下洗。

保守派还可以怎样攻破变革主张?康福德列出了清单:搪塞支吾;故意设置站不住脚的论点然后将其驳倒;假称多年前某个建议早经提出并早经否决;让听众腻味然后自动投降。最后这一招其实就是"说话慢慢吞吞、含含糊糊、有点不得要领",烦得大家宁愿投赞成票,也不想再多听你一分钟。

加斯帕·罗斯和约翰·齐曼有一部合著,比康福德大约晚六十年,但与他的精神一脉相承。书中说:"牛桥绝不培养传教士式的狂热。保护主义的氛围,古老的传统,典礼及仪式,忠诚地守护历史遗产并完好地传诸后代的义务,所有这一切,窒息了人们思谋社会行动的能力。牛桥有叛逆者,但最终会受阻和受挫。牛桥有自由主义者,但他们的自由主义通常是如此老派、如此机械、如此温和,结果他们顺理成章地变成了那些公然的保守主义者的陪衬。"②

罗斯和齐曼不仅描绘了一种保守主义的局面,而且认为牛桥

---

① 戈登·约翰逊:《大学政治》,第 97、99、102 页。
② 加斯帕·罗斯和约翰·齐曼:《剑津观察》(Jasper Rose and John Ziman, *Camford Observed*,1964),第 127 页。

几无中央权力，也鲜有制度化的权威或约束力。每一位先生面朝一个不同的方向，内心兀自冲突，难下决断。我本人也曾在多次会议上发现自己的思想左右摇摆，对每项提议半是支持半是反对，因而我对下述评论心领神会："在牛桥生活和工作的人被四面八方的力量所拉拽，被互相抵牾的忠诚所扰乱，被所属机构的松散所苦恼。这些矛盾所造成的僵化状态，阻挠和挫败了任何一次变革的尝试——无论是向前变，向后变，还是向斜刺里变。每一块木头指着一个不同的方向，却又横七竖八地挤作一团。"①

　　风俗习惯的日积月累，权力的分散性质，把剑桥变得又古老又庞杂。这里必然有根深蒂固的既得利益集团，亟欲保持既成的和现行的制度。剑桥历来实行权力下放制度，决策中很多人都有发言权，改变任何一件事物都需要征得广泛的赞同。大多数人赞同变革是出于不得已，经常是为着更高的善而放弃了狭隘的党派利益，为着受益面更广的不确定的未来利益而放弃了眼前的利益。

⁂

　　然而剑桥还有一个极其惊人的特点，那就是，它既能在短期内将新的变化纳入整个体系，又能使体系的内核大致保持原状。从1971年我初次邂逅的剑桥，到2009年我如此谙熟的剑桥，距离似已相当邈远，然而剑桥巧妙地掩盖了变化的足迹。三十多年来，我常以为我邂逅的事物很老，却惊讶地发现它们大都很新。我的学

---

① 加斯帕·罗斯和约翰·齐曼：《剑津观察》（Jasper Rose and John Ziman, *Camford Observed*, 1964），第127页。

生,甚至我的年轻同事,也都迷惑地发现,今日的"剑桥"大部分只是最近一个世纪或者更近期的新发明。

原来,康福德的针砭是大错特错了。自他发表小册子至今,剑桥其实发生了巨大的变化,无怪乎戈登·约翰逊说:"从多方面看,要想唤回弗朗西斯·康福德青年时代的剑桥,都需要付出极大的历史想象力。"①我们不妨简要地列出最近一百年剑桥的几次经天纬地的变革。

康福德若是今日看剑桥城,虽不难认出学院密集的中心区域,但会为市区的扩张而吃惊:商业区、机场和双行道都是他的身后事。剑桥大学本身也大大改观,实质上已经变成了三座校园:西奇威克场有两个庞大的新区,西边有一些理工科系;剑河对岸出现了一座新的音乐厅、一座新的图书馆,还修建了一座大规模的新医院;城市周边出现了一圈科技园。

为改革治校之道,康福德也曾振臂一呼,但是自那时以来,这方面也发生了一连串变化。摄政院取代了参议院,成为最高治校团体,治校权也归还了剑桥实际任教的教师,而不再由所有剑桥人共同掌握。*校长不仅是剑桥大学的仪式首领,也变成了它的执行长官,还设立了几位副校长从旁辅佐。康福德时代尚无科系和科系理事会,而今它们已成为基层行政单位。院所和院所理事会的权力也在迅速扩张。大多数教学系和中心也诞生于康福德时代以

---

① 戈登·约翰逊:《大学政治》,第83页。

* 在此以前,治校权属于所有在剑桥学习并获得文理硕士学位(Master of Arts / MA)的人,他们会从世界各个角落前来投票表决,对剑桥的改革颇为不便。

后,乃至二战以后。几所全然世俗的新学院喷薄而出,一所新的女子学院*也在战后宣告成立。1919年,剑桥大学首次大力依赖政府津贴而生存,财政结构的复合程度已远非昔日可比。

教学和研究的制式也变化惊人。康福德撰写小册子之日,"荣誉学士学位"的数量刚刚开始超过"及格学士学位",而今剑桥基本上只设置荣誉学士学位。康福德撰写小册子之日,仅有十三种荣誉学士学位考试或课程,而今已达到五十多种。全校每学年录取的本科生数量也达到了当年的五倍。康福德时代尚无研究生,"哲学博士学位"迟至1919年才引进,二战以后才稍显寻常,而今却有七千名学生攻读这一学位。康福德时代尚未开设教学式硕士生**课程,而今开设了八十多种。

学生的性别结构也经历了彻底的改革。康福德时代诸学院只招收男生——当时的两所女子学院***确实招收女生,然而其学员尽管获准与男生共读某些课程,却得不到充分的认可。1972年少数学院开始男女兼收,现在,所有的男子学院都已转为男女混合。而且,剑桥的本科生和研究生均已发展到男女各占一半。男女混校制度给剑桥大学带来了全方位的深刻影响,例如大大拓宽了文

---

* 指新堂学院(New Hall)。该学院1954年创始时名为新堂学院,2008年宣布更名为默里－爱德华兹学院(Murray Edwards College),以纪念首任院长罗斯玛丽·默里女爵士和一位女校友爱德华兹夫人,新名尚待批准,但已用作正式商标名。

** 教学式硕士生,taught master,此种硕士学位要求学生上课、上交书面课业、参加书面考试。与此对应的是研究式硕士生(master by research)。

*** 指戈登和纽纳姆。剑桥相继创立过五所女子学院:戈登(1869)、纽纳姆(1872)、休斯堂(1885,只招收成人)、新堂(1954)、露西·卡文迪许(1965,只招收成人),但是1970年代戈登和休斯堂转为男女混合。

艺生活的天地,戏剧、音乐和体育运动变得更加丰富多彩。

康福德时代的剑桥学生几乎悉数来自英国,如今却有很大比例来自海外。从亚洲远渡重洋而来的学生也与日俱增,研究生尤其显著。即使英国本地学生,其渊源也迥然不同于昔日。在康福德时代,剑桥的本国学生差不多一律出生于中产阶级家庭,毕业于私立寄宿中学,而今,本国生源有一半以上——某些学院高达四分之三——毕业于国立中学,出生于社会的各种阶层。

最后,20世纪剑桥的知识昌盛和艺术繁荣也会令康福德惊讶不已。论戏剧,剑桥的戏剧表演可以上溯到16世纪,及至康福德时代,著名的脚灯戏剧俱乐部业已成立。尽管如此,康福德却无法预料后来的戏剧盛景,特别是,他无法预料1960年代剑桥将涌现一大批电视天才和讽刺大师。论音乐,剑桥著名的唱诗班合唱是在康福德时代以后才兴起的;文学批评、政治科学、化学、天文学、计算机等领域也莫不如此。在康福德的小册子出版以前七年,诺贝尔奖才问世,如果他能料到,未来一百年间他所奚落的"亚杜兰派"将获奖八十多次,他一定又惊又悔。

这一切有悖于康福德预言的事情,以及诸如此类的事情,究竟是怎样发生的?譬如,天黑以后为什么再也见不到穿袍的学子,学校的治安鹰犬或学监助理又到哪里去了?譬如,20世纪初还没有人沿着学院后园*在剑河上撑船,为什么现在却变成了如此典型的"剑桥传统"?我们需要的解释与康福德的悲观描述截然相反,

---

* 后园,the Backs,剑桥有几所学院背靠剑河并跨越剑河,这些学院的后部即获"后园"专称,并形成一道著名的特殊风景线。

换言之，这里存在着某些机制和建制，使得剑桥既能快速变革，又能保存传统，恰恰应了约翰逊的一句话："尽管 20 世纪带来了巨变，古老剑桥的幸存程度仍令人叹为观止。"①

图 6　剑河上的撑船

以长篙撑船漫游剑河，在今日的剑桥是一项遐迩闻名的休闲和观光活动。这种小船的前身是周边乡村湿地上人们使用了好几百年的一种古船，不过它被引进剑河的这一段，却只是 1920 年前后的事情。

［摄影：莎拉·哈里森］

❧☙

答案可从多方面寻找，其一是逻辑论辩的力量。剑桥谆谆教

---

① 戈登·约翰逊:《大学政治》,第 83 页。

导人们以良论胜谬论,而促成这一特点的人,正是那群令康福德忧惧的"亚杜兰派"。他们当中有很多人升上了剑桥的高位,水到渠成地在自己率领的学院和委员会推广了以良论胜谬论的理念和对实验的热爱。

对抗性的论辩体系,如在导师制中体现的那样,产生了一系列效应。第一,它导致迂回解决难题的智谋:某组织遇到难以消除的矛盾和阻碍时,组织内部许多训练有素的头脑会想出各种独创性的办法,巧妙地加以解决。第二,它导致对完美论点的尊重。第三,它造成一种鼓励反驳和质疑的教学与研究环境,在这种环境下,每一种解决方案都只是一种暂时的和临时的方案,不存在什么神圣不可侵犯的真理,一切俱可争议,无所谓终极答案。

借用卡尔·波普的说法,剑桥是个"开放社会",它在不息地试验、改良、奋力迈向一个永不定论的"真"或"美"——看哪,未来永远有更好的答案在召唤。剑桥尊重并乐意保存昔日流传下来的美好,同时剑桥也放眼未来。未来葆有一颗更加美好的果实,只待你通过合理的论辩去采摘。

⁓✿⁓

这种论辩精神与一种内部成员之间的平等主义风气息息相关。青年康福德的悲观情绪多少起因于他的成见,他认为一切激进思想只能来自他的同龄人或晚辈,而这些年轻后生却"人微言轻"。但是我亲眼看见,不仅青年院士的意见被认真听取,甚至学生代表也能说服院士们(平均年龄大概五十多岁)去做一件事情。在剑桥每一座论坛的内部,人们互相评判的标准主要是对方的论说，而不是对方的资历。因此，我在辅导学生的时候，总能聆听学生的论说，如果它令人信服，我会强迫自己同意。由于我所接受的思想训练使然，我只对所说的话、而非对说话的人发生反应。

康福德敏锐地观察到一种普遍的陋习：万事莫开头。对此，我们也可以用一个有效的手段去克服。如果万事莫开头真是一张制胜王牌，剑桥肯定不会有科技园，不会有女子学院，研究生学位的名目也绝不会超过三个。然而我们在剑桥真真切切地发现，另辟蹊径的先例几乎永远存在，或者总在被人开创。剑桥能够实现一种效果：你仿佛是在回望某个旧事物，实际上它却是一个新事物，这就是人类学家所说的"传统的发明"。①

国王学院一年一度的"降临节九经颂歌礼"*可为一例。它是国王学院主持牧师埃里克·米尔纳－怀特1934年发明的新事物，看起来却好像古已有之，奥妙在于他从古老的《圣经》中选取了一系列颂歌和经文。音乐会一年年延续下来，现已形成一种全国性制度，每年由英国广播公司录制和对外转播。为了防止它衰微，年年都要对曲目和布景进行微调，因此形式是恒定的，内容是变化的。

⊱⊱⊰⊰

我们不难设计一组对应论点，去抗辩康福德所讥诮的那些说

---

① 埃里克·霍布斯鲍姆和特伦斯·兰杰：《传统的发明》(Eric Hobsbawn and Terence Ranger, *The Invention of Tradition*, 1983)。霍布斯鲍姆出身剑桥、兰杰出身牛津，此事恐非巧合。

* "九经颂歌礼"是基督教的一种礼拜形式，其中吟诵九段《圣经》经文，并穿插圣诞颂歌和赞美诗。

辞,例如,可用"机会之窗"对应他的"时机不成熟"。在最近某次会议上,鉴于一场初现端倪的经济萧条,我以"时机不成熟"为理由,反对花一大笔钱建造一幢楼房——尽管我的用意与康福德担心的并不一样。赞成建房的人应声回答:恰恰因为经济不景气,建筑商急于寻找客户,甚至愿意压低价格,这才打开了一个"机会之窗"啊。我的论点与他们的反驳适成对应,最终是我低头服输。

康福德的"得寸进尺原理"可用"一针及时省九针"相对应。我们不妨辩称:现在对体系或对问题小修小补,能够避免将来的大刀阔斧。这是我们应付学生意见的惯技。如果学生要求进行合理小改革,明智的对策是予以首肯,以免积怨,以免煽起他们彻底改革的呼声。

这和整个剑桥狭域政治圈的"同感"性质有关。实现高效和团结需要付出代价,所以大多数人干脆对会议主席采取恭敬不如从命的态度,不愿出头露面,唯恐被人看作蹩扭家伙。

对于革新,如果有谁是众所周知的谨慎派,你可以变相采用日本园艺家所谓"根部矫正"的办法,耐心解释革新的意义和好处,使对方做好心理准备,缓解焦虑,站到你的这一边。你必须循循善诱并且持之以恒,那么,待到变化来临之时,对方已经从心底接受它和欢迎它了。

另一个有效元素是体系的平衡,特别是当某个体系包含无数实体,所有实体又拥有基本同等的权利的时候。如果某科系理事会或某学院反对一项举措,其他机构仍然有权尝试。如此这般,不仅鼓励了多样性,而且保障了解决当前难题的创造性。剑桥体系的平衡既是出于自觉,也是出于无意,有如查尔斯·达尔文阐明的法则：由于物竞天择机制，大自然保持了优胜劣汰。迟到者迅速地发现，自己先前反对变革，现在却不得不顺应潮流。

我的一次亲身经历堪为佐证。当初，剑桥大学宣布即将引进教学式硕士生课程的时候，大多数系和科系反应冷淡。执教这种课程拿不到额外酬劳，却意味着忙上添忙。但是我们的系主任跃跃欲试，认为是一次良机，能够间接导致更大的权力和更高的收入，还能为本学科宣传造势。于是我们系率先设立了一种文凭，继而又设立了多种名目的哲学硕士课程。十五年后，由于全体教师争先恐后，系里限制了授课量。

"同感"政治体系的另一个表征是，哪怕与会者人头济济，议题也能够不经任何辩论或投票而自行通过。小改小革的暗度陈仓总归是一件易事，谁都不会特别留神，即使有人觉察，也以为此事肯定经过某处某人的周密审查。一般也确实如此，当前的提议时常来自一年以前某次小组委员会议的报告，与会者只有两三人，或许其中两人赞成、一人反对，而现在，一个更大的委员会未经仔细讨论，便通过了他们的提议。

在这样的环境里，如果某人具有强大的人格和充沛的精力，长于本地政治，人脉广阔，精通剑桥体系和事情的来龙去脉，就能引发一股小改小革的汩汩泉流。我曾亲眼看见这么个人，在短短五年之内，让我们微不足道的社会人类学系（当时才创建一两年）发生了翻天覆地的变化，而且没有遇到太大的阻力和障碍。我在采访剑桥同仁的过程中，也三番五次听人说起类似的变革，20世纪下半叶生物和动物学科的变革就是例证。三五人凭借个人之力，可以建起整个教学中心、科系或其他组织，可以改变教学和研究的主要内容。他们的成功说明,剑桥乍见之下墨守成规,实际上充盈着内在的活力。

✥

剑桥是冒险活动的安全港。积年的声望和坚不可摧的结构,确保了试验新事物的可能。这一点我早已从国王学院领教。国王学院曾带头招收女生,扩大生源,重组仪式,改变内部小社会的格局。之所以敢开风气之先,主要是因为它的威望如此崇高,一两个错误不可能让它塌台。

道格拉斯·亚当斯在《银河系漫游指南》中写道(写作过程中,他心里是否念念于他的剑桥母校?),地球是一群白鼠建立的一个巨大试验品或计算机。如此说来,剑桥的"试验"已经进行了漫长的八百年。借助于明智的选择机制,剑桥取得了有目共睹的进步,尽管偶尔也会踉跄一下,误入这样那样的死胡同。剑桥极具自我更新的能力,这个特点非同寻常,因为,思想也罢,建制也罢,一般难逃一种顽固的倾向:年深月久它们会迷失目标,并与外界失去联系,最终走向衰亡。

康福德逝世于1943年,我相信,如果他活到今天,他一定会感到惊奇,或许也会因为自己说错了而感到高兴。虽然不做事的理由有千条万条,但是唯一一条做事的理由,即"此事当做",却处处占了上风。不过这是一种有分寸的上风,是一种平衡。这种平衡机制将这个奇特的地方相当完好地保存下来,令无数来此观光、教书和受教育的人既欣悦又着迷。

∽⊂୧ ৡ⊃∾

如果有人问我，在创新与连贯之间保持完美平衡的秘籍是什么，我将指向英格兰的一个广泛特点，然后以一个地方性案例作为说明。这个特点就是，英格兰人重视一套源于习惯、基于常识的不成文的口头准则，而且尊重先例。说到底，这是英格兰习惯法的一个古老特点，早在13世纪，亨利·德·布雷克顿已在《论英格兰的法律和习惯》中阐述分明。剑桥的情况则是一个绝佳的地方性案例，足以证明习惯能同时带来弹力和定力。

习惯是不成文的东西，它们比成文的东西更容易改变。任何希望小修小补的人都可以一口咬定"我们历来如此行事"，如果恰好投合了听者的心理，微小的变化就会悄然发生。剑桥之能不息地变化、转向、成长、演进，这正是秘诀之一。但是表面看来，剑桥似乎除了恪守旧制以外并无动静。新来者以为他们遇到的行事方式一定是天长地久，孰料它有一天会突然消失。

从另一个角度看，习惯却也能阻止巨变和革命，防止改天换地。保持现状的最大理由是事情一贯如此，而结构性的巨变呢，不言而喻，一定是不符合习惯的新玩艺——既然有悖习惯，自然难以贯彻。这好比一场浩大的游戏，人人都认为，规则的突变必将导致不公平和不稳定，还可能彻底玩完。因此，如果生活真的像是一场板球或橄榄球游戏，你千万不要跑进场地乱改规则。

在实行成文法规的国家和组织，一个权威人物或权威机构便能改变成文大法，从而改变一切。而在习惯法地区，要想实现显著的变化，只能首先去逐步改变成千上万个不起眼的、未明言的惯例。一种缓缓演化和持续发展的走向就此形成,当然,这绝非出自"中央的"计划。实行刻板成文法的体系欲求发展,靠的是周期性地打破平静,相反,剑桥靠的是进化性的修正,也就是随机变化和有择保存。

确实,如康福德所言,习惯体系必然产生"老房子老住户"的倾向。在盘根错节的习惯丛林里,"亟亟求变的毛头小子(或黄毛丫头)"是新来的住户,要苦熬多年才能接受大部分习惯。他们很难施展伤筋动骨的改革,仅能偶获小胜。二十年后,当他们明白了当地习惯,学会了当地"语言",他们也会随波逐流,从体系中谋求牢固的既得利益,同时产生一种曾经沧海难为水的感觉:嗨,本人早已听过所有的求变之论,试过所有的未必高明之举!就这样,制度性的保守主义植入了体系。

然而,习惯又是一种解放元素,它将矛盾罩在同一张面具之下,使多元的世界成为可能。不同的习惯可以互相冲突、南辕北辙、步调不一,但是照样运行无碍。例如,剑桥有一种只允许院士踩踏学院草坪的习惯,但在举办儿童节或五月舞会的日子里,人人又都可以踩踏。① 又如,剑桥有一种只录取高分学生攻读某课程的习惯,后来有人激烈地论争说,特殊情况下应当允许考试失败的优秀学生继续深造,习惯遂被破除。

习惯主要是对当前行为的一种回推,但习惯的成因要么从未言明,要么已经迷失在历史的长河中。遵守习惯与一个崇拜祖先

---

① 彼得·伯克告诉我,牛津大学新学院(New College)对宠物有些规定,但是据说,有一只本当遭禁的狗却被定义为一只允许入内的猫,皆因大家喜欢其主人的缘故。

的地方相得益彰。如果以往几百年的剑桥智者认为这种行事方式不错,那么,站在一条平底船的滑溜溜的尾端去撑篙,就一定比牛津大学的办法高明得多(牛津的撑篙人偏要更加稳妥地站在一个有防护的斜面上)。余生也晚,哪有资格置喙?

遵守习惯也与一个庞杂体系配合得丝丝入扣。我们不可能用一组图表或者一组有理方程式将剑桥体系的运行之道绘制出来,亚历克西·德·托克维尔对英格兰法律的总体论述同样适用于剑桥大学:"它可以比作一棵老树的主干,历代律师不断往上面嫁接千奇百怪的嫩枝,并暗自希望,在嫁接了新枝的尊贵古树上,哪怕新结的果实不一样,至少新叶能与旧叶相配。"[①] 其后果,通过托克维尔对英法两地的一番比较即可彰显:法国拥有简单性和一致性,拥有合乎逻辑的组织,英格兰却得到了一架"老派而丑怪的机器",连同一套"复杂而紊乱的部署"。不过托克维尔也承认,英格兰一贯拥有自由,法国却永远面临独裁专制主义的威胁。

剑桥是一个复杂而纠结的古老体系,而且如后文所述,学院、科系等团体形成群雄逐鹿之势,任何一个派系或集团都不可能独力施行全盘的控制。这使得剑桥很难发生排山倒海的革命性剧变,而更容易缓缓地演变。通过达尔文描述的一种机制,通过随机变化和有择保存,演变得以发生,最适合的思想得以幸存。

---

① 艾伦·麦克法兰:《现代世界之谜》(Alan Macfarlane, *The Riddle of the Modern World*, 2000),第 205 页。

剑桥文化

图 7　剑桥大学和剑桥市中心鸟瞰

左边是圣玛丽大教堂，右边是国王学院礼拜堂，中央是参议院及其门前的七叶树，这些地标性建筑构成了一个方圆 0.25 英里的区域，最近五百年人类思想史的多次重要进展都发生在这个范围之内。

图8 七叶树和参议院

左边是七叶树，右边是参议院。如果说剑桥有一个焦点，那就是这棵伟岸的七叶树。在它的周围，参议院、老院所（两大政治行政中心）、国王学院礼拜堂、圣玛丽大教堂（两大宗教中心）形成了一个包围圈，将它簇拥在中央。

3

魅　　影

当你在一个美丽的夏日访问剑桥,或者,当那片连绵的古老屋脊被白雪所覆盖,你一定会为剑桥所陶醉,也许还会因之而入魅。我纵然已在剑桥生活多年,却依然深受其惑。剑桥仿佛真是一片魅境和魔土。那么这种特殊效应从何而来?

一个地方能让心灵和想象力展翅飞翔,则必能吸引我们。许多访客都知道剑桥非常古老,但是究竟有多古老?有些处所好像发乎远古,而它们的毗邻又显然出自近代甚至现代。剑桥似乎恒定得不受岁月影响,却又在不断地调整和不息地变化。我们无法将它框入一个确切的时代。

体验剑桥,我们的心灵将逸出当下,跨过19—20世纪工业革命的桥梁,进入18世纪启蒙运动时期的经典建筑。但那也并不是终点。我们将继续沿着蜿蜒的小巷,穿过都铎朝代的庭院和塔楼,走向历史纵深,回到中世纪的高拱和窄窗。走进剑桥无异于登上了一架时间机器。

截然不同的建筑风格互为贴邻,竟能如此融洽,如此悦目,实在是因为建筑物之间隔着空地、草坪、树木、庭院的美妙间隙。于是,我们仿佛徜徉在一个英格兰历史的"棋盘"上,它以一种无序而有致的方式,向我们呈示了英格兰的所有风格和一切时代。

我们一边漫步一边感受到,以往八百年每一时代的剑桥思想不仅铭刻在木石和玻璃上,而且以哲学、诗歌、音乐、数学或神学的形式,活在一幢幢建筑之内,生机不减当年。虽然弗朗西斯·培根、牛顿、达尔文、麦克斯韦早已作古,他们的后裔依然遍布剑桥,那是一些继续与类似的学术难题较量的人们,可也不乏真正的嫡亲后裔,例如赫胥黎的一个孙辈,达尔文的一个曾孙辈,约翰·梅纳德·凯恩斯的一个侄儿或侄女。

剑桥还有一种海市蜃楼般的特殊魅力。不错,它是明朗的、开放的、友好的,然而它也常常是难以捉摸的,犹如济慈笔下的少女,爱慕者在"疯狂的追求"之中尾随她,却永远不可企及。无论是短短一日的访客还是剑桥学生,都觉得这里有奥义和富矿,深藏着一座知识和经验的宝库、一张传说和传奇的密网,但是它们一闪而逝,幻影似的,绕过一个拐角而消失,随着一缕阳光而弥散。

剑桥或许令人心生一丝敬畏,但是它并不恐怖。这里的建筑风格大都平易近人,很少一本正经。像圣诞贺卡一样精致,或者像一丛乡间小屋一样亲切。多数建筑只有一两层楼的高度,这使剑桥保持着人性而非神性。

❧ ☙

英格兰两所伟大的中世纪大学,牛津和剑桥,都有河流贯穿其中,它们的名字也分别嵌入了"津"、"桥"二字。你大概以为这纯属巧合。但是,我已经越来越清楚,牛桥的亲水,正是其特殊性质的一部分奥秘所在。

河畔的柳树、河面的小船、河中的白云和建筑物的倒影、河上的拱桥，帮助剑桥完成了它的不朽肖像。直到最近我才忽然发现，对这幅画卷的最脍炙人口的描述，却是中国的每一名中学生倒背如流的一首诗。

2008年7月，国王学院后园的小桥边立起一块两吨重的汉白玉（建造北京紫禁城的一种石料）碑，以纪念中国诗人徐志摩，上面用中文镌刻着他的四行诗句。1920—1922年，徐志摩在国王学院逗留了两年。乍别剑桥时，他写下了一首《康桥再会吧》。意犹未尽之间，1928年他又写下了他的名篇《再别康桥》，这首诗的开头几行是：

> 轻轻的我走了，
> 正如我轻轻的来；
> 我轻轻地招手，
> 作别西天的云彩。
>
> 那河畔的金柳，
> 是夕阳中的新娘；
> 波光里的艳影，
> 在我的心头荡漾。

我的中国学生告诉我，剑桥和整个沼地的波光潋滟，是一道最最吸引他们的风景。或许它将中国的名山大川召回了他们的梦魂——扬子江的浩气，桂林的雾霭，东海岸运河城市的秀丽？这低回的情

图9 学院后园

剑河穿行于一系列学院背后,形成一道特殊的风景线,称为"后园"。此图所示为国王学院和克莱尔学院的后园。18世纪以前,剑河一直是货船熙来攘往的水上要道,后来逐渐发展成今日所见的美丽水景,一棵棵柳树、一座座小桥,与我游历过的中国的水乡胜景不无相像。

[摄影:莎拉·哈里森]

绪形成了一个原因,使徐志摩的诗和诗中的剑桥在中国变得家喻户晓。

历史上的剑河是一条连接乌斯河的交通要道,船舶从英格兰各地驶来,穿过剑桥城,将货物运往郊外的斯陶尔布里奇集市。今日的剑河不再是水上枢纽,但是仍在为剑桥恪尽多重职守。

首先,剑河充当着一根连贯学院后园的绿线,将此岸的建筑串在一起,又将彼岸的花园和草坪缀成一片。彼得学院、王后学院、国王学院、克莱尔学院、三一堂学院、三一学院、圣约翰学院、抹大拉学院,八所学院犹如绿线上的一串珍珠,从静静流过后园的剑河中获得了璀璨的光辉。

其次,剑河上架设着许多小桥:从王后学院那座与牛顿有着神奇关系的"数学桥",到国王学院桥、克莱尔学院桥、加勒特会馆桥、三一学院桥、圣约翰学院那座照搬威尼斯名桥的"叹息桥",直到抹大拉学院桥。这些小桥既能将剑桥分成区域,又能将剑桥连成一气。美寓于平衡和对比。剑河的一岸有一大片绿油油的草场,天鹅在那里悠游,牛群和鹅群在那里啃食硬草,另一岸有极其平整的人工草坪和恢宏的建筑,两岸相映,制造出一道举世无双的胜景。

第三,剑河将剑桥与周边地区连成了一体。剑河是乌斯河的上游,而乌斯河是一条汇集多条支流、然后浩然入海的大河。剑河在不断地提醒着我:剑桥这座市镇比剑桥大学要古老得多。事实上,乌斯河和剑河作为一个泱泱水系,不仅通达伊利和霍兰,充当整个沼地的排水道,而且直抵远方的沃什湾,对于这整个水系而言,剑桥大学只是短短的一段流域。借剑河之力,这块僻壤才消除了外省气息,与整个世界有了联系。

E.M.福斯特,一位出身剑桥的文学家,曾经浩叹:"不外乎连接而已。"确实,一旦心灵获得解放,剑桥即开始与外界充分对接。水就是最大的连接器,它将剑桥多雨的长空与泥炭质的黑土地连接在一起,再与芦苇丛生的沼泽地连接在一起;它将剑桥丘阜——神秘地得名为"歌格和玛格山"——上的清泉与乔叟描写过的特朗平顿磨坊连接在一起,再与格兰切斯特磨坊连接在一起。格兰切

斯特是鲁珀特·布鲁克写诗的地方,但是教堂的钟已经不再指着三点差十分。*

剑河从格兰切斯特磨坊北上,穿过长长一列草地,经过浣女巷(学者们在那里整理一个早已逝去的大英帝国所遗留的珍贵手稿),到达剑桥市区,又流向伟大的塞缪尔·皮普斯图书馆;**此后继续前行,途经一片片草地,在那里,中世纪的集市和吉卜赛人集会化作今日仲夏公地的"草莓集市"、马戏表演和11·5营火晚会,依旧存活在人们的记忆里;然后穿越沼地,继续北上,流向著名的"沼地之舰"——气势磅礴的伊利大教堂。

我记得,牛津的查韦尔河和泰晤士河也有异曲同工之妙。大学和研究生时代,我在抹大拉学院***钟楼旁参加"五月之晨"欢庆会,在公园中沿着河畔漫步,在凛冽的查韦尔河里学游泳;孩提时代,我在港口草地上滑草,撑着小船沿河漂向远方,在牛津大运河平生第一次抓到一条鱼……这些牛津往事,与我的剑河记忆织成了一片锦。牛津的河流更加宽阔,可惜都未像剑河那样,直接穿过很多著名的学院。

---

* 语出剑桥诗人鲁珀特·布鲁克(Rupert Brooke,1887—1925)诗作《牧师古宅,格兰切斯特》:教堂钟伫立在三点差十分,还有蜂蜜可掺和下午茶吗?

** 皮普斯图书馆属抹大拉学院,为本院毕业生塞缪尔·皮普斯(Samuel Pepys,1633—1703,日记作家和藏书家)的继承人所赠,是世上现存的17世纪最大私人书库之一。

*** 指牛津大学的而非剑桥大学的抹大拉学院,该学院著名的钟楼下每年5月1日举行"五月之晨"欢庆会,是一个延续了五百多年的传统。又:牛桥两校多有同名学院,如圣体学院、耶稣学院、三一学院等等;牛桥两校的抹大拉学院拼写略有不同(剑桥Magdalene,牛津Magdalen),但都因抹大拉的玛丽亚而得名。

河水是灵动的，既有内在的力量，又是昊天长风的镜子，它的存在给剑桥的建筑灌注了生命。流淌不息的剑河捕捉了岁月的沧桑之美，也见证了我发现新知的激动之情。它加深了一种感觉：剑桥犹若一座布伦海姆宫，或者斯托大厦，建筑师们利用这些堂皇古宅的依河傍湖之地势，实现了英格兰人深爱的"有序的荒芜"。

☙❦❧

此刻我从远处回忆剑桥，它的色彩变得柔和了。太阳照得暖暖的墙垣是沉稳的赭色；从威尔士、约克郡和法国采来的各种石材是黑色、白色和浅粉色；学袍是黑色。而总体说来，剑桥是一道深褐色的风景，宛如一幅老照片。

但是在这含蓄的背景之中，也有鲜亮的色彩猝然飞溅出来。从荷兰舶来的砖瓦是红色和黄色；正在抽芽的柳树是碧绿色；节日的学袍是猩红色；而在国王学院高耸的尖形雉堞之上，那夏日的天空是难以置信的湛蓝色。

剑桥是个沉静的地方，充满微妙，充满阴翳，满眼是黑、绿、蓝的奇妙交融。然而，灰色的墙脚下有艳丽的玫瑰盛开；逢到庆典日或哀悼日，学院上空有灿烂的旗帜飘扬；国王巷有黄澄澄的毛茛一路招摇；三一学院背后有紫色的番红花结簇成团。集色彩之大成者，是舞动在国王学院礼拜堂彩色玻璃窗上的日光。这些彩色玻璃不无瑕疵，却恰好能吸收和柔化阳光，为壮丽的国王学院造成一道无与伦比的奇观。

剑桥的主要风格是既统一又多样。风云变幻的天空、寒暑分明的季节，使剑桥的面貌日日尝新，也让人养眼悦目。但在我看来，最奇妙的还是那些出其不意的色彩，譬如，当我沿着国王学院后园漫步的时候，我看见落日的余晖把古老的窗户变成了一片片闪光的金箔。

约翰·贝杰曼以优美的诗行抓住了这变幻莫测的色彩：

> 剑桥的庭院被风儿吹白，鹅卵石透出褐色的素淡，
> 哥特建筑的赭色山墙上，爬满常春藤的枝蔓；
> 红色的苹果，银色的墙垣，绿色的草坪。高标——
> 是那黄黄的榆树，一丛丛，环成自己的小岛；
> 噢，你看那色彩的变幻，直追风云疾驰的长天，
> 追上珍珠色的阳光，在石林上舞步翩翩。

全世界的色彩都在剑桥这座大舞台上一一亮相。印度的纱丽、苏格兰的格子呢、庄重的西服、超短的短裤、各大洲的面孔、南腔北调的话音，如同清风吹起的五彩纸屑，飞过古老的建筑和街道，渐渐消隐，然后剑桥归复修道院的常轨，仿佛一直未变。

而实际上剑桥一直在变。几家书店来了又去了。起重机高高架起，忙着修筑新的商店和拱廊。可是剑桥的内核没有变。新的建筑、新的装潢、新的自行车道尽管在这里或那里出现，但是在深层，色与形的基本"语法"并未彻底改变。

充当一个优雅然而死寂的人工保存的"遗址"，还是被变化席卷而去？剑桥在这两个极端之间保持了恰到好处的平衡，我怀疑这就是它的魅力所在。外来的访客也能感知，剑桥不止是一座博物馆、一座陵墓、一座巨石阵、一条中国长城。在这里，德鲁伊

教徒*的精神今日仍未泯灭。约翰·罗斯金曾经通过一部《威尼斯之石》,提醒人们注意英格兰艺术的不规则性和自发性。他将欧陆的巴洛克艺术风格与我们北方的哥特风格进行了对比,前者有工整的花园、中心广场、古典式的厚重建筑、笔直的街道,处处显得专断、威严、有条有理;后者却是曲里拐弯,不对称,不平衡,也不刻意规划。

剑桥是罗斯金论点的绝妙例证,一些英国诗篇也是罗斯金论点的优美图解。例如,在剑桥诗人鲁珀特·布鲁克的诗行中,德国花圃将一切布置成整整齐齐的线条,相反,"美丽而芜杂的英格兰玫瑰"却在随心所欲地生长。剑桥的许多学院更是将不同历史时期的建筑风格随意叠加起来,以一种混成性证实了罗斯金的说法。

整个剑桥无异于各种风格和概念的大杂烩,然而带来了轻松、惊喜、活力和哥特艺术的不懈张力。就此而论,我觉得剑桥与牛津大相悬殊。我在牛津就读的伍斯特学院倒是与剑桥不无相像,但是牛津很多更大的学院,如基督教堂学院和抹大拉学院,却要庄重得多、可畏得多。

不同风格的对比感,艺术史家尼古劳斯·佩夫斯纳认为是剑桥建筑美学的精髓:"剑桥的美学特点是一种错杂多样的特点。大与小、肃穆与亲切、石与砖、人造与天然,不仅并肩而立,而且经常互相交织。小庭院紧接着大庭院,草皮庭院紧挨着鹅卵石庭院,开

---

* 德鲁伊教(druidism)是古代不列颠的一种宗教,主要教义是拜敬自然;近代德鲁伊教复兴运动宣扬环保主义和泛爱主义。

放式庭院紧邻着封闭式庭院。"①

～✿✿✿～

全面不对称的哥特式结构带来的张力，在国王学院礼拜堂达到了极致。不知为何，这座礼拜堂总有点尚未竣工的感觉，好像仍在上升和高扬。它受力分散，无飞拱，巨大的重量似乎承载在纤细的立柱和扇形穹隆上——简直是一个不可能的工程。它的彩色玻璃窗透迤错落，犹如一串曼妙的璀璨珠玉；当灯光破窗而出的时候，整个礼拜堂仿佛变成了一个纸灯笼，漂浮在沼地上空。这是一座如梦如幻的建筑，又是一座实实在在的建筑。它高耸入云，将剑桥城一起携上了无垠的苍穹；它是焦点，从草地那边引来了远远的目光；它蜿蜒起伏，从吉布斯大楼和克莱尔学院的笔直线条上获得了奇谲的平衡。

罗马帝国崩溃以后出现于北欧的一个起伏有致、活力四溢的哥特世界，在剑桥保存至今，并时时提醒我们：在官僚主义理性、中央集权、强求统一化和标准化的顽固倾向之外，屹立着一个异数。

曲折错落的不单是建筑，我在剑桥经历的一切莫不如此。校规、教学制度、街道布局、剑河走势、艺术流派，无不是参差不齐，个性分明，以迥异的色块缝成一件斑斓的百衲衣。唯一的合成工序，是对各路对抗力量的溶解。

剑桥的街道、小径、院落铺着鹅卵石。这些小圆石头个个独特

---

① 尼古劳斯·佩夫斯纳:《剑桥郡》(Nikolaus Pevsner, *Cambridgeshire*, 第 2 版, 1970), 第 38 页。

而独立,牢牢镶嵌在地面上,近日多半用水泥黏合,往昔一般靠紧压密排——像国王学院门前的地面那样。鹅卵石是一种粗粝而活泼的敷盖形式,是平整的现代柏油地面的前身。镶嵌在狭街两旁墙垣上的小圆石和小燧石也是同样的古老。

这类建筑材料被刻意保留在剑桥的许多地方,譬如保留在圣体学院的后墙上。这道后墙位于公费中学路,建于13世纪,是一幢国家保护建筑的一个最古老部分。这种"时代错误"往往是有意为之,它让人感受到了一个古色古香的中世纪,一个静谧而又颠簸的旧世界,那里的街道也铺着鹅卵石,路面上唯一的印迹是马车或自行车的轮辙。

有些街道、庭院或别的什么地方不铺鹅卵石,则会铺地砖。地砖也能打碎大面积的公共空间,缓解混凝土街道给人带来的单调感。仅仅在市中心几个有限的区域,才能见到窄如丝带的柏油路。靠汽车交通,抑或靠步行和骑车?这是一场永恒的交战,后者在剑桥的胜算时常大于牛津。牛津的市中心大倒是大,却被车水马龙拦腰斩断。

✼❀❀✼

英格兰的古城与欧陆的大相异趣。大多数欧陆古城被城墙所环绕,城内是密密麻麻的房屋,这对它们便是"文明"的同义语。文明等于城市,城市等于一个无知而艰辛的农民国度里的一块绿洲。想一想佛罗伦萨、锡耶纳、巴黎或马德里吧。

英格兰的古城完全不同。在这里,城市似乎蕴含着乡村的意味,恰如乡村散发着城市生活的气息。曾有人将英格兰的诺里奇描述为"花园中的城市、城市中的花园",含义便是自然和文化的糅合。诺里奇有浓荫的街道、广阔的公园、荒芜的地带,居民们对自家的花园和菜园无比痴狂。在历史上的英格兰,中产阶级向往的是乡间小屋,中上层阶级的权力营垒是乡间宅邸。

我记得有一位法国记者兼大学教师造访我家。发现我"像农民一样"住在剑桥市外六英里的一所村舍中,屋顶是茅草,屋后是一座长满树木和果蔬的大花园,他有点忍俊不禁,大概还有点吃惊。他告诉我,在法国,一位自重的大学教师住在这么个地方,别人会以为他已经离世。他们喜欢住在巴黎市中心一幢摩登塔楼的高层。他们也有可能在每年 8 月逃往乡村——犹如英格兰的士绅阶层逃往北方高沼的松鸡栖息地——去享受一个月的伪农民生活,田园诗般地嬉戏,但他们的家还是在城市。

剑桥也是一座花园中的城市、城市中的花园。市区几块润泽的草地上,不单长满花草树木,也布满楼堂馆所。为此锦上添花的是诸学院的花园,有的沿河开辟,有的坐落在市中心。除此以外,帕克氏绿地、几座植物园和许多公园也参加了这场大媲美。

剑桥城的布局好似一座乡村庄园:一幢大厦或主楼居于中央,四周铺开一片毫不张扬却又赏心悦目的风景。在剑桥地貌的关键处,也就是,在雄伟的国王学院礼拜堂和优雅的参议院之间,一棵壮丽的七叶树拔地而起,象征着剑桥的正中央。这棵七叶树,连同国王学院后门口的日本樱花树,以及剑桥的许多棵树,都是受保护树木,像无数建筑和手稿一样被列为古迹,如果未同规划部门全面协商,就连一根树枝都不得砍伐。

其实,剑桥的很多树木都有显赫的历史。2002 年有人召集一场派对,庆祝一棵东方悬铃树的二百岁生日。那是1802年爱德华·丹尼尔·克拉克(他后来成为剑桥的首位矿物学教授)从希腊的德摩比利带回来,种在基督学院花园里的一棵树。① 不过,在同一座花园里的一棵古桑树面前,它只能算是小伙子,据说,这棵桑树是约翰·弥尔顿在17世纪初栽种的!

一棵著名的柳树*和一棵华贵的山毛榉倚在国王学院桥畔,象征着历史与当代的交汇、自然与文化的交汇、英格兰与世界的交汇。当你向国王学院桥走去的时候,这两棵树将远处的建筑渐渐遮掩了一半,为一个古老的世界增添了几分神秘,也为国王学院吉布斯大楼和礼拜堂的笔直线条镶上了柔美的边框。

⁂⋅⋅⋅⋅⋅

剑桥不仅充满色与形,而且弥漫着音与静。音乐、教堂的钟鸣、露天剑河上的小曲、五月舞会上的流行乐,尤其是诸学院的唱诗,组成了剑桥的音之魅。打从诞生之日,诸学院就环绕教堂而立,教堂里飘扬着素歌和古乐,这意味着音乐古来就是大学生活的点缀。诸学院的礼拜堂和大厅为音乐表演提供了理想的场所,这也意味着剑桥的八百年历史始终被一根音乐之线所贯穿。

剑桥的音乐生活丰富多彩。这里开设了两所唱诗学校,一所在国王学院,一所在圣约翰学院;还设有多种音乐奖学金;最近还

---

① 见马丁·加勒特:《剑桥:文化和文学史》(Martin Garret, *Cambridge*: *A Cultural and Literary History*,牛津,2004)。另外,彼得·伯克告诉我,以马利学院有一棵类似的东方悬铃树,也是参天大树,年代也相仿。

* 即那棵据说为徐志摩所吟咏的"金柳"。

修建了一座宏伟的音乐厅,里面配有一套印度尼西亚佳美兰乐器。各色音乐会也在剑桥此起彼伏,不仅有亨德尔双年音乐会,甚至有蒙古"呼麦"演唱会、印度锡塔琴演奏会。

我们还可以继续列举。"剑桥民间音乐节"是举世闻名的音乐盛事;谷物交易所和交点文化中心也常年举办音乐活动,从老年摇滚乐队表演,到中国春节联欢会,无所不有。此外,剑桥还举办各种年度音乐盛事,从"吉尔伯特－萨利文歌剧节",到耶稣绿地上的爵士音乐会,花样纷呈。最后,剑桥还有一大批音乐协会。

在我的心目中,剑桥音乐的最高代表是国王学院每年圣诞期间的唱诗,而且它将剑桥全年的音乐活动推向了高潮。唱诗班身穿红白两色的长袍,庄严作歌,歌声穿过烛光,袅袅地升上暗昧的穹顶,然后绕梁不绝。神奇的"降临节九经颂歌礼"每年都由英国广播公司录制下来,以飨全世界数亿听众,而我,有幸亲临国王学院礼拜堂,坐在观众席上翘首以盼,这时我心里总是难免诧异:为什么这一切显出如此典型的英格兰气质?

1969年冬天,我在高高的喜马拉雅地区做研究,满怀对英格兰的乡思,独自打开一包固体汤料和半条卡德伯里巧克力庆祝圣诞,不意间,广播里传来了"九经颂歌礼"。当时我绝未想象我将有如此殊荣,能在这座伟大礼拜堂的几码距离内* 度过三十余年的时光,也绝未料到在未来的岁月里,这神圣的音乐将经常惹我怀旧,把我带回童年时代的那些圣诞颂歌礼。然而,如今我就坐在这

---

* 几码开外,暗指国王学院吉布斯大楼(Gibbs' Building),此楼与礼拜堂是贴邻。作者以院士权利在此楼占据一间房,即后文所说的"私室"。

里，与众多听众一起感受这辉煌的圣诞颂歌——它在历史与当下之间穿越，乃至完全消除了时间，把我们从纷纷扰扰的尘世举上了一个崇高的境界。

对于大多数在剑桥生活和工作的人，音乐似乎悄然潜入了他们的知觉，或舒缓，或激越，却总能推动他们的思想，增强他们的情感。那些中世纪颂歌的大部分歌词是陈旧的，但是它们的和声和旋律照样能够打动我们的情怀。它们如此恒定，而又变化不息，进一步佐证了剑桥的一个鲜明特色，即历史与当下的浑然一体。

在乐声、钟声和风声之间，穿插着一些静默时刻，于是音与静相映成趣。白日的交通止息以后是万籁俱寂的静默；贵格派教友集会时是一语不发的静默；平底小船滑过剑河时是雾蒙蒙的清晨的静默；朝霞穿透彩色玻璃窗时是一座空荡荡的礼拜堂的静默。

※ઈ ଃ୭৵

昨夜在"降临节九经颂歌礼"上，坐在半明半昧的礼拜堂里，看着唱诗男孩的红白长袍在烛光中跃动，我突然意识到，这座奇妙的建筑本身就值得一书。

国王学院礼拜堂是剑桥的地标性建筑，始建于1446年，自此不断扩建。礼拜堂内每一根纤细的立柱都可视为学术传统的一个分支——历史学、数学、哲学、物理学，等等。而所有的立柱又都一齐向空中飞扬，最终汇成一个扇形穹隆，犹如人类认知世界的一切努力终将彼此融合、并安然休憩。这穹隆，它将四面八方、各个相异的压力溶解得天衣无缝！如同剑桥的大多数地方，国王学院礼拜堂非常古老，但又显得如此年轻、清新、纯净、活力昂然。

图 10　国王学院礼拜堂扇形穹隆

国王学院礼拜堂扇形穹隆，局部。礼拜堂始建于1440年代，一百多年以后才完全竣工。它的扇形穹隆被认为是全世界同类样式中最美丽的，一簇簇纤美的石柱飞扬到礼拜堂顶部，然后气势磅礴地扇开，引起威廉·华兹华斯等无数诗人的赞叹。聚合与分殊，统一与差异，作者用这种兼美的建筑概念作为本书的一个隐喻。国王学院礼拜堂是全英国团结统一的重要象征，尤其当举世闻名的圣诞颂歌在这里响起的时候。

［摄影：莎拉·哈里森］

　　在一簇簇纤巧的石柱之间，是一扇扇精美绝伦的彩色玻璃窗，窗上的拼图以文艺复兴时期的伟大油画为蓝本，并填充深色，由此点染了永恒放射出的洁白光辉——雪莱或会如此形容。* 囿于当时的工艺水平，这些玻璃带有瑕疵，对阳光形成了阻挡和折射，反而使窗上的色彩以一种奇异的方式闪耀。窗外夕阳西沉的时候，窗内的石柱被点染得五光十色。

　　在金碧辉煌的管风琴上方，是一道文艺复兴风格的木屏，木屏上有天使在翱翔。较之阿尔卑斯山以北地区乃至全世界的同类艺

---

　　* 见雪莱诗《阿多尼》：生命，有如色彩斑斓的玻璃穹隆／点染了永恒放射出的洁白光辉。

术品,这道壮丽的木屏都属最上乘之作。唱诗班背后的坐席也堪称木制艺术的凤毛麟角。

赞颂国王学院礼拜堂的诗文不计其数,但是我知道,剑桥人见识过的至善至美的礼拜堂实在太多,如果我过多征引这类诗文,必将令他们厌烦。因此我慎重地挑选了以下两节。

其一,威廉·华兹华斯写道:

> 巍峨的立柱,伸向繁枝般的穹庐,
> 泰然自若,化为千万个高悬的蜂窟;
> 那里有光与影栖息,那里有音乐寓居,
> 流连——徜徉,仿佛舍不得逝去;
> 宛若思想之华,借芬芳而散发佐证:
> 它们生来便是为了不朽的永恒。

其二,约翰·贝杰曼描绘了色与石在国王学院礼拜堂的奇妙混合:

> 列队走进幽黄的烛光,国王学院美丽的诗童,
> 登上华盖覆顶的高台,消隐于静静的迷蒙;
> 暗昧之上,晴空和玻璃辉耀,宝座和巨翼闪光,
> 蓝红金绿,如宝石一般,夹杂着一道道素墙;
> 富丽,精密,这石造的艺术飞起来,跃上去,
> 喷射出一座扇开的穹庐,一阵永不降落的雨。

即使不信教的人也能体味国王学院礼拜堂的神奇,置身于它的时空,我们的灵魂仿佛飘移到了世外。色与形,与空灵的歌声汇合,如两位诗人描述的那样飘荡和回响。歌声不绝如缕,管风琴上方的两个天使也恍然有了生命。

悠悠八百年来,剑桥致力于探索高深,洞察万物神髓,超越俗世的混乱和腐败。国王学院礼拜堂便是这不懈努力的象征和总汇。二战期间,它的彩色玻璃窗曾被小心翼翼地拆下,保存,战后又装回原处。而今,它那雄浑的轮廓映衬着浩渺的蓝天,它那装饰着绣帷的玻璃窗穿透了寒冷的冬夜,它的管风琴演奏着庄严的圣曲——多么永恒的欣悦。有幸生活在这伟大建筑的侧畔,直让我俯首感恩。

∽ⱷ ℘∾

剑桥不仅用它的建筑、音乐和传统保存了历史,而且用它的幽灵。在我的眼中,剑桥是鬼魂之乡。有时我忽发奇想:这恐怕是出于遗传?我母亲属于罗兹·詹姆斯家族。她的一位远亲,蒙塔古·罗兹·詹姆斯,曾任国王学院院长和伊顿公学校长,他既是一位杰出的文物学家和书志学家,又是英语世界最著名的幽灵故事作家。

詹姆斯的幽灵故事唤来雾蒙蒙的黑夜、空谷的回音、哀号的风、嘎嘎作响的门窗。这样的剑桥,依然活在中央空调和电气化的当代。詹姆斯小说的副题之一是,胆识和理性的绿洲遭受黑暗的重围,科学思想的灯塔永远面临物质上和精神上的威胁。这样的副题,也依然在今日的剑桥回荡不已。

詹姆斯写作于20世纪初叶，当时风行的兴趣，是试图通过灵媒去接触死者的幽灵。剑桥大学也活跃着一个"通灵研究会"，会员包括许多大名鼎鼎的知识分子、哲学家、经济学家和诗人，如亨利·西奇威克、弗雷德里克·威廉·亨利·迈尔斯、约翰·梅纳德·凯恩斯、鲁珀特·布鲁克。这种研究旨在寻找物质世界之外的某种东西，所以颇为迷人，而且经久不衰。其中一个有趣的插曲，达尔文的孙女格温·雷维拉特曾作过绘声绘色的描述。她说，她的叔叔弗朗西斯——查尔斯·达尔文第三子——伙同F.W.H.迈尔斯，"每人抓住欧莎皮亚·帕拉迪诺的一只脚踝，这位灵媒则手舞足蹈，开始通灵。不幸的是，此事最终动摇了叔叔的信仰，

图11　国王学院夜景

夜色中的国王学院礼拜堂和国王学院桥。在夜幕的笼罩下，蒙塔古·罗兹·詹姆斯有时候给济济一堂的国王学院院士朗读他的幽灵故事，有时候在河边的草坪上独自穿行，然后带回大量关于幽灵的记忆。此图中央有一棵神秘的柳树，很可能是中国诗人徐志摩在《再别康桥》中吟咏的"金柳"。

[摄影：肖恩·T.麦克休]

使他从此远离了通灵研究会的一切活动"。①

毕业于剑桥的小说家马尔科姆·劳里同样切中了这种怪诞感。他如此描述他在夜幕中透过醉眼看到的一座座古老庭院:"月光下的喷泉、封闭的庭院和回廊,从高洁的自信中透出不朽的美。与其说它们是你荒唐生活的古怪拼图,……毋宁说它们是某位仙逝八百年的修士的奇特梦境,而这位修士的禁室,矗立在直插沼地的桩基上,曾像灯塔一样,从神秘的寂静和沼地的孤独中发射光芒。它们是一个严防密守的梦境:勿踏草地!然而它们超尘脱俗的美却使人情不自禁地说:上帝,恕我踏上一回吧!"②

≈∽⋘ ⋙∽≈

所有这些试图创造异类世界的故事,从《爱丽丝》到《哈利·波特》,全都采取一种典型的套路。故事开头是平凡无奇的日常生活,例如某学院的一个房间、静夜里的一个乡村客栈,接下来,诡异的事情发生了,或如另一位怪诞小说大师埃德加·爱伦·坡所言,"超常"之事发生了:一个玩偶屋或者一幅画活了过来,一棵树感染了邪恶,一个13号房间出现了、然后又隐没在清晨。这种写作手法叫我们脊背发冷、头发倒竖,因为它让我们穿过一个衣柜、一面镜子、一个兔子洞、一个通道,进入了一个充满怪力乱神的魔界。

---

① 格温·雷维拉特:《碧河彼时:剑桥童年》(Gwen Raverat: *Period Piece: A Cambridge Childhood*,1952 年;平装版 1987 年),第 189 页。关于剑桥的通灵研究,当代人也有生动的描述,见阿瑟·克里斯多佛·本森:《国王学院:临窗眺望》(Arthur Christopher Benson, *From a College Window*,1913),第 286—288 页。

② 转引自加勒特:《剑桥》,第 100 页。

詹姆斯运用这一切技巧创作了令人毛骨悚然的故事,同样,我本人的剑桥经历也时不时让我觉得自己掉进了兔子洞——不过并非爱丽丝的兔子洞。我进入的异类世界不像詹姆斯笔下的世界那么可怖,却一样能让我暂时深信不疑。其实,只要我们集中想象力,像豪尔赫·路易斯·博尔赫斯描述的那样,将佚失的百科全书*一页一页地攒齐,便能创造这类世界。它们确实也是一种想象的世界,但它们的居民不是幽灵,而是我作为一名历史学者和人类学者而广泛研究的世界各地的人们。

不言而喻,所有的艺术家、作家、科学家都在创造想象的世界。他们首先走上岔道,进入仙境,然后返回主路,向别人讲解他们的歧途经历。剑桥的特殊之处,我发现,是它向太多的魅境敞开了大门。因此我像剑桥的很多人一样,时时刻刻都能一下子生活在好几个世界。我可以通过一幅画或一本书,如今还可以通过一封电子邮件或一个网址,一脚踏进别的天地,然后再安然重返一名剑桥先生的康庄世界。

✧○✧

另一群幽灵是昔日之我。漫步在剑桥,我不断地邂逅别时别境的我自己。走过国王学院桥,我遇见年轻的我自己抱着孩子凭栏看撑船。走过国王学院花园,我发现三十年前的我自己在一个现已消失的网球场上采蘑菇。走进一间时髦漂亮的新教室,我发

---

* 阿根廷作家博尔赫斯(Jorge Luis Borges,1899—1986)在其小说《特隆》(*Tlön, Uqbar, Orbis Tertius*)的开头,描述主人公如何找到一部百科全书的缺失页。

现初入剑桥的我自己站在昔日那张旧讲台旁怯生生地讲课。走过国王学院的草坪，我看见礼拜堂的上空布满繁星，而我自己就在前面，和身穿晚会盛装的两个外孙女一起挥舞红气球。当然，那些年度庆典，如圣诞颂歌会、草坪上的期末师生联欢会，也将过去四十年的无数幽灵带回了今天。

任何久居一地的人都会有类似体验，不过我怀疑这于剑桥人尤其刻骨镂心。场景是如此壮美，每一个地点是如此跳脱生动，以致剑桥本身变成了一种对昔日经历的活生生的记忆术。如果再补充一句：这些经历大部分都格外强烈，大部分都算得上幸福时光，我们就不难明白烙印为什么这般深刻了。瞧啊，剑桥的酒馆、街巷、田野、小径、房间、礼拜堂、图书馆，在在都有故我的幽灵在游荡。

这是多么令人宽慰：当我们渐渐衰老、头发变得灰白稀疏、皮肤爬上皱纹的时候，我们并不服老的内心还能在剑桥处处邂逅自己年轻的身影！我猜想，这正是那些老校友的一大乐趣。他们一二十年后重游旧地，发现剑桥还是那么熟悉，充满了他们青春年少的幽灵。

✥

第三批幽灵是我的故知，或者我自以为的故知——知其作品而未必知其人。斯宾塞、多恩、马韦尔、弥尔顿、华兹华斯、柯勒律治、丁尼生……当我想到这些伟大的诗人一定走过我走的每一步路，我深深地感到快乐。弗朗西斯·培根、牛顿、达尔文、麦克斯韦……当我踏上这些伟大科学家的故地，我觉得他们真的就在身边，每一位都是长长的思想之链的一个环节。

除了他们以外，还有一批新近的幽灵。当我经过某个街道、房屋或学院，我会想起某位历史学家、人类学家或院士，我本人曾与他们非常熟稔，工作上深受他们的影响，与他们的一席谈话甚至改变了我的人生。痛哉，他们而今已经故去。但是，正如剑桥大学是一个不朽的社团，游荡在剑桥的幽灵也是一群不朽的幽灵。有一个老笑话说，一位美国好人死后会去巴黎；我们或许可以说，一位剑桥好人死后会留在剑桥。

那已经消逝的辩论、交流和"我发现了！"的惊喜，不仅令国王学院，而且令许多学院、整个大学、整个城市在兴奋中颤栗。诸学院并未在房间里的墙壁上为这些故人立铭牌，仅以走廊两边的画像和照片纪念其中的出类拔萃之辈，然而他们无处不在，加重了剑桥的魅影憧憧的气氛。

❧❀☙

剑桥大学及诸学院的建筑形成的物理环境，对那些在剑桥长期生活或曾经求学的人究竟产生了多大影响，绝对是个难以量化的问题。影响很可能相当巨大。就我的切身体会而言，我知道，剑桥的建筑和花园多次解放了我的心智，让它飞出了通常的藩篱。

哲学家约翰·斯图尔特·密尔深信，思想和情感的升华与开阔而美好的空间环境密不可分。他指出："如果一国人民的居住环境具有宽敞自由的性质，便能无可比拟地形成一个帮助他们情感升华的温床。在这个美丽而古老的地方，* 它的中世纪建筑风格，

---

* 指英格兰多塞特地区的福特修道院，约翰·斯图尔特·密尔（John Stuart Mill，1806—1873）早年曾与父亲在那里旅居一段时间。

它那座堂皇的大厦和那些高阔的房间,较之英国中产阶级简陋逼仄的生活外观,使人的情感变得更加大器、更加自由,在我看来无异于一种诗意的熏陶。……"①

著名作家弗拉基米尔·纳博科夫毕业于三一学院,他在解释为什么剑桥对他的影响如此巨大的时候,直截了当地归因于剑桥奇特的时间感和历史记忆。让我们以他的说法告别本章,然后进入后文将要论说的种种主题吧:"我知道,当年每逢我从那些高贵的墙垣下面经过,我都会怀着远甚于一名观光客的激动,想起弥尔顿、想起马韦尔、想起马洛。以时间论,一个人目光所及的任何事物都未封闭,每样事物都是一个走进时间隧道的自然入口,一个人的心灵也就习惯了在一种特别纯净而豁朗的时间环境里运行。以空间论,狭窄的街巷、回廊包围的草坪、黑暗的拱门可能限制人的身体,因此相形之下,时间的肌理格外适宜于人的心灵,它是那么柔软透明、屈伸自如,好比凭窗眺望到的一片海景,哪怕你并不喜欢航海,也觉得心旷神怡。"②

---

① 约翰·斯图尔特·密尔:《自传》(John Stuart Mill, *Autobiography*,牛津大学出版社世界名著版,1952),第 47 页。

② 弗拉基米尔·纳博科夫:《说吧,记忆》(Vladimir Nabokov, *Speak, Memory*,企鹅版,1967),第 207 页。

4

文　化

剑桥是一个回廊合围的空间。这并不是说每一所学院、修道院或大教堂都有一圈"带顶篷的步道环绕着它的方庭，或者倚在它的墙侧"——尽管很多地方确实有这样的回廊。我说剑桥被合围，被"封闭"，被"监禁"于高墙之内，是在更宽泛的意义上。

剑桥的每一所学院都被高墙所包围，旧时的目的是防止学生在非正常时间出入，或者阻止外人潜入。尖突、玻璃碴和其他种种防御工事，将保卫"要塞"的意图凸现得太过扎眼，因此现在统统换成了闭路监视摄像头，旨在提防贼人出没，而非提防学生出入。

不过，我想强调的不是这种物理性的真切包围，而是回廊特有的性质：既封闭，又开放。物理的回廊是半开放的，剑桥无处不在的"社会回廊"和"精神回廊"也是半开放的。

回廊的最大妙处，借用格里·马丁的说法，是"既限制又渗漏"。* 一方面，回廊借助于顶篷的限制与防护，阻断了灼热的骄

---

* 格里·马丁（Gerry Martin），欧陆有限公司常务董事和联合创建人，2004年逝世，生前是麦克法兰至友，2002年两人合著 The Glass Bathyscaphe；How Glass Changed the World（中译本《玻璃的世界》，商务印书馆，2003年）一书，"既限制又渗漏"是书中的一个隐喻。

阳和滂沱的大雨;另一方面,回廊的外侧敞开,也不安装玻璃,所以是"渗漏"的、半开放的,你可以从主楼内透过回廊向外眺望。在三一学院的后庭或王后学院的古院,优美的回廊带给你一种别样的感受。你能在它的防护下漫步、谈话和思考。

　　回廊可以充当剑桥的借喻。的确,剑桥是一个受防护的空间,而财富、声望、缜密组织、自由氛围就是护卫它的"顶棚"。剑桥有着许多思想的回廊和精神的回廊,设防,但不密闭,永远可以向外眺望、接受外界的印象、吸收外界的新鲜空气和芳香、感知外界的活动和情况。有了这些回廊,内与外、私与公、秘与宣之间也保持了平衡和张力。在剑桥,人们总觉得自己置身于一个半私密半公共的空间,这种"回廊效应"只是一种恢宏精神的一部分缩影。

⁂⟐⁂

　　人们之所以需要这类半户外、半遮蔽的步道,是因为人们意识到行走与思考之间有着剪不断的纠缠。希腊人深谙其妙,故有"逍遥学派"一说。① 我喜欢沉吟一句箴言:*Solvitur ambulando*——"在漫步中解决问题";我也喜欢玩味阿尔伯特·爱因斯坦的一句评论:"双腿是创造力的车轮。"无以数计的案例向我们证明,"我发现了!"的时刻经常出现在独自行走或偕友漫步的过程中。在克里克和沃森*的一幅著名的照片上,他俩正在国王学院背后的一条

---

　　① 逍遥,peripateric,即"漫步的"。

　　* 麦克法兰常将克里克(Francis Crick,1916—2004)和沃森(James Watson,1928—)并称,因为他俩是DNA结构的联合发现者,并为此共同获得1962年诺贝尔生理学医学奖,而且都在剑桥大学卡文迪许实验室工作。

图12 三一学院回廊

回廊,一种半封闭、半敞开的步道,我在书中使用的一个隐喻。三一学院回廊是剑桥最美丽的回廊之一,竣工于1695年,它与三一学院后园的那座图书馆都是克里斯多佛·雷恩爵士设计的著名建筑。曾有许多伟人沿着这道回廊漫步,包括三一学院的三十二位诺贝尔奖得主,以及艾萨克·牛顿、詹姆斯·弗雷泽、路德维希·维特根斯坦、伯特兰·罗素等思想泰斗。他们曾在回廊的荫蔽下徘徊和沉思,也曾透过回廊眺望世界和眺望剑河。
[摄影:莎拉·哈里森]

小径上相伴漫步。

我自己也时常在国王学院美丽的院士花园里徜徉,或者在一个清朗的早晨,当番红花像湖水一般荡漾在三一学院的古树下的时候,一边沿着后园徘徊,一边推敲讲义的定稿。当年,查尔斯·达尔文在他的唐恩庄园开辟了一条长长的"思想之路",每次他对

"小猎犬号"*标本的研究和整理告一段落,从剑桥返回庄园以后,就会在这条小路上一边踱步,一边思考当时的巨大难题——物种起源之谜。

论古典美,我认为在我过访的城市中,唯一能与牛津和剑桥匹敌的是京都。这座日本名城也有一条"哲人之路",沿着一道溪流,蜿蜒穿行于神社和寺庙之间。从某种意义上,可以说整个剑桥就是一条"哲人之路"。剑桥是蕞尔小城,只要经由那几条拥挤的交通干道到达了市中心,师生们便能在十分钟以内步行到任何地方;如果从熟悉的路线和庭院抄近路,还能徒步到达百分之九十的学院和大部分场所(除西边的理工科系以外),途中只需花一两分钟应付车辆繁忙的大路。我在剑桥的最初几年间,常常趿着卧室的拖鞋,从国王学院左近的寓所走到院内的工作室,并不觉得自己太刺目。

剑桥好似一座公园,公园里有建筑,有花园,还有适于一切天气和一切心情的特殊走廊或布道。市中心是一个极小的焦点,每一次步行都能导致你和老友或学生的不期而遇。剑桥固然比我如今居住的沼地村庄大得多,但是我在剑桥遇到的熟人也多得多,所以剑桥反倒更像是一个村庄。点点头、挥挥帽子、笑一笑、匆匆几句闲聊、敲定一个长谈的日子,这样的事情一天要发生好几次。

我们系一个有点弱视的学生告诉我,她的专项研究表明,剑桥的人行道有着周密的分区,某些店铺外面设有隔离带,让她觉得碍手碍脚。她还发现,游客观光的通道、学生奔突的通道、先生迈方

---

* 小猎犬号,the Beagle,英国皇家海军的一艘探测舰,达尔文应舰长罗伯特·费茨罗伊之邀,1831—1836年随舰作环球航行,其间收集了大量物种标本,回国后他将它们存放于剑桥;这批标本为他解答物种起源之谜提供了重要依据。

步的通道互不相扰。一组无形的十字路口交叉在有形的路面上。

　　这是一个必然现象,因为剑桥的空间实在有些拥挤:从观光半日的中国游客,到年长院士背操双手的伛偻身影,太多的人怀揣着不同目的在这里熙来攘往。譬如,1967 年我首次访问剑桥大学和国王学院的目的是开会,但是我当即被剑桥的庄严妙相和旖旎可爱所征服。会后我与那个时代我的智识偶像长久地散步,深入地交谈,我的剑桥印象由此而变得更加深刻。如今时过境迁,我不再年轻,但是剑桥高贵面庞上的第一个表情依然活在我的记忆里。

　　像我们人类一样,剑桥也在经历它的年轮。中世纪的青春倩影,中年的自信,生命之秋的辉煌——一切时代融于一体,一切时代历历在目,只要你经常行走于剑桥,从背后、从上方、从内部打量它的建筑,你就能侦缉到每一个时代的蛛丝马迹。

～⊙ ⊙～

　　剑桥是一个硕大的博物馆,积聚着八百年的种种珍宝:纸、莎草纸、羊皮纸、布、玻璃、石头、陶瓷、油画、木刻、树木,外加古老的"先生"。大多数社会毫不犹豫地扔弃旧物,认为它随着时间而贬值,唯独英格兰人舍不得扔东西,觉得它的价值与日俱增。

　　我们不禁要问,为什么英格兰人会成为大收藏家? 为什么他们要到世界各地去收集别人扔掉的东西,然后运回来,当作稀世之宝,藏入考古学及人类学博物馆、费茨威廉博物馆、惠普尔科学史博物馆?[*] 为什么他们喜欢告诉别人某个物件有五百岁或五千岁

---

[*] 这三座博物馆都是剑桥的知名博物馆。

了,仿佛这种高龄能增加它的声望?

　　收藏行为与制定蓝图有点关系。做一个职业的收藏家,则无论收藏的主题是什么——古陶、邮票、书籍,都需要首先在心里画出一幅蓝图,然后慢慢地填充细部。遇到某个有助于完成"全集"的新玩艺,收藏家会喜形于色。这"全集",可以是十二卷本的《金枝:巫术与宗教研究》,也可以是对那批合力发现DNA结构的伟大化学家和生物学家的全套采访记。人类喜欢填空补缺,对拼板玩具和纵横字谜爱不释手。像李约瑟那样积累丰富的藏书,像约翰·梅纳德·凯恩斯那样搜集一批名画,像杰克·普卢姆那样收藏一套古董银器,岂非最好的业余爱好?一旦完成了全副藏品,收藏家会把它捐献给自己的老学院,或者赠送给某位懂得珍惜的达人。

　　收藏也是一项社交活动。剑桥有数不尽的收藏俱乐部和收藏小组,它们的成员不仅互通有无,还要组织远征,去收集书籍,去观察珍禽、奇石或矿物,总之,去探寻"全集"中不可或缺的任何元素。小说家乔治·奥威尔注意到:"我们不仅是一国爱花人,而且是一国集邮家、养鸽迷、业余木匠、票券剪藏家、投镖玩家、纵横字谜家。"[①]收藏家必须具备的主要条件是:热情,日趋纯熟的专业知识,一些钱,一些空间。与世界上大多数地方比较起来,剑桥的学院、图书馆和博物馆为保藏旧物提供了更大的空间,也更能保障收藏癖的持之以恒。对物件进行分类和贮存所需要的才分,丝毫不

---

　　① 乔治·奥威尔:《狮子与独角兽》(George Orwell, *The Lion and the Unicorn*,企鹅版,1982),第39页。

让于专业研究人员对数据及理论的分类和贮存。随着检验和分析技术的日新月异,藏品也在被重新解读和时时更新。

收藏的爱好缓和了社交的艰苦。英格兰人经常面临一个难题:在穷竭了天气、体育运动、现政府的无能这类例行话题之后,又该谈些什么?剑桥先生们尤其为此而头痛。然而,每当我遇见一位收藏同好,无论其背景如何,总会产生片刻的亲近。我小学时代就热衷于收集和交换一些象征性的宝物,如石弹子、古马栗、白鼠。这份收藏热永不消退,至今我们还在兴致勃勃地比较、交换、赞赏我们的成年藏品。

❧ ☙

剑桥是一位睿智的贤哲,但也洋溢着孩童般的热情。它的青春气息到底来自何方?首先来自大学在英格兰的一个主要功能。15世纪有一位威尼斯大使注意到,英格兰人十分特别,他们从不肯在自己家里把自己的子女抚养成人,硬要把子女送出去,托付别人在别处养大。在这位大使著书的时代,如果一个英格兰儿童是穷人家的子女,一般年满七岁就会被打发到别人家里去做佣人或做学徒;如果是中产阶级或更高阶层的子女,则会被打发到熟识的富人家里去做侍从或做侍臣,或者被打发到牛桥去读书!

牛桥两校当时都是男寄宿学校,招收十四五岁的男孩子——年龄标准远远低于今日——做学生,帮助他们从少年过渡到成年。很多男孩子是在大学里变成男子汉的,大学如同一段"过渡仪式",一朝通过,一个小青年便新鲜出炉,准备好承担成年人的重任了。牛桥岁月通常是一个自由而朦胧的时期,一个为了以新的身份重

图 13　三一学院大庭院

三一学院大庭院是剑桥诸学院庭院中最大的一座,始建于亨利八世创立三一学院的时代,将 16、17、18 世纪的建筑艺术荟萃于一身。这里从 1924 年开始举行一年一度的著名"三一大庭院赛跑"(后成为 1981 年影片《烈火战车》的中心情节)。这里也是弗朗西斯·培根爵士、艾萨克·牛顿爵士、伯特兰·罗素、纳博科夫等许许多多思想巨擘生活过的地方。剑桥大多数学院的庭院比这要小一些,但是所有学院的建筑理念都是相同的:将庭院用作空间布局的中心,四周展开一种四合式建筑群。

[摄影:莎拉·哈里森]

新入世而暂时与世隔绝的时期,在此期间,诸学院扮演着家长的角色,或曰 in loco parentis;当时如此,今天仍然自分如此。

　　剑桥的过渡功能如此显豁,以致很难忽视。入学之初参加各种"收编"仪式;中间阶段憒憒懂懂地放浪形骸,同时被灌输各种新知识；最后参加一场"解散"仪式（学位典礼之类）。本科生学业的基本架构就是这样。总而言之，一年级天真烂漫，二年级汲取知识，三年级以一道终端考试而管总，少不更事的岁月遂告结束，只剩下未来的缅怀唏嘘。

这种仪式化的过渡和社会角色的转换，原是剑桥生活的重要特色。后来，18－19世纪兴起改革运动，本科生的年龄从14－17岁提高到了18－21岁，加之研究生逐年增多，这一特色或多或少已被湮没。现在的剑桥学子进校时，已在多方面显得又成熟又老练。不过他们毕竟只是刚刚开始从青春期过渡到成年，因此仍给剑桥吹入了一股特殊的朝气。当今超过半数的剑桥人口是18－21岁的年轻人，携来了迹近儿童的天真、火样的热情、天高地阔的未来、积极探索的心灵。这股朝气无形地沁入了每个人的灵魂，就连最乖戾的老先生也会每年一次重返青春，变回一个乐观向上的年轻怪物。我的朋友彼得·伯克承认："四十多年来，每年10月我都要体验一次暂时返老还童的感觉，好像又变回了一张白纸，又有了一次不蹈去年覆辙的机会。"

青春岁月乐于尝试、拼搏和张扬，这导致了戏谑、胡闹、豪饮、蹦迪，也催生了剑桥联合会*以及各种俱乐部和各种协会。此时，中小学时代肇始的兴趣和爱好加深了，异国独游第一次成行了，追求理想的热情再度喷发了，平生第一场郑重其事的恋爱大概也萌芽了。

曾有外国访客指出，童趣之"乐旨"此时换了另一种独特的形

---

* The Union，全称 The Cambridge Union Society，成立于1815年，是剑桥学生组织的论辩协会，也是剑桥的最大协会，已成为自由言论和公开辩论的象征。它也是牛津、耶鲁、普林斯顿同类协会的先声。

式而继续"变奏"。也就是说,英格兰人绝不肯长大,而且确实成功地终生保持了几分童心。埃米尔·卡默茨是一个比利时作家,1908年移居英格兰,他注意到:"这种不肯长大的心态,是20世纪英格兰民俗的一个核心表征。如果未来饱学的科学家们希望追寻彼得·潘*神话的源头,他们无疑能够找到,然后不得不承认:那可是这个岛国的专利呢。"①

我采访过的许多剑桥思想家成年以后还在继续追问孩子气的问题,抛出一长串大大的问号。儿童的好问、好奇和著名的求知欲一旦消失,心灵会变得呆滞无趣和毫无建树。但是,剑桥的思想泰斗们不懈地追问着"为什么",上穷时间和宇宙的边缘,下究亚原子和生命基因的阃奥,他们是不会患上厌食症的,他们知道自己知道得太少。

有些相当优秀的知识分子或许长期不得志,收入低、挫折多,但是好奇和好问支撑了他们的坚守。明知不可能获得十全十美的终极答案,他们仍然雄心不减,矻孜求解大千世界的种种谜题——说不定能发现一点新的秘密?

&ⓒ ⓓ&

心智的挑战与身体的挑战互相呼应。19世纪访问牛桥的外国人惊奇地发现,竞赛性体育运动在这两所大学的生活中占有极

---

* Peter Pan,苏格兰作家 J. M. 巴里(J. M. Barrie,1860—1937)在1902年的一部小说中创造的一个永远长不大的淘气男孩。

① 转引自弗朗西丝卡·M. 威尔逊(编):《奇特的岛国》[Francesca M. Wilson (ed.),*Strange Island*,1955],第252页。

大的分量:"早在1827年,牛津和剑桥之间的划艇比赛和校际板球赛已经问世,1893年更被定为年度赛事。"①蜂起的划艇俱乐部和其他体育组织,名目繁多的院际比赛,当时业已构成剑桥大学的一个公认的特色。究其根本,剑桥对体育运动的重视其实是对公学体育传统的一种延续,有助于年轻人从中学到大学的顺利过渡。

今日的《剑桥大学校历》首先用几页篇幅登载年鉴和考试时间表,提供大学办公室、图书馆、博物馆、学院的信息,接下来专门用两页篇幅介绍"剑河"赛事,包括"主队划艇次序",然后是两页"校际"赛事,其中三分之一是"女子赛事"。剑桥的运动以蓝色分级,全部项目中,有十三项属于最高级别"全蓝级",如足球、板球、拳击、高尔夫球、草地网球;其余二十六项属于"自选全蓝级"和"半蓝级",如柔道、空手道、水球、伊顿壁球、拉格比壁球、荷兰式篮球、手枪射击、桌球。女子的各级运动和赛事包括足球、柔道、定向越野、橄榄球,等等。

剑桥今日对体育运动的关注或许比不上二十年前——当时的考试压力较小;不过显而易见,学生仍将大量时间和精力投入其中,教职员工为了辅导和支持学生,也不吝奉献。以往英格兰的很多运动员都是在剑桥大学发展其体育技能的,全世界第一套统一的足球规则也是在剑桥大学诞生的,那便是19世纪中叶出台的《剑桥规则》。** 我在龙小学和塞德伯中学读书的时候,将全部时

---

① 引自剑桥大学网站上的"剑桥大学史"。
** 《剑桥规则》,the Cambridge Rules,1848年在剑桥大学三一学院出台,推进了足球运动的普及并影响了整个足球运动的发展,是现代足球规则的母本。足球历来是剑桥的热门运动,早在1579年就有关于足球争端的记载。

间的四分之一奉献给了竞赛性体育运动，进入牛津大学以后，我又为伍斯特学院而征战足球赛场，所以如果我不问一句：为什么体育运动在英国教育中占据如此重要的地位，我便是一个古怪的人类学者了。

在我考虑答案的过程中，好几种理论浮上了我的心头。首先我想起一句古谚："健全之心寓于健全之身。"也就是说，如果身体精干，头脑将更为矫捷。这肯定形成了一个原因，促使我冲到户外，跑进湿滑、寒冷、泥泞的运动场。健康不仅在于锻炼肌肉，松弛和增强身体，而且在于松弛头脑。

大学期间，一个人的精神永远处于重压之下，夜梦中和白日里都在赶写下一篇论文。必须投入一件大事，才能消除负担。日本人有禅思和茶道；酒和象棋也大有裨益。而我倒时常觉得，趁着朝阳刚刚爬上柳树的梢头，赶往雾蒙蒙的剑河，与众人步调整齐地划艇，或者投身于一场足球赛或橄榄球赛，在那里施展一套复杂的脚法身手，也有同样的效用。扭夺橄榄球的当儿，你岂能想到一则物理题或历史题。

板球却是一个谜。长时间一动不动地等待击球，或者被安排在一个偏远的位置，本该有不少余暇为知识问题而伤神。但是很奇怪，打板球似乎能中断你的苦思冥想，让你恍恍惚惚地游离到时空之外。有这么一句妙语，道是：英格兰人是缺乏宗教性的民族，为了感知永恒，只好发明板球。

我从小就听老师说，运动和游戏至关重要，能教给我人生大课；团队游戏可以体现并给予三条教益，因而玩家的收获超出了游戏本身。第一条教益是，只要游戏尚在进行，游戏就是一切。我应当全力投入这个有限的场地,去拼搏、争夺、获胜。不过说到底,重要的是过程,而非结果。我必须懂得:无论是卷入国家政治和地方权术这类浩大游戏,还是参加人生的其他竞争,一个人都应谨记游戏终归只是游戏。下议院的辩论,法庭的抗辩,我在科系和学院不得不从事的"战斗",这一切都类乎游戏。游戏持续的时候认真对待,游戏结束以后付之一笑,握手言欢,管它结果如何。输得起的人和赢得起的人值得同等的钦佩。

　　这给英格兰的政治生活带来一种古怪的况味。从下议院的高层政治,到学生或大学层面的狭域政治,都和板球有得一比。托克维尔的分析鞭辟入里:"尤其在公开演说中,没有任何其他民族像英格兰人一样,如此极端地诉诸语言的暴力、理论的凌辱、推理的铺张,因而你的那位 A.B. 先生偏激地说:爱尔兰人射杀的地主还不够半数呢! 但是论实际行动,却也没有任何其他民族比英格兰人更加克制。英格兰人在公共会议上的言论,甚至在晚餐桌旁的言论,只要拿到法国去讲出其中四分之一,并且无需实际付出或打算付出任何行动,便能成为导火索,引发暴力——其暴烈程度每每远甚于引发暴力的那番言论。"①

　　第二条教益是,我们必须遵守游戏规则。规则总是笼统的、最低限度的,窍门在于如何"打擦边球",如何贴近规则而又不破坏规则。你应当学会**近乎**鲁莽地传球,巧妙而有力地阻挡对方球员,而**不是**蓄意使绊子。你应当尽可能抢风航行——字面和隐喻皆如

---

① 亚历克西·德·托克维尔:《亚历克西·德·托克维尔回忆录、信件和遗稿》(Alexis de Tocqueville, *Memoir, Letters, and Remains of Alexis de Tocqueville*,剑桥,1961),第 2 卷,第 353 页。

此，但是切勿作弊，即使没有人看见也莫要伸手。既然你受托按照规则玩游戏，骗取的胜利将等于零。

如果你当上了律师、政客、公仆、教士、银行家、大学教师或其他中产阶级专业人士，你都用得上这条教益。大多数活动含有一定的竞赛性质，大多数行为发生在别人看不见和无法细察的情况下，但是别忘了：别人委托你玩得干干净净。正如我们在中小学时代不得不悟道，我们在剑桥大学星罗棋布的运动场和游戏场上也必须懂得：作弊是玩不转的，并非因为可能受罚，而是因为丢掉了自尊，从而丢掉了全部得分，败坏了游戏的真髓。

第三条教益是，团队游戏可以提高团队协作能力。不少观察家注意到，绝大多数世界性的团队游戏，包括板球、足球、橄榄球、等等，都是英格兰人发明的。这些团队游戏就像划船、乐队演奏、唱诗班合唱等集体活动一样，其要义也是追求大善广益，追求整个团队的成功。

此中的艺术，是在个人的进取与团体的需要之间取得平衡。比方说，一个人划桨太猛，或持球过久，很可能致使集体的努力付之东流。团队活动不外乎互相合作，你依靠别人，别人也依靠你。因此，如果某学院或某系的一名成员被称为"优秀的团队工作者"，便是获得了至高的赞誉。

在英国的军队、实验室和商业公司，许多团队之所以创下震惊世界的成绩，也是因为其成员能为团队活动全力以赴。诚然，高尔夫球、象棋、射击、钓鱼教给我们的技能各不相同，但是殊途同归——延续中小学的体育精神、培养强健的大学师生，总是剑桥生活的一条重要主线。这是我的所爱，最终也是我的所累。

学院之间和大学之间的竞争，如同公学时代"学舍"*之间的竞争，为团队运动提供了绝佳机会。若说滑铁卢之役是在伊顿公学的运动场上赢得的，**恐也不确，但是毫无疑问，如果各大学突然取消了所有体育运动，生活的大部分意义和光彩就会丧失，大学的功能也会随之减弱。运动和游戏并不仅仅是奢侈品，它们是全局的一个部分。

　　不妨说，剑桥大学及其科系和学院卷入了一场漫长的游戏，游戏的目的是发现宇宙、地球和人类生活的意义和奥秘，游戏的玩家则是八百年来一代代的思想家团队，其中的个体成员不仅互相合作，而且互相竞争。这是一场浩大而热闹的游戏，恰恰应了弗朗西斯·克里克在其著作标题中的暗示：《多么疯狂的追求》！这场游戏，单枪匹马是绝对玩不成的，即使牛顿，也只是一个遍及欧洲内外的科学大团队的一分子。

　　罗斯和齐曼主张："牛桥的学术研究自成风格，这种风格可被视为牛桥对精神世界的特殊贡献。它是一种贵族风格，自信、敏捷、优雅。对最优秀的牛桥学者来说，学术研究不是劳作，不是责任，而是游戏，最终成果或许不及取得成果和阐释成果的过程来得重要。蜡封和绳捆的时代已经不再，但是那个时代所含的以极简手段发现极美真谛的原则，至今仍是牛桥科学家的一种风习。"①

----

　　* 学舍，House，这里指英国寄宿学校的公寓或宿舍，功能类乎牛桥的学院（college）。按学舍制度，学生入校时被分配到各学舍，以在生活上得到照料。学舍多以圣者命名。

　　** 此语据说是惠灵顿公爵的自评，但很多史家认为不然。惠灵顿公爵（the Duke of Wellington，1769—1852）毕业于伊顿公学，后率英国军队赢得滑铁卢之役。

　　① 罗斯和齐曼：《剑津观察》，第222页。

剑桥犹如生活本身，从不在思想与行为之间、精神与肉体之间，当然也不在个人与集体之间，划出一道泾渭分明的界线。约翰·多恩说得对："没有谁自成一岛。"今天，我的一位同事在一场壁球赛之后不幸英年猝死，学院为他举半旗致哀。每当国王学院上空飘起半旗，我便怅怅然有所失，因为一名优秀的玩家离队而去。但是这场浩大的游戏必须、也必然要继续下去。

✥

一个人吃什么、怎样吃、和谁一起吃，这在任何社会都是重要的阶级标志，而由于多种原因，这在剑桥尤其重要。

剑桥的特殊晚宴通常要上一道尾食，叫做 Crème Brulée，是一种焦糖奶油，据说是三一学院在18世纪偶然发明的。但是尾食之前，美酒佳肴已经将微醺的红光洒上了吃客的面颊。学院唱诗班唱着牧歌，院长提议为新院士、为当晚的主宾、为可敬的创始人或者为"本院"干杯，人人都被一种飘然逸世的兴奋牢牢攫住。这种场合创造了一种"共同体"意识，仿佛灵与肉都与他人连成了一体。同吃同喝意味着同一感，意味着以"共生"的精神分享同一张餐桌。

餐厅是诸学院最大最美的建筑，甚至能与诸学院的礼拜堂并驾齐驱。如果说洁净近乎神性，那么我们也可以说吃喝近乎虔敬。一座学院餐厅有点像一座中国宗祠，墙上挂满"祖宗"的肖像。餐厅里的仪式和社交不仅表现了一种共同体氛围，也为剑桥师生创造了这种特殊氛围。

对于剑桥的重视"共餐"，我多少有些准备，因为我幼时也曾在寄宿学校和同学们坐在长长的木凳上一同就餐，按要求学习怎样拿刀叉、怎样对邻座表示礼貌、怎样开展社交性谈话。后来在剑桥，我听说文雅的吃相——怎样才能把豌豆有条不紊地吃进嘴里——似乎是取得院士资格的一个主要标准或障碍。

曾几何时，你哪怕只是一个低级院士，也能和其他院士混得很熟。但是如今，至少就我们国王学院而言，规模已经大得无法享受此乐，相反，你不得不胡乱地与陌生人相邻而坐。这使我有点儿惶遽，不过我确实懂得，共餐乃是院士之间表达同仁情谊的一个关键手段。无论在神圣领域还是世俗领域，共餐都能表达团结和统一，于是，圣餐礼上信徒们会分享面包和红葡萄酒，划艇俱乐部会呼朋引类地宴饮，而一个英格兰家庭所能表示的最高亲密，便是邀请你到他们家里去吃饭，尤其是在生日、圣诞节等特殊场合去吃一顿宴席。

有一件事我总是觉得怪异：为什么在伦敦的四大法学院，某人在成为合格律师过程中的一个重要活动就是"吃你的饭"？* 但这确实不是胡说，因为英格兰人普遍认为，一种乐于合作和协作的精神绝对是成功的要素，而这种精神的主要表现形式就是与他人并肩而坐、一同吃饭、善于在饭桌上海阔天空地交谈多种话题。

❧ ❦ ❧

外国访客曾经指出，英格兰人或许不是厨艺大师，却一定是饕

---

* 吃你的饭，仍指共餐，同时也包含餐桌礼仪方面的期待。在英国社会的许多地方，共餐是一种人生过渡仪式，譬如人们加入某组织时，需要与本组织成员共餐一次，作为标志。

饕之徒。早在八百年前剑桥大学草创时代,英格兰的农业已经实现非凡的丰饶和多产,因此与邻国相比,大多数英格兰人的肠胃也已实现非凡的饱足。迟至19世纪下半叶,世界各地大批民众的口粮还只是勉强维生,且以粗粮和蔬菜为主。英格兰却不然,这里盛产小麦和可酿啤酒的大麦,又有广阔的牧野为人们提供精美的猪牛羊肉和其他肉食。而且英格兰周边环海,河流众多,能出产各种各样的鱼类。此外,这里的奶业也很发达,黄油和奶酪产品用之不竭。

13世纪剑桥师生享用的食材已经质高一筹,18世纪又再上层楼。剑桥的两个邻郡,萨福克和诺福克,当时掀起了人类历史上极其重要的一场农业革命,在此进程中,东英吉利的开阔农田种上了新的豆科作物和芜菁类根块作物。新法的采用让沃土得到了休息和复元,也让厩养牲畜有了过冬的饲料;牲畜的兴旺又为剑桥的餐桌提供了更丰美的肉食和奶品,也为农田提供了更充足的粪肥。良性循环就此形成。

18世纪,剑桥诸学院的餐桌上不单摆满了来自东英吉利农田的本地产品,而且,由于剑桥已是一个冠盖欧洲的商品流通系统的枢纽,所以苏格兰的牛肉、威尔士和康沃尔的奶酪、法国和意大利的葡萄酒也一样琳琅满目。此前在中世纪,欧洲各地涌现了大量集市,荦荦者主要分布在德国、法国和西班牙,但是到了17世纪下半叶,剑桥东北部边陲的斯陶尔布里奇却跃身成为了全欧最大的集市。这不仅应当归功于英格兰的长治久安,更要归功于那条贯通大海、乌斯河和剑河的畅达水路。

铁路和公路问世后,斯陶尔布里奇集市从形式上不复存在,但是它的幽魂久久不散,至今仍能在剑桥觅到一些遗踪:切达(一种干酪)巷,蒜巷,新市场路*路上的几幅酒馆招牌(摔跤手酒馆的招牌,另一家酒馆的牛津伯爵七星纹章招牌,等等);此外,铁路桥畔有一幢小小的诺曼底建筑,瘟疫时期曾是一座礼拜堂,后来成了斯陶尔布里奇集市的仓库。18世纪初,斯陶尔布里奇是整个西欧的大市场。北起波罗的海,南至地中海,西欧中心区域的财富全都在这里买卖交易,难怪丹尼尔·笛福描述斯陶尔布里奇集市比描述剑桥大学还要起劲。

今日的剑桥大学颇有点"娱乐招待公司"的意味,各种团体借着美酒美食在这里聚会联谊、觥筹交错。与此同时,剑桥大学也依旧以食物作为团结师生的主要黏合剂,先生们和学生们不仅在宏伟的学院餐厅里共餐,有时也在数量日增的异国饭馆里同尝五洲风味。

有一句名谚叫做"吃什么是什么"。按这种思路看问题,许多经历过剑桥大学及学院生活的人都特别荣幸,能在一个最融洽的环境中大快朵颐。院士们餐后撤出烛光摇曳的大厅,又进入了饮酒间,在那里,镶嵌着壁板的墙上挂满肖像,小火车般的银台旋转着送来波尔图酒,桌子上礼仪性地陈列着银鼻烟盒,令我觉得自己融入了一个没有时间的世界。虽然这种宴饮时常显得既浪费又古董,并且奢靡得可笑,但是确实能让我们走出私密的心灵和闭锁的学科而欢聚一堂。

---

* Newmarket Road,通译为纽马基特路,这里直译,以凸现其含义。

5

政　　治

　　荷兰史学家约翰·赫伊津哈在他的著作《游戏人》中阐明，人类是一群顽皮的生物，充满想象力、竞争精神和实验欲望。游戏可以"深"玩——如人类学家克利福德·格尔茨对巴厘岛斗鸡的研究所示；也可以浮皮潦草地玩。游戏可以有庄严的鹄的，也可以有琐碎的目标。游戏可以将各种领域一网打尽，政治、法律、艺术、科学都是一种游戏。从最宽泛的意义上将剑桥视为一个顽皮活动的大舞台，有助于我们把握它的一个最有趣和最典型的表征。

　　剑桥的团队"游戏"之一，是以小宗派为基础的地方政治。先生参与地方政治，学生也亦步亦趋。通过剑桥联合会及其对抗性辩论的磨砺，通过其他种种辩论团体或政治俱乐部的锤炼，有些学生已在为进军威斯敏斯特政坛* 而提早热身。多种因素将剑桥政治变成了一场格外复杂的游戏，直逼一场多维象棋。其中一个因素是玩家的性质：对于辩论术，许多先生可是训练有素的行家里手呢。

　　某些现象增强了剑桥本地政治的度和量。第一，先生之间的

---

　　*　威斯敏斯特，伦敦一行政区，英国议会所在地。

关系大都盘根错节；第二，大多数活动需要保密和结盟；第三，你的敌人的敌人经常是你的朋友；第四，你在某个场合的朋友在另一个场合是你的敌人。

我近期采访的一位退休学者曾任某大系的系主任和某学院的院长，他表示，他不明白为什么系里的会议总是事务性的，而且总是在上午匆匆举行，相反，学院的会议可能持续好几个钟头，而且是在下午召开。其实这并不意外，因为学院多少像是一个大家庭，教学系却更像一个商行。

每逢学院院长之类的要职空缺出来，等待填补，政治喧哗便臻于高潮。C.P.斯诺在小说《剑桥诸院长》中描绘的那种情景，我在国王学院的四届院长选举中有过切身体会。每届选举要占用七十位现役院士的数百个小时，其间充斥着万分微妙的宗派、夙仇、宿怨和交易，局面变化莫测。

无需施展太大的想象力就能发现，这种竞选式政治，特别是涉及聘任问题和荣誉问题时的权谋，反而起到了凝聚全院的作用，犹如人类学家所描述的世仇导致部落融合。正是在选举大战的过程中，在大笔支出或大举改革——譬如聘用女性——等原则性决策引发异议和论战的时候，学院才变得生龙活虎。事实上，多亏有了这样的场合，你才得到了一个有意义的共同话题可以与同事交流，而在平时，他们大多卜居在一个你所知甚少的世界，除了三言两语打个招呼，没有什么本院"公务"可以讨论。

而且，正是在这些群情高涨、仿佛千钧一发的决策时刻，一个团体内部的结构性平衡才变得更加显著。尤有甚者，由于参与这类地方性政治活动，很多人对全国性或全球性政治的研究也就更富成果。无须讳言,我也是在浅涉大学政治和学院政治以后,才开始对政治史和政治学产生较大兴趣的。剑桥的政治酷似某些讲求平等主义的部落社会里的政治。这里有冗长的论辩、隐蔽的威胁、无形的压力,但是最终,一个人只有赢得了舆论的支持和同侪的尊重,才能有所作为——其原因是,剑桥几乎不存在正式的制度性权力,院长或系主任不但无权实施武力,就连聘用权和解雇权也极其有限。这个古老的体系只能靠几分个人魅力和内部成员的尊敬去绵延。

∽☙ ❧∾

经过稀奇古怪的誓言和仪式,加入国王学院可畏的"院士选举委员会",与一批曾获诺贝尔奖的院士成为同人,是我在剑桥担负的第一份"委员"责任。当时的诚惶诚恐我至今记忆犹新。足足三年,我说起话来都有点嗫嚅不清。进入社会人类学系不过九个月,即被选为科系理事会的教务秘书,也是一段令我惶恐的经历。

从纯学术领域兀然走出,一时之间我全然不懂得如何做会议记录,如何安排议程,何时投票表决,何事留待未来另行处理,如何游说他人。我当时隐隐觉得剑桥诸多委员会的整体精神气质似乎是管理剑桥的一个要素,但它在我眼里是一团黑雾。没有谁为我讲解委员会如何运作,也没有谁为我分析我所属的委员会在整个行政结构中位置若何。

经过长期历练,我渐渐走出了无知。几十年来,我出席过二百五十多次科系理事会和学位委员会会议、五百多次本系会议和考官会议、二百多次剑桥大学各委员会会议、好几百次国王学院各委员会会议,总算窥知和揣摩出了它们的一点运作方式。

我学会了如何在极端对立的观点之间找到一条中间道路,如何把人们很快就会遗忘的棘手问题索性"踢出界",如何说服人们相信某个方案的利与弊。我还学会了如何在会议以前抓住适当的和可能的时机把问题"搞掂",如何与更高层行政人员保持友好关系,如何与秘书们密切合作。

我生命中用来坐会的这几百个钟头,我不能说我真的全部喜欢,但是,亲切而诚恳的讨论、有效而公正的办事、大多数会议的同感性和理性,确实让我享受了快乐。当我逐渐明白我的工作在剑桥整体结构中占据什么位置的时候,我的快乐有增无已。

我终于理解了康福德的结论。他在小册子的最后调转了话锋:"但是,如果你认为我在前文中说得不错,那么请你记住,这个小宇宙中也包含着另一种世界,一个静静的、合理的世界,那里的唯一行动是思想,而思想是无所畏惧的。如果你现在马上返回那个世界,……你将发现自己置身于一个全世界最优秀的团体,一个纯净的、幽默的知性团体;如果你还有一星想象力,而且你想努力记住年轻是怎么一回事,你的头脑就绝无理由变成一盆糨糊,别人也绝无理由巴望你滚到一边去。再见啦!"[①]

我学到的最重要一课是,唱主角的玩家其实是在剑桥的最基层,那就是具有高度的独立性和主观能动性的广大学术人员。任何改革非取得他们的赞同不可。尽管近年来情况在急速变化,但是剑桥的权力体系基本上还是一种倒金字塔结构。这是一种孤标

---

① 康福德,重印于约翰逊:《大学政治》,第110页。

傲世的结构，因此屡遭威胁，值得欣幸的是，剑桥仍然保持了教学主管能够有力地左右全校事务的格局，剑桥的活力和创造力掌握在他们手里。

✺ ଓ ଞ ✺

在开学期间，各系每周召集一次全体成员大会。教学系是剑桥大学最基本的"积木块"，我在剑桥的几十年间，系一直保持着权力，就我们"科系"的情况而言，其下属各系的权力近年来甚至有所增强。

若干个教学系组合成一个更高级别的单位，叫做"科系"。以我的经历为例，我们人类学系与考古学系和生物人类学系组合成了一个科系。曾有很长一段时期，科系斡旋于其麾下的系与系之间，非常活跃。后来，科系的权力渐渐漂移，或上移到权力日增的"院所"，或下移到系。即使在其权力鼎盛时期，许多科系也只是一种纯粹的行政设置，并无真正的共同体生活。

院所发挥着上传下达的作用，是一种管道，输送着剑桥大学最高执行委员会——由校长主持——作出的决策。至于那些级别高于院所的机构，如摄政院，或者势力极大的各类校级委员会，我们大多数先生都知之不详，我本人对之也无多少经验。不过我们历来信任它们的疏松管理方式，况且其成员都是我们自己投票选举出来的，当中又总有一两位是我们熟悉的朋友和同事。这类高层委员会我只打过一两次交道，是去讨论具体问题，或是去游说。

总体说来，剑桥大学是一种枝型架构，以封建模式——国王、贵族、士绅、采邑、村庄、个人——为蓝本。剑桥大学也可以比作一

图 14　院士会合室

诸学院开辟了很多公用房间,是各种聚会和交流的不可或缺的场所。这是国王学院的院士会合室,院士们在此碰面,大概还在此进行会前交流。它与其他公用空间一起,对学院的共同体生活发挥了重要作用。

[摄影:莎拉·哈里森]

支军队,每一个层级都各有功能,并且一边与平级单位竞争,一边与平级单位联手对付关系更远的外人。在剑桥,一个人可以攀升到能力范围和兴趣范围的极致,然而权力总是滑溜溜难以久握的,绝无可能在此种体系中建立独裁。就剑桥这等规模的行政体系而论,这已经是一种很好的实操民主,或"贵族精英式民主"——如康福德所称。

<hr />

"一切权力走向腐败；绝对的权力则绝对地腐败。"剑桥史学家阿克顿勋爵创造这个警句的时候，深知自己任教的这所大学也绝不例外。在任何建制中，如同在任何游戏中，总会存在模糊的灰色地带，存在互相冲突的利益，存在彼此矛盾的压力。这意味着在诚实守法和浑水摸鱼之间，只有一条微妙得难以看见的界线。

像剑桥这类人际关系纵横交错的地方，这条界线似乎尤其模糊。我们常常很难弄清哪里是友谊和徇私的交界、什么场合应该在决策之前首先声明个人利害、什么时候先生从学生的支持者变成了学生的庇护者、什么地方在进行换取利益的暗中交易。下面通过两个例子说明这种困境。

第一，在讨论大学和学院招生问题的时候，很可能有人提出，既然摆在我们面前的两名候选人条件大致相等，那么，如果不去参考其中一人的所有现成信息，如履历、中小学教育和家庭出身，岂不荒谬。其他人却可能认为这是腐败，是对招生程序的歪曲。然而可以肯定的是，剑桥大学正在不遗余力地争取平衡。例如，一百五十年前国王学院只招收伊顿公学的毕业生，而今这根最直接的生源链条已经松动，当前国王学院四分之三的学生毕业于国立中学。

第二，一个人资历越深，需要应付的利益冲突就越多。我经常发现自己一个脑袋戴着好几顶"帽子"。作为系里的一员，我觉得系里提出的每一条预算都很必要；作为图书馆委员会的主席，我应当力议将更多的捐款用作图书资金；作为一所富裕学院的院士，更有益的做法也许是将余钱用作一笔基金,去资助贫困学院的教学。

我们可以采用多种办法将这类冲突降到最低限度。例如,发言人应当首先声明自己代表谁而发言:"现在我戴上了图书馆的帽子……"——要么声明利害关系,要么因利害关系而保持沉默。又如,我们系有一条惯例:在讨论和任命一名博士生的系内考官时,该博士生的导师不得参与。还有,在讨论某人的休假申请、或某人加入某重要委员会的申请时,当事人被要求离开会场。

从前我不明就里,未免觉得最后这一着有点伤人。为什么打发我出去?莫非我做了什么见不得人的事需要在会上吹吹风?莫非大家认为我太褊狭,不配参加讨论?万一休假或入会申请被否决,我岂不是永远不可能知道原因了?

直到我多次参加有关别人的讨论之后,我才渐渐明白这并不是搞人格暗杀或飞短流长,相反,此举使得大家能够畅所欲言,既不必担心树敌,也免得看见别人苦苦哀求的尴尬相。

以上这些措施也罢,其他种种"防火墙"或无形的壁垒也罢,不言而喻,几乎完全仰仗于诚实守诺之规。在一个号称保密的会议上开诚布公地发言之后,却听说每一句话都传进了当事人的耳朵,这种事情确有发生,所幸不是经常发生。大多数人在大部分时间,都是忠于制度和忠于大善在先,追求私利和维护私交在后。

根据我多年的观察,剑桥鲜有明目张胆的腐败,譬如花钱买宠、曲解捐赠人意图、售卖学位或酒窖。从来没有人公然向我提出,要拿金钱或好处换取我修改他们的考试成绩,或者分给他们的子女一个学额。我本人几乎从未发现剑桥的秩序被徇私或私利所败坏。

实际上，剑桥对最高标准的德行充满期望，而大多数人也确实操守高洁，哪怕走捷径可能获取丰厚的回报，他们仍然不负期望。这也是我们在剑桥工作的一大乐趣。时而有丑行和腐败暗中存在，并偶尔曝光，但是我个人从不曾认识任何一个被公开指控权钱交易和腐败，从而被审讯和开除的人。剑桥虽无绝对的权力，却有大量可争夺的名利，能够在这种情况下洁身自好，是一种难能可贵的成就。

6

节　　律

　　常有人认为，由于工业社会的崛起，最近二百年我们的世界发生了一个重大变化，那就是时间的扁平化。时间变成了一条前进的线，犹如矢镞，开弓以后再也不会返回原点。

　　这种线性时间，与农业社会的时间性状截然不同。农业社会认为时间是循环的，四季随之而往复，牧群随之而迁徙，植物也应时播种、应时生长、应时收获——啊，蘑菇出来了，一定是秋天到了。播种有时，除草有时，收割有时，再度播种也有时。

　　剑桥是全英国最为理性化的高科技地区之一，然而却坚守着一种循环的时间节律，这不能不说是一个怪异的特点。春夏秋冬，寒来暑往，清清楚楚地印在我的校历里：

　　"米迦勒节学期"从仲秋持续到圣诞节前夕，是新生入校和开学的学期，无异于播种之时。"大斋节学期"在料峭的春寒中苦苦巩固教学，无异于积极除草、呵护心灵成长之时。接下来，"复活节学期"从春天持续到初夏，是复习、考试、完成学业的学期，不啻为收获和贮藏之时，其间点缀着一系列丰收庆典（五月舞会和毕业典礼）和依依惜别。

　　最后是暑假，近来在校历中更名为"夏日研究期"，俾以蒙蔽多疑的审计师的眼睛。这是享受家庭生活、从全学年的疲劳中恢复养息的时间,也是深化研究、动笔写作、游览异国的时间,不妨看作松土备地之时、为新学年的教学选种之时、为重塑地貌进行长线规划之时、拓展社会视野和精神疆域之时。如此周而复始,在我的教学生涯中总共三十五次。

图 15　院士花园

剑桥每一所学院都有一座花园,主要供本院院士休憩和观赏,尽管学生和其他人有时也在这里举行派对。每年夏天,这里也会举行戏剧和音乐演出。图中所示为国王学院的院士花园一角,园中的花草树木是几百年间从世界各地采集而来。年复一年,这些植物的兴衰与剑桥教学的周期互相呼应,形成了一种循环时间。这座院士花园也是古往今来无数卓越的诗人、哲学家、作家、科学家散步和交谈的地方。

[摄影:莎拉·哈里森]

在学年的轮回之上，又有本科生或博士生课程的三年周期，包括起始的一年、中间的一年、结束的一年。就博士生而言，这三年分别被视为准备阶段、资料收集阶段或实验阶段、论文"写讫"阶段。对本科生来说，则是一年级、二年级、毕业年级。*

教学的周而复始与大自然的周而复始互相呼应。剑桥满眼是花草树木，教学周期遂与这些叶儿草儿的兴衰相伴相依。我尤其喜欢在春日里去往后园，观看岸柳如何蒙上嫩绿的薄纱。我也喜欢欣赏毛茛、蓝铃、水仙的相继绽放，然后玩味粉白的樱花树下的红彤彤的郁金香。仲夏带来浓郁的绿，入秋后转红、变金，最终被冬风扫尽。

白昼短了，又长了，屋宇的影子也随之伸缩。变化的日光把整座城变成了一个大日晷。蓦然抬头，在国王学院礼拜堂的入口，或者在冈维尔－凯厄斯学院那道17世纪的侧门上，你会看到一个古色古香的真日晷，与屋宇之影的"日晷"互相映射。

这种活灵活现的循环时间减轻了厌倦。剑桥不是一个静止和呆滞的地方，恰恰相反，我在这里感受着无止弗休的运动、变化和更新，但是，连贯的必然性、复返的可靠性和未来的可预言性也与此并存不悖。

✥✥✥

剑桥的另一个非凡表征，是在空间意义上与前工业社会的酷

---

* 剑桥大学本科生课程——荣誉学士学位课程——是三年学完，但有些专业是四年学完。

肖。我常去尼泊尔的一个村庄开展田野工作，无论是村里还是周边的林野里，那儿的每一个处所都有不同的"特殊价值"，构成了一道魅影憧憧的风景。有些岩石、树木、瀑布是精灵们的居所，另一些角落则因寄寓着记忆或神话而特殊。社会学家埃米尔·涂尔干曾以澳大利亚原住民为实例，阐释神与俗的浑然一体，我的尼泊尔村庄显然也是一样的神俗不分。

发达的、城市化的西方世界鲜有什么"特殊"空间，大多数居民也就丧失了这方面的敏感。或许某些特定的活动能将他们暂时唤醒，例如一场星期五夜晚的豪饮、一场足球赛、一场迪斯科、一场婚礼，但这只是人为的亢奋时刻，非常有限，仅能偶尔突破一个扁平无色的精神维度。

剑桥却为空间划分了如许的界域，并灌注了各各不同的意义，实在令我惊异。但如果谓之为"神化"和"圣化"，又并不恰当——尽管按照涂尔干的界说，剑桥的空间在某种程度上确实分门别类。每所学院的方庭，每个实验室和教学系，每座公园和小桥，皆有特殊的氛围和不同的感觉，仿佛与现实世界有着质的区别。然而，那既不是十足的"部落"风光，也不是彻底的"现代"景色。剑桥是个神秘的地方，交织着无尽的记忆、意义和情感，这种丰富，我在我游历过的许多大学和城市都不曾识得。这里有一种近似于神秘的另类感，难以把凭，不过我怀疑很多人都有所觉察。

☙ ❧

闭于一隅，与世隔绝，是剑桥的普遍现象，实际上也是它最显著的特点之一。在国王学院吉布斯大楼的一个套房里，我占据两个内间之中的一个。一连有七重门将我与外界隔开：学院的大门，吉布斯大楼外的栅栏门，本楼道的大门，本套房的厚重的橡木外层门（关闭时意味着任何人不得打扰我），本套房的薄薄的内层门（上面蒙着毡面，可贴通知或便条），隔开外间客厅与内间的门，我自己的内间的门（安装在客厅与内间之间的小甬道内侧）。在学术的等级制中，一个人的地位似乎不是用电话的多寡或地毯的厚薄来表示，而是用门的数目来衡量——看你究竟能在自己与外界之间设置多少重障碍。

有了这个包藏在最深处的"私室"，我可以在自己的私人空间工作，还可以邀请某些学生和同事共享私密。这使我隐约想起了日本的茶道。沿着一条特意设计的"露水小径"，穿过山石和爬满青苔的树木，猫腰钻过一个狭窄的入口，进入一种忘却时间的冥思，便是茶道的最高境界。同样，学生到我的私室来接受辅导的时候，也必须首先穿过草坪旁边的一条"半神圣的"小径，如果有我的陪同，还可以直接穿过那块"神圣的"草坪，再通过六重门，最后进入一个没有电话机和钟表，甚至连电脑这新近的"闯入者"也被我切断的空间。且让我将茶道之喻推向极致吧：我通常会给学生斟上一杯绿茶，然后才开始工作呢。

这个内间是私密中的私密，心灵可以在此默默地活动，远离日常生活的倥偬和混乱。这个内间又是社交的私密，提供了真诚交流和平等对话的机会。当然，它只是遍布于剑桥的千万个思想静潭中的一个。

我不把这个空间称为我的"办公室"，我认为我的办公室是在系里，与行政和教学挂钩。在某种意义上，这个空间是家的延伸，

图 16　院士"私室"

我在国王学院吉布斯大楼的房间（G2号室）一角。剑桥诸学院曾有好几百年不允许院士结婚，因而他们只能居住和生活在学院里，当时学院拨给他们每人一套三居室，其中两个较小的房间分别用作卧室和书房，一个较大的房间用作客厅（图中即客厅一角），供他招待客人和学生。而今每套房供两三人使用。从外面的街道走进这个套房，需要穿越五道门。图中套房的历史可以追溯到18世纪中叶，房内陈放着历代院士的书籍和其他纪念物，还悬挂着其中几位的画像，昔日他们曾在这里居住，今日他们的鬼魂仍在这里出没。

［摄影：莎拉·哈里森］

像我的家一样私密。正是这个特点，解释了为什么我探访过的某些学院"私室"能给我带来一种独特的感觉。

　　彼得·斯诺描述过典型的牛桥先生的房间："那些摆设当中会有异国旅行的明证——几个非洲黑色雕花牛角，或几个安第斯小塑像。那些椅子和地毯上会积累一些细微而清晰的污渍，以纪念数十年来溅落的昂贵饮品。一切看上去都是破旧的、磨损的。……"①我本人在吉布斯大楼的内间与此相仿,里面摆设着几十种与人类学有关的物件(裹脚女人的小鞋,猎取首级者的篮子,萨满巫师的水钟,满清官员的指甲护套),还备有品种繁多的绿茶。磨损的地毯来自我做田野工作的那座喜马拉雅山村,上面洒满了茶水渍和并不昂贵的雪利酒渍。

公共和私密,以及不同程度的私密,被小心翼翼地分隔开来,就像法文的人称代词 vous、nous、tu、moi 一样界线分明。这种分隔使我们能在极端繁忙的剑桥世界继续从事静静的脑力劳动。它带来了一点儿孤绝,或者说,带来了对他人自由的刻意尊重——端取决于你如何看待;结果它最终造成了一种怪癖,一份备受剑桥人珍视的狂想和蛮干的自由。昨晚在国王学院华丽的餐厅里,我的中国客人看见邻桌一个学生精心修剪的"莫希干"发型,惊讶之情溢于言表。他们表示,此种行状绝非中国的同类场合所能容忍。看见他们对我们宽容主义的惊异,我也同样惊异。

✥ ✥ ✥

剑桥有大量仪式性的、正式的行为,常令我感到震撼。如果取"仪式"的宽泛定义,即一种"标准化的、重复性的、交流性的行为",那么,剑桥好像异乎寻常地为仪式所充斥。在日常生活的大部分场合,甚至在其他大学,你肯定看不见哪个人穿着礼服走来走去,或者哪顿饭以谢餐祷告开始和结束。

---

① 彼得·斯诺:《牛津观察》(Peter Snow, *Oxford Observed*, 1991),第 146 页。

我记得我在伦敦经济政治学院和伦敦亚非研究学院学习期间,*从未见到过任何一种正规仪式。但是在剑桥大学的国王学院,各种小仪式时时刻刻都在搬演。这种独特的仪式化生活,或许要到历史中去寻求部分解释。英国多数大学创建和发展于新教改革乃至工业革命之后,牛桥两校却成长于一个天主教的、农业的世界。中世纪后期,牛桥生活的仪式化是全方位的,后来也只是稍加革除而已。

很多机构都在凭空发明这样那样的仪式,不过,若是能将自己的仪式推溯到好几百年以前,自然说起来更舒服,听起来更可信。在剑桥仪式化的活动、服装和行进队列中,我感到了古老和连贯的意味,而且,它们在古老建筑的衬托下,绝不会产生滑稽效果。如此说来,剑桥不愧为一个公共仪式的大舞台。

⁂

用古已有之作答,并不能一了百了,反而迫使我们追问:何苦要保持这些传统的仪式?人类学家对仪式的解说有两条,一曰表达性,一曰工具性。仪式的表达性在于,它告诉人们有关他们自己和他们所在社会的信息,它对人们说:你们很特殊,你们正在从一种身份变成另一种身份,你们是同一个团体的成员,等等。仪式表达这些内容,犹如秋日的鸟群开始漫长的迁徙之前,在天空中盘旋和鸣叫,以表达它们的团结精神。

---

* 作者先在牛津大学获得历史学的学士、硕士、博士学位,后在伦敦经济政治学院和伦敦亚非研究学院分别获得社会人类学的硕士、博士学位。

按照这条定义，剑桥的仪式显然具有表达功能。学院宴会上传统的谢餐祷告、祝酒和唱歌，考试结束后的香槟宴饮，五月舞会期间的庆典，甚至高度仪式化的划艇比赛，都在表达各种信息，向参加者以及世人昭示着归属的意义，特权的意义，特立独行的意义，经历生命循环的意义，加入和离开共同体的意义。剑桥自以为与众不同和独立一方，故而执著于仪式，反过来，仪式又加深了与众不同和独立一方的况味。仪式不仅强化了剑桥的精英主义，也庇护和鼓励了围墙之内的人们，使之更加敢作敢为。

另一条解说着眼于仪式的工具功能，也就是将仪式视为做某事的工具。在许多社会，仪式可以把人从生者的国土转移到死者的国土，可以治病，可以阻挡坏天气。若按这种说法，我们很难看出剑桥的仪式有多大作用。院士的就职，参议院的颁发学位，确实有改变身份的功效，但那只是社交性的仪式，停留在凡俗层面，是在他人的眼里改变身份，而不是在上帝的眼里。一个人完全可以不经过学位颁发仪式——*in absentia*——而领取学位证书，也完全可以依据特殊规定，不经过就职仪式而取得院士资格。这类仪式是奢侈品，不是必需品。

实效性的仪式，或以神秘手段改变世界的仪式，在剑桥显然缺位，这反映了剑桥特有的一个史实。宗教改革以后，剑桥大学一直是个圣公宗机构，仅在玛丽女王治下有过短暂的天主教时期。历史上曾有很多年，剑桥不接纳非国教徒和天主教徒，只接纳圣公会教徒。圣公会教徒类乎一种中间形式的新教徒，他们采取的宗教立场是坚决抵制巫术、奇迹和复杂仪式，在他们看来，面包和红葡萄酒仅仅是纪念基督牺牲的象征物，绝不会真的变成基督的血和肉。国王学院庄严的礼拜堂也只是一种表达神圣感的外在形式，从理论上说，即使没有礼拜堂，国王学院照样存在。

✦✧✦

表象与实际之间的矛盾形成了一部分困难。从表面上看，剑桥到处是圣地。星期日或傍晚时分穿过剑桥，你会被教堂的钟声所淹没。剑桥的天空不仅映衬着国王学院礼拜堂和圣玛丽大教堂的轮廓，也映衬着三一学院礼拜堂、圣约翰学院礼拜堂和其他众多礼拜堂的剪影。* 每一座礼拜堂都受到一代代人的殷勤关注，每一座礼拜堂也都别式别样。国王学院礼拜堂是一种直入云霄的崇高，三一学院礼拜堂是质朴的"上帝之盒"，耶稣学院礼拜堂体现了拉斐尔前派艺术家对中世纪的想象。贵格会、天主教会……林立的教派和教义使今日的剑桥布满了宗教场所。

然而，很多师生尽管很乐意参加仪式和典礼，却不相信上帝也在场。在那些不举行院士就职典礼的学院，很多院士甚至多年无由光顾礼拜堂。我在国王学院念谢餐祷词 *Benedictus Benedicat*——"愿神圣的主保佑我们！"——的时候，仅仅视之为社交的祝福，并未指望或请求上帝果真降福。剑桥诸学院院长要参加无数次礼拜和圣公宗仪式，但他们大多以不可知论者或无神论者的心态出席，似乎也并不觉得伪善和难堪。

剑桥充满**神性**，弥漫着奇异力量和另类世界的气氛，充斥着分

---

* 国王学院礼拜堂和圣玛丽大教堂位于剑桥的中心点，其他礼拜堂稍远，故分而论之。

离的仪式、聚合的仪式、强调的仪式。它在平凡(世俗)和非凡(神圣)之间划出了鲜明的界线,但它又不是一个充分意义上的宗教共同体。我珍视这种双重生活。剑桥确实散发着超然于此时此地的特殊气息。回望我的数十年剑桥岁月,我痴迷地认为,时间和空间就应该被这些象征性的、仪式化的活动打上标点。以马利学院院士彼得·伯克回忆一段早年经历时说:"1962 年我前往苏塞克斯大学任教的时候,人人都庆幸我总算摆脱了牛津大学的某些烦琐仪式,但是很快,像那里的学生一样,我发现仪式的缺位、尤其是欢迎和告别仪式的缺位倒更是一个负担。"剑桥似乎是在通过仪式和典礼提醒人们,此地是个灵肉俱全之体。生活在这里,我体味了美学和知性的双重愉悦。

有些剑桥仪式令我莞尔,为了它们的稀奇古怪和不合时宜;另一些剑桥仪式令我焦虑,因为我不理解它们的目的,或者因为我不知道怎样做得正确。但是身为一名人类学者,我只要感到它们或许在发挥某种重要功能,便足以够矣。毫无疑问,仪式使这个双重世界的全体居民体会到了一个超乎此世的维度,尽管对于其中大多数人来说,仪式只是一份惟愿自己的思想长存于世的希冀。

✥

圣公宗并不总是虚怀若谷,所以剑桥的宽容在今日看来多少是一个悖论。在一定程度上,牛桥诸学院是比照修道院而设立的,只有准备进入宗教修会的人才能担任剑桥院士,而且,在历史上的好几百年里,只有赞成国教的人才能成为剑桥学生。明白了这一语境,当前国王学院院士的一句就职誓言,即维护本院这一"宗教"

机构,也就有了解释。

不过,显而易见,一种清教主义的总体色调从 16 世纪甚至更早以来便笼罩着剑桥,因此,与牛津的高教会姿态相比,剑桥是个"低"教会。剑桥从未开展过高教会派的"牛津运动"。* 剑桥固然信奉圣公宗,但是非常宽容,是一种小写词头的"catholic",**尽可作多种解释。

然而这并不意味着不重宗教,相反,剑桥曾经是英格兰宗教改革运动的腹地。英格兰许多著名的新教殉道者毕业于剑桥,包括托马斯·克兰默、休·拉蒂默、尼古拉斯·里德利。《殉教者录》的编撰者约翰·福克斯也有剑桥渊源。但是自那以后,剑桥的呐喊渐失尖锐。我几十年来看到的当代剑桥,是一个温和、含蓄、私下的基督教世界,与原教旨主义的狂热相去甚远,而更加关乎优雅的礼仪、神圣的美、对自然秩序的尊重、对天地间尚有未解之谜的承认。在英格兰颁布《1871 年大学测试法案》*** 以前,剑桥诸学院成员参加礼拜是一项强制性义务,因此人人都做礼拜,一如英格兰各地的情况。但是剑桥人并不走火入魔:"他们每星期日去教堂,正如他们每天着正装吃晚饭;他们看待一个不去教堂的人,正如他们

---

* 高教会派,High Church,英国国教一派,高度重视教会、主教、圣礼的权威性,强调与宗教改革前的教会一脉相承。其鼎盛时期是斯图亚特王朝(1603—1649 和 1660—1714)后期。后来,1830 年代从牛津大学开始掀起一场运动,旨在重振该教派的神学观和教会观,此即"牛津运动"(Oxford Movement 或 Tractarianism)。

** 大写词头的 Catholic 意为"天主教的",小写词头的 catholic 意为"广泛包容的"、"全人类的",等等。

*** Universities' Test Act of 1871,该法案允许非国教徒取得剑桥、牛津、达勒姆三所大学诸学院的院士资格,并废除对申请人的宗教测试。

看待一个用餐刀吃鱼的人。"①

法国的罗什福科公爵注意到,多元的论点、相左的诠释、个人的意见、强烈的保留态度,这些特性导致每个英格兰人对正式信仰的看法大相径庭,"他们唯一能够互相同意的一点就是:几乎每个英格兰人都抱着一种不同的信仰,而所有的英格兰人都只信仰自己的某种独一无二之处。……我从中得出一个结论:就整体而言,由这些各执信仰的个人所组成的那个群体毫无信仰可言"。②

我在采访中发现,很多剑桥人对宗教问题持一种"暂缓判决"的态度。说不定真的有个上帝呢,倒不如押上帕斯卡尔赌注,*错也错在安全的一边,权当上帝果真存在;况且信上帝也有利于道德和社会秩序。至于实际的教义、信条和信仰,大可让它去含糊不清。

如果热情和执著是衡量宗教感应性的尺度,那么在大多数剑桥人看来,这座大学城还有不少其他"宗教"比礼拜堂里发生的事情重要得多哩。划艇、橄榄球、戏剧、音乐、写作、实验、吃喝——很多人从事这些爱好比参加礼拜还要兴奋。

据我的观察和猜测,剑桥长期以来的宗教立场是:不声不响地维持一种随大流的表象;稍带感情、稍带疑惑地关注一条模糊的中

---

① 皮克勒-穆斯考大公语,转引自弗朗丝卡·M. 威尔逊(编):《奇特的岛国》,第 176 页。
② 让·马尔尚(编):《一个法国人在英格兰》[Jean Marchant (ed.), *A Frenchman in England*,剑桥,1933],第 92 页。
* 法国哲学家布莱斯·帕斯卡尔(Blaise Pascal,1623—1662)提出,对上帝应当宁可信其有、不可信其无,信错了无害,不信则说不定有害。

间道路；不温不火和不即不离地参加宗教活动。正是这种立场，犹若神圣的棉絮，十分有效地填满了那个"上帝形状的洞"。

✂~⋄~✂

保持适度的圣公会表象，历来是剑桥的一个自我保护措施。个人致力于探索事物背后的真理和真相，必然直接威胁到教会和政府的统治权，因而探索者极可能遭受当权者的迫害。在伊斯兰国家，13－14世纪以后的几代伊斯兰科学家的命运，已有大量文献予以论述。他们的教学机构受到宗教胁迫，不得不服从正统，承认应知真理皆已成为已知真理，他们的著作也风流云散。众所周知，西班牙、葡萄牙和意大利思想的黄金时代的终结，也是因为宗教裁判所大行其道，烧死乔达诺·布鲁诺，威胁伽利略，彻底清洗了大学里的"异教徒"。

即使到了18世纪中叶、即使在法国这样的开明国家、即使像孟德斯鸠男爵这样有势力的贵族，也会因为惧怕宗教裁判所的迫害而从噩梦中惊醒，他的著作《论法的精神》也只好拿到国外，于1748年匿名发表。这个案例生动地说明，镇压知识是一种普世倾向。

但是在英格兰，这种镇压仅仅发生过一次。在玛丽·都铎女王治下，宗教改革的潮流曾发生短期逆转，三位剑桥清教徒，克兰默、拉蒂默、里德利，被判处火刑并在牛津执行，成为彪炳史册的"牛津三烈士"。撇开此时此事，在一般情况下，一个英格兰人完全可以一边做颠覆分子，一边保住社会景仰的面纱。伟大的思想家约翰·洛克是一位可敬的中产阶级牛津人，尽管他批驳君权神授论，提出社会契约论，但是他不可能被忽视或被镇压。同理，尽管几百年来英格兰总有人作胆大包天之想，质疑大自然的根本性质和演进之道，却不会因"异端邪说罪"而走上审判台。剑桥地质学教授亚当·塞奇威克第一次听说自己的学生查尔斯·达尔文的著作时，也许会为了其中的含义而惊恐万状，却不可能将它镇压下去。

根据推论，达尔文有可能颠覆《圣经》的说法，詹姆斯·乔治·弗雷泽爵士有可能质疑宗教的基础，伯特兰·罗素有可能挑战西方的全部哲学传统。这些人全都出身于剑桥，然而，剑桥看上去却不像什么魑魅魍魉之地。剑桥先生是一群地位稳固的中产阶级绅士和"基督徒"，他们做礼拜，谈吐高雅，参加和主持宗教仪式。至于他们在心灵的密室之内想些什么，那不关别人的事。不可否认，他们渴望无私无畏地追求真理，然而这不仅是他们的权利，也是他们的职责。1880年代，伟大的东方学家威廉·罗伯逊·史密斯在苏格兰被指控为异端分子，他随即离开阿伯丁大学，到剑桥来任教，后成为基督学院院士、阿拉伯语教授和剑桥大学图书馆馆长。

服从公论，保留私见，这一分界在今日的英格兰已被视为理所当然。几十年来，我相继与另外五位院士共享国王学院的两个套房。* 首先是一位历史学家，他享有一个内间，我记得他非常虔诚——自然是从他定期参加礼拜来判断。占据另一个内间的是一位人类学家，我可以肯定他是个无神论者，对基督教传道无疑抱着十分批评的态度，然而，身为国王学院院长，他又亲自主持过不计

---

* 作者1971年搬入H3号套房的外间，后搬入G2号套房的内间。

其数的宗教仪式。后来搬进来的是一位古典学家，他总是自豪地提起自己的一部分犹太血统，而且对宗教问题显然相当着迷，写过不少议论宗教的文字，我怀疑他很可能是个不可知论者。还有两年我的室友是国王学院礼拜堂的副主持牧师。现在的邻居则是国王学院礼拜堂的主持牧师。

前论可以在此找到明证。共享套房的三十余年中，我们开学期间几乎天天像朋友一样见面，但是我想不起我在任何时候和他们讨论过我的私人信仰问题，他们当中也没有谁试图说服我接受他们的思想方法。每逢我问起他们的至交，这五位的信仰是什么，他们总是老老实实地说不知道。

其中一人推测，那位历史学家"崇拜《圣经》而不崇拜上帝"。另一位说，他敢肯定那位古典学家有某种信仰，但不敢肯定到底信什么。我本人很熟悉那位人类学家，拜读过他的著作，其中很多文字涉及宗教问题，但是对作者个人的信仰点水不漏。那位主持牧师藏有海量的神学书籍，然而无论是他，还是在他之前的那位副主持牧师，都不曾劝说我去做礼拜。

我记得，过去牛津大学的高桌*禁谈宗教，认为是分裂因素。但在国王学院的高桌上，宗教话题并不是禁忌，不过我很少去谈论它，除非碰到某个特殊事件或一场特殊讨论，才会以一种抽象的、置身事外的、纯学术的方式去涉及。因此，国王学院礼拜堂接待过达赖喇嘛的访问，充当过非洲鼓或印度锡塔琴的表演场地，在本院

---

* 高桌，High Table，牛桥用语，指学院院士及其客人的餐桌，通常设于餐厅尽头的一个地台上，故名。

毕业生萨尔曼·拉什迪*被追杀令加身之后,充当过他首次公开演说的舞台,而毫无不和谐或不协调之虞。

⁂

不错,剑桥是个阔大的神圣化空间,宗教性的偶像、建筑、绘画、仪式和活动随处可见。但是也同样可以说,剑桥是个宽容的地方,它思想自由,胸襟开阔,充满怀疑精神,完全符合伊丽莎白女王一世的名言:这里的人"无意于凿开一扇窥进人类灵魂的窗户"。所以,"一个人尽可以做自由思想家、地球扁平论者、培根哲学信徒、自由恋爱吹鼓手、共产主义者,总之,尽可以做任何一种知性意义上的非正统分子,只要他没有荼毒他自己的高桌礼貌,辱没他自己的学者斯文,便不会有人表示反对"。①

这种平衡颇富建设性,既能保持选择的开放,又能保护剑桥不受两种极端的侵袭。这两种极端,一端是异教邪说,思想镇压,或褊狭的原教旨主义,一端是虚无,混沌,或极度的相对主义和玩世不恭。此外,这种平衡也能赋予生活以某种秩序、意义和融洽性,例如在院士追思会或其他群情激动的时刻,能将整个共同体团结在一起。

虽然剑桥的圣公会胸怀广袤,但是早期剑桥也有好几百年并未做到海纳百川。曾有不少英格兰伟人出于宗教原因而拒绝入读

---

* 萨尔曼·拉什迪(1947—),印度裔英国作家,1988年因发表《撒旦诗篇》,招致穆斯林教徒的抗议和伊朗宗教领袖霍梅尼的追杀令。

① 罗斯和齐曼:《剑津观察》,第223页。

牛桥,哲学和政治经济学泰斗约翰·斯图尔特·密尔就是一例。还有不少伟人因为不肯皈依国教,未获学位便黯然离去。贵格会教徒和天主教徒也有很长一段历史时期被排除在外。剑桥不仅有过宗教上的长期不宽容,也有过种族和性别上的长期不宽容。

然而这已是往事。现在,不同信仰和不同种族的人都受到剑桥的欢迎。不过我们仍应记住,剑桥八百年的历史中曾有好几百年是不够宽容的。事实上,剑桥直到晚近才给予非圣公会教徒以鼓励,直到晚近才培养出卓越的黑人作家、艺术家和政治家。

而且,直到最近六十年,剑桥才将全学位授予女性。显而易见,加尔文的厌女症比路德的更厉害,反女性的偏见从加尔文的思想中时时露出马脚。剑桥全面接受女性的长期斗争直到最近半个世纪才真正取胜,其中的一部分艰辛,恐应归罪于加尔文主义的反女性色彩。抵制女性的另一个原因是,男人们意识到了一种真切的威胁:一旦剑桥的独身制度和男性天下宣告结束,这所男性的、禁欲的、修道院式的古老大学必将发生深刻的变化。确实,接受女性的举措对剑桥生活、尤其是对学院制度产生了深远的影响,这一点,从后文中也能找到许多证据。

✍︎ ⌘ ✌︎

16世纪以降,访问剑桥的外国人经常评论它那相对朴素的风格。其实这种风格在宗教改革之前很久便已形成,例如,国王学院礼拜堂的内部相当简洁,基本上未经装潢,唯有枝形穹隆和彩色玻璃窗制造了一点戏剧性。剑桥的整体氛围说明,这里浸润着一种带有显著新教意味的、中间道路的圣公宗精神。

关于清教主义的善恶美丑，萧伯纳曾大加讥讽，马克斯·韦伯也曾在论述新教伦理的著作中详加分析。我所知道的剑桥，是韦伯理论的一个活灵活现的例证。勤劳敬业、追求救赎、诚实可信、保守内敛、不爱自夸、不喜炫耀、讲究平等、精确守时、注重理财、尊重他人的自尊，这些新教美德在今日的剑桥蔚成风气。但是此风的幸存颇为不易，经受过两方面的压力。

第一个压力不妨称为"成功的代价"。世间有一个痼疾，昔日折磨着中世纪那些著名的宗教修会，今日影响着全球的"公司宗教"。* 这个痼疾就是：通过善行、勤劳和谦逊，修会或公司能积累巨大的财富，将财富再投资，又能产生更大的财富，最终变得树大招风，于是大部分财富被强大的统治者搜刮而去。在日本和中国及其西藏地区清洗佛教徒的时候，在英格兰的宗教改革期间，这种毛病都曾发作。

但是牛桥终得幸免。历史上的剑桥从未被彻底搜刮一空，今日的剑桥也富裕得令其他许多大学眼红。当然这只是相对的富裕。一名成功的儿童读物作家可以比牛桥一所最阔的学院还要阔；比尔·盖茨的财富相当于好几个剑桥大学的叠加；经济腾飞的中国人和印度人只要凑上那么一二十个，其财富就能超过剑桥一所最有钱的学院；孟买、北京或伦敦某些地段的一名房主比剑桥的很多新学院还要富有。

---

* 中世纪英格兰有许多著名的宗教修会（religious orders），譬如本笃会、加尔都西会等。又："公司宗教"（corporate religions），语出昆德（Jesper Kunder）《公司宗教》一书，书中提出，当今消费者不仅买产品，而且买生产产品的公司以及它所代表的一切概念和价值，因此公司必须推出自己的一整套哲学；此处指那些成功的大公司。

话虽如此,剑桥与英国其他教育机构相比,还是一所阔大学。它既像富人,又像清教徒,之所以会得如此,是因为它采用了西蒙·沙马(这位史学家毕业于剑桥,1966—1976年又在基督学院做院士,故对剑桥非常熟悉)在《财富的困窘》中描述的荷兰共和国的办法。荷兰的室内布置很简朴,以黑白两色为主,但是细看其中的织物、绘画、家具和饮食,你会发现,原来那是一些精美至极的东西,既庄重得体,又不乏含蓄的奢侈。①

第二个压力来自其他方向。清教主义和享乐主义之间的张力甚至对世界上某些主流理论产生了影响,例如有人指出,这给经济学家约翰·梅纳德·凯恩斯的学说打上了一种印记。凯恩斯发现剑桥在太多方面(艺术、性、学院生活)呈现清教主义的色彩,便索性反其道而行之。因此,他"积极反对清教伦理,憎恨清教主义的任何表现形式、特别是它在剑桥的长期表现形式。……他对清教伦理的这种敌意激发和奠定了他的一系列经济学理论——通过消费创造就业;通过消费走出萧条;通过刺激促进经济增长"。②话虽如此,剑桥依然在清教主义和享乐主义之间保持了平衡。

❧ ☙ ❧

克制与放纵之间的矛盾也反映在很多剑桥人的日常生活中。

---

① 彼得·伯克告诉我,在清教徒的棱堡以马利学院,挂着一幅该学院创始人沃尔特·迈尔德梅的画像。画中人穿一身黑袍,显出一副苦行者模样。有一次清洗画像,才发现那黑袍是一袭奢华制作,面料很可能是热那亚天鹅绒,带有极精致的图案。

② 理查德·迪肯:《剑桥使徒会》(Richard Deacon, *The Cambridge Apostles*, 1985),第64页。

我至今还栩栩如生地记得我初次抵达剑桥之际的奇特感受：一名穷学生忽然被举上了高桌！经济学家约翰·肯尼迪·加尔布雷思将美国的资本主义描述为"民富国穷"。剑桥却相反。年轻的我离开高桌，返回不久前好不容易买下的狭小的劳动阶级住房，看着我的妻子从桌面清空一顿寒素的晚饭，此时我简直不敢相信自己刚刚离开一个有高级葡萄酒、有仆役长伺候、有温暖大房间的天堂。看来，这是一种公家（或学院）的富裕和私人的半贫困。

对于公富私穷的反差，访客们也一定深有感受。剑桥似乎有两个平行的世界。在学院之内，人们享受着18世纪的田园生活，显现出一派士绅阶级的殷实，仿佛是《故园风雨后》或《朱莱卡·多卜生》中的牛津生活的写照。而在学院之外，大多数年轻院士的私人生活，特别是已婚年轻院士的私人生活，却是一派褴褛的斯文。

住房状况也有所表现。据以往的估算，剑桥员工买得起的房子，其售价为年薪的三倍。据现在的估算，一名剑桥低级教师的起始年薪约为2—3万镑，不足一位医生或律师年薪的三分之一，一名剑桥研究员的年薪甚至只有此数的一半或三分之二，但是如今的房价呢，剑桥市内或近郊一所中档房屋的售价是此数的10倍。我的上一代教师大多住在剑河对岸，他们的住宅约值此数的20—25倍。①

由此可见，昔日那些广有资财的修院式机构早已让位于现代的学院，前者曾用合乎体面的膳食、葡萄酒、家具和古老建筑里的

---

① 彼得·伯克评论道："如果绘制一张院士住房史的地理分布图，便可看出，院士住房首先从亚当斯路转移到凯特区，再转移到格威迪尔街，然后转移到火车站背后，现在已经转移到伊利，或者转移到剑桥周边的村庄了。……"

舒适房间,供养了终身不结婚的僧侣式院士,后者提供的却是一种学院生活与私人生活天悬地殊的风景。这增加了剑桥的奇特感,仿佛有两个互不相交的世界在按不同的节律运行。

剑桥社会

图17 国王大道和国王学院礼拜堂

横亘在国王学院门前的国王大道,是这座以教育、研究和科技园著称的城市的中心,也是国际旅游的焦点。图右侧是国王学院礼拜堂,建于15—16世纪。图左侧是国王学院幕墙,建于19世纪,由威廉·威尔金斯设计,像剑桥的很多建筑一样,属复古风格。

[摄影:尹志光]

图 18　国王学院礼拜堂一景

这是观赏国王学院礼拜堂的著名视角之一。左边是与国王学院毗邻的克莱尔学院,右边是国王学院的吉布斯大楼,中央是国王学院礼拜堂的背部。
［摄影：莎拉·哈里森］

7

习　惯

　　剑桥是一个守习之地,它深嵌在英格兰民族的习惯体系之中。很多剑桥人在做一件事情时候,认为自己之所以这样做或那样做,最大的理由是习惯如此:从"不可记忆的远古"以来便是这么做的,岂有它途。这就是人类学研究——此种研究以各种文化作为其传统对象——为剑桥描绘的文化肖像。

　　这类习惯文化属于口头文化,其中的行为规则并不形诸文字,当地的消息提供人也无法具体地给出理论性说明,但是大家天生知道本地的习惯是什么。习惯具有强大的约束力,并被当地人普遍认同。对于剑桥以及所有这类社会,最贴切的评语莫过于一部人类学名著的标题:"习惯为王"。

　　如今人类学家基本上抛弃了"习惯"一词,但是万变不离其宗,无非用近义词取而代之,例如用法国社会学家皮埃尔·布厄迪的"习性"。无论如何,生活在剑桥这类地方的人,没有谁不知道自己的大多数行为是在漫长的岁月中,由一套不言而喻的、代代相传的行为模式和思维定势所决定的。这些思想及行为习惯基本上是下意识的,而且,一种文化存在得越久,它们就越庞杂,一个团体的地理边界和社会边界越严密,它们扎根也就越深。英格兰及其域内的剑桥既古老,又壁垒森严,所以那里的习惯也就牢不可破。

迈克尔·奥克肖特是20世纪的剑桥哲学家之一,他的一部著作对习惯问题进行了全面的哲学探讨。根据罗伯特·格兰特的诠释,奥克肖特在书中提出:"一种传统就其本身而言,不外乎是一套特定的行为及思想方式,……只有深入其境才能习得。这是一种与生俱来的实操性知识,纵然具体,却不可能对它进行理性化修正,但是能够、而且必须(既然并无其他的替代物)通过诱导和实习的程序,像一种体能一样将它遗传下去。在一切习惯活动中,甚至在科学和历史学这类知性活动中,都含有这种代代相传的特点。总而言之,无论一种习惯含有多么重要的附加信息成分,……其核心知识永远具有这种默认性和不可缩减性,赖尔可能称之为'知道怎么样'——相对于'知道是什么'。"① 这是剑桥的精确写照,因为在剑桥,传统、习惯或"知道怎么样"确实是无比重要。

剑桥的师生乃至访客能否获得快乐和成功,取决于能否学会当地人的习惯。这不仅是一个调查哪些街道适于骑自行车、哪里有最好的酒馆、怎样排队和怎样走人行道的问题,你还需了解更深层的语言规则、礼貌和礼仪、神话和历史。什么该说什么不该说,怎样授礼和收礼,什么能引起他人的兴趣和说服他人,怎样待客和做客,这一切,都有待一个逐渐吸收的过程。

                              જી ભ

剑桥体系的运转并不十分倚赖人与人之间的关系,它既不是

---

① 理查德·梅森(编):《剑桥思想家》[Richard Mason (ed.), *Cambridge Minds*,剑桥,1994],第229页。

中国人所说的"**关系**"社会,也鲜有地中海国家的"庇护人与被庇护人的关系"——如相关文献所称。当然也偶有重大例外。例如1960年代－1980年代,剑桥的历史科系出现了两大庇护人,或曰学术贵族——杰弗里·埃尔顿爵士和杰克·普卢姆爵士。他们两人扶植或破坏了不少后辈学者在剑桥的事业。但在大部分时期,剑桥的行为依据是一套非常宽泛的、不明言的、被普遍认可的法则或模式,剑桥的玩家们习得它们,犹如人们习得打网球和踢足球的技能。

令人惊讶的或许是,这些模式一旦深入你的骨髓,便能自动生效、不假思索。就像游泳和驾车一样,它们化作了你的人格的组成部分,变成了你的身体或头脑的习惯动作,你无需格外费力,便能将某些相当泛义的法则应用到一个具体案例中去。

除此以外,习惯还有第二个特点:它们是持久的,自洽的,且不被逻辑所攻克。它们很像父母被孩子缠着问"为什么"时给出的回答。"为什么我们这样做?"——"因为我们总是这样做。"——"可是为什么我们总是这样做?"——"谁知道!反正我们总是这样做。"

如果习惯体系运行顺利,会给整个团体带来完满感甚至和谐感。此时,"文化"和"自然"都可以忽略不计了,好像习惯才是唯一明智而合理的进路。本团体的习惯获得了与宇宙法则等立并峙的地位,即使你偶尔察觉到这些习惯与全世界背道而驰,但是只要你一想到,这些习惯由于被长期用作不二法门,已与当前的环境丝丝入扣,你就会心安理得。凡是鼓吹改变习惯或质疑其基础的论调,哪怕貌似理性,也会遭到各种轻蔑的反驳,诸如:"此乃一切或存世界中之最佳,故其一切俱为最佳耳。"*

习惯的第三个特点是,它们能在已经学会习惯的众人之间建立牢固而紧密的纽带。一所学院或一个系可以变得像一支交响乐队,经过长期实践,每个人都对习惯烂熟于心,并能预见别人的未来行动。习惯的主要基础是潜意识,几乎不必商量,除非出现了模棱两可的新情况,才需要明确讨论。你与其他熟悉习惯的人唇齿相依,属于同一个团体。他们和你操用同一种"语言",不仅言谈相同,行为和生活方式也毫无二致。习惯将大家捆绑起来,成为一个共同的生命体,具有互相负责的意识,拥有共同的历史和一揽子相同的规矩。

⁓⋄⋄⋄⋄⋄⋄⋄⋄⋄⋄

剑桥是个谈乡。小路上,回廊下,语声切切。某些私人或公共空间里,谈话声更是不绝于耳,也有闲言碎语,也有崇高之议。譬如,诺贝尔奖得主、生物学家西德尼·布伦纳就曾回忆,他和弗朗西斯·克里克如何通过无尽的交谈,认清了DNA的发现将要产生的后果。在餐中或餐后,在无止境的会议或教学中,以正式的或非正式的形式,剑桥的谈话艺术欣欣向荣。

迈克尔·奥克肖特甚至将"高谈阔论"的隐喻置于他的一种理论的核心,把它当作"一个包罗万象的隐喻,用来描述教育、社会生活、政治以及其他体系的理想状态。这所传统的通才教育大学将不同的学科聚合在一起,此种聚合并非为了一项共同的实际探索,

---

* 语出伏尔泰中篇小说《憨第德》(*Candide*)。

而是出于一种共同的探索**精神**,故无需任何一门学科牺牲分毫的自治性。……大学、联谊会、俱乐部、同人会,以及这些团体之内人们所追求的共同生活,皆与爱情和艺术的特性如出一辙,一概是既无目的也无定论;谈话也如此,……其目的即其本身"。①

彼得·伯克向我提出了一种观点:多谈话和少出版之间说不定有点瓜葛。他写道:"我初到以马利学院时所知道的两位院士,是当时最富才智的,但几乎不出版任何东西,连一篇书评都不发表,其实两人分别对美国历史和俄国文学有着满脑子的创见。有时候两人难免窝火,因为发觉'他们的'创见竟被别人出版了。……我想,他俩大概觉得自己既然已在本学院口头'出版',也就不必进一步出版了吧。这种逻辑也可归因于'学院温和主义'。"②

我本人也多次目睹同样现象,譬如我在牛津大学攻读历史的时候,我的几位最杰出的老师据说只发表过一两篇文章。他们——特别是其中几位中世纪史学家——的创见在一个小圈子里被大家共享,博得了学生、同事和相关人士的激赏。此已足矣,何须又去别处发表?不幸的是,我们近年从美国进口了"要么出版要么出局"的哲学,又用"高等教育机构研究水平评估"来了个铁板钉钉,这种口头"出版"方式由此遭受了一记重重的打击。

弗吉尼亚·伍尔夫为剑桥的大批健谈家之一描绘了一幅肖像,她说,三一学院的索普威思教授每天晚上"谈个不停。谈,谈,谈——仿佛什么都能拿来谈;谈得灵魂滑出了唇舌,落进薄薄的银

---

① 由罗伯特·格兰特概述,转引自梅森:《剑桥思想家》,第230页。
② 彼得·伯克,个人交流。

碟,在青年们的心中熔化,像银子、像月光。噢,他们将来到了远方还会记得它,还会在百无聊赖中回首凝望它,还会回来重振他们的少年雄风。……"① 这种谈话不足为奇,但它值得我们在此强调一笔,否则很多人会以为,所谓创见,大抵只是孤独学者静坐于书斋或图书馆的闭门造车而已。

✄ຄວ ຽວ✁

但也有害羞的人。诺贝尔奖得主、生理学家艾伦·霍奇金描述过一个典型例子:过去三一学院有一位学富五车的院士,他每个星期都会邀请本科生去见他,然后却在尴尬的沉默中可悲地枯坐一个钟头。② 在霍奇金的个案之前,法国的历史学家希波利特·泰纳对整个英格兰民族有过一番总体观察:"那里不乏有教养的、甚至博学的人,他们游历甚广,懂多国语言,但是与人为伴时局促不安。"③

这不难理解。一个人在专注于某个深奥问题的时候,肯定很难收回思绪,参与一场像是琐谈的对话。三言两语议论完天气和国事之后还有什么可谈?在演讲或教学中讨论自己关注的题目是可以的,而在闲聊中说起数论的最新进展、前苏格拉底哲学、法国的结构人类学却简直不行。一个人的内省倾向是很容易加重的,

---

① 弗吉尼亚·伍尔夫:《雅各布的房间》(2004),第39页。
② 艾伦·霍奇金:《机遇与设计》(Alan Hodgkin, *Chance and Design*,剑桥,1992),第48页。
③ 希波利特·泰纳:《英格兰纪事》(Hippolyte Taine, *Notes on England*,1957),第54页。

图 19　三一学院图书馆

三一学院图书馆内部,南向。取自约翰·勒库组图《剑桥纪念碑》。这座图书馆的崇高声誉来自它的优雅的建筑风格,来自格林林·吉本斯的木雕书架,也来自一大批手稿——高深者有牛顿、维特根斯坦、罗素等人的哲学或科学手稿,浅显者有维尼熊之类童话故事的真迹。

[威利斯和克拉克,第 2 卷,第 543 页]

尤其在事业起步阶段,例如一名博士生埋头钻研一个狭窄精细的课题的时候。

对于剑桥的这一流人物,大家应当做好心理准备。常有学生和访客发现自己一不留神,与某位才高八斗而寡言少语的学者成了邻座,结果只好费尽心机维持交谈,以免冷场。请诸位退一步想想:即使是那人的同事,说不定也会发现谈资的迅速穷竭呢。

这种内敛,或可归因于清教传统中的极简主义和自我克制,又或可归因于刻板峻厉的中产阶级教育,例如少小离开父母,被送往寄宿学校,给性格造成了难以避免的恶果。还有可能是因为,某种内向型的人格常常与智力劳动的超凡能力携手同来。且不论是哪些原因吧,反正一个显而易见的事实是,英格兰式的 *sang froid*,或曰冷血,在剑桥是一种寻常现象,不过极易被误认为高傲自大或者冷漠无情。

F. W. 梅特兰笔下的剑桥哲学家亨利·西奇威克是一个极端例证。即使一位亲密的朋友或同事去世,他也不动声色。至于梅特兰本人,外表上也同样冷漠和矜持,写起信来更是冷冷冰冰。[①]但是深入观察之下,你会渐渐发觉他与子女相处时是多么顽皮,他对音乐是多么热爱,他的冷幽默怎样渗透他的每一页著作,甚至渗透他对中世纪法律的最枯燥论述。我本人在很多外表冷漠而羞怯的朋友身上,也发现了同样的气质。

这种内敛,也是剑桥人绵密体贴他人的一种寻常表现。剑桥简直就是一个村庄,既然地盘狭小,剑桥人生活的主旨之一便是不去践踏别人的私密空间、别人的思想和别人的自尊。他们采取一

---

① C. H. S. 法富特(编):《弗雷德里克·威廉·梅特兰书信集》[C. H. S. Fifoot (ed.), *The Letters of Frederic William Maitland*, 剑桥, 1965]。

种"好牧羊犬"的处世之道,耐心地蜷伏一旁,让别人走动一会儿,自己再向前溜几步,如此这般,于无形之中悄然引导学生和鼓励朋友。恃强凌弱,颐指气使,大摇大摆,像谚语中的公牛一样闯进来,会惹得大多数人蹙眉。不过也有例外,如后文所述。

内敛的另一种表现形式是不把话说满。这已成为一种举世闻名的性格倾向:"英格兰人说话留七分,躲开最高级形容词,闭口不说恭维话。……"所以外国访客也受到忠告:"千万要谦虚!如果你是世界网球冠军,你就说:'是啊,我网球打得不太坏。'如果你独自驾一只小船横渡了大西洋,你就说:'我做点儿划船运动。'"①

内敛也表现在其他很多方面。根据我自己的所知和所为,一名剑桥先生的日常着装往往不可名状,并且毫不拘礼,昔日是补丁累累的粗花呢上装、灰暗的领带、条绒裤子,如今换上了敞开的衬衣、皱巴巴的针织衫、牛仔裤。正式场合穿的长袍越破旧越好,很多人脚上的鞋子磨得不像样儿,也不擦鞋油。

就连仪态,也多半是内敛而沉静:微微伛偻,步履缓慢却又坚定,目光有点发虚发呆。手势也保持在最低限度,②怪不得佩基奥伯爵好奇地问道:"为什么英格兰人不太打手势,莫非他们的胳膊总是胶在两胁上面?"③历史上的英格兰中产阶级从不动用自己的贵体去加强语气,也不屈尊去做什么姿势。能够逗乐和说服他人

---

① 拉尔夫·沃尔多·爱默生:《英格兰人的特性》(Ralph Waldo Emerson, *English Traits*,波士顿,1884),第93页;莫洛亚,转引自威尔逊(编):《奇特的岛国》,第260页。

② 不过,彼得·伯克评论说,这当然不是英国的独家标签,新教主义盛行的北欧地区——如荷兰、瑞典等地——大都如此。

③ 转引自威尔逊(编):《奇特的岛国》,第177页。

的东西是言辞，而不是挥拳头、舞胳膊。这种民族共性在剑桥发展到了极致。我想不起我在日常生活中何曾见到一位同事哭号，手舞足蹈，或者使用任何火辣辣的肢体语言。不过，划艇和各种游戏又当别论，届时所有的矜持一扫而光，一个人摇身变成了一头亢奋的动物，大喊大叫，张牙舞爪——这恐怕也是游戏的魅力之一罢。

这种谦虚谨慎也能使合作性的学术生活变得相对容易。要想加入一场追求知识的团队游戏，每一名玩家必须明白自己的局限。如果一位诺贝尔物理学奖得主以为自己也有资格对中世纪史指手画脚，此人马上会受到温和的制止。法国作家古斯塔夫·戴希塔尔认为，"英格兰民族性格中最突出的特点"就是"英格兰人从不对自己不懂的问题发表意见"。①

当前，有关客观世界的理论和数据正在急速增长。在知识爆炸之下，智力劳动必须分工极细，每人专攻一点，才有可能增进知识的总量。明白自己有所不知，是一个不可或缺的先决条件。当你开口发言的时候，如果你不是对你仅知皮毛的领域妄下断语，从而导致知识"通货"的贬值，你的话语方才有了净增值。

上述国民特性的一个后果及标志，是公共知识分子在英国的相对缺位。在许多欧洲国家，只要你是高级知识分子，这种身份便极可能意味着，政客、传媒和其他人等将要指望你对各式各样的问

---

① B. M. 拉特克利夫和 W. H. 查洛纳（编）：《一位法国社会学家看英国》[B. M. Ratcliffe and W. H. Chaloner (eds.), *A French Sociologist Looks at Britain*，曼彻斯特，1977]，第 101 页。

＊ "Any Questions?"，英国广播公司 4 台每周五晚上播出的一个讨论节目，始于 1941 年。

题表态。然而，英格兰的一个引人瞩目之处却是，无论在"有问题吗？"*这类民意节目中，抑或在电视时事节目中，知识分子几乎从不登台亮相。

当然是因时而异。"智囊团"*之类的节目一度很受欢迎，伯特兰·罗素、西里尔·米钦森·乔德等人的著作一度很受追捧，说明时人是在倾听知识分子声音的。即使现在，人们遇到专门问题也会请教地方专家或学科专家。但是在英格兰的整个历史上，人们几乎从不像许多欧陆国家那样看待知识分子，从不将巨大的教育成就视同于巨大的权威。这种态度一直持续至今。

✥

剑桥在很大程度上是一个"整体建制"，这是人类学家的说法，用来定义那种面对面、口口相传、五脏俱全的共同体，例如寄宿学校、医院、监狱，等等。生活在整体机构中，人们面临的一个极大危险是产生夙怨。这在剑桥诸学院尤其发展到了顶点。

从 19 世纪中期直到晚近，剑桥的一般情况是：一个二十出头的年轻单身汉经过选举，进入一所只有二十余位先生的小小学院；小伙子从此以后圈在一个微型社区之内，吃饭、教书、睡觉、祷告、玩耍都在那里；如果长寿，他会在那里过上六十年，然后终有一天死在那里，变成墙上的一个名字。至此，他可能与大致同一群人度过了一生中四分之三的时光。这样看来，如果你和另一名院士闹

---

* "The Brain Trust"，1940—1950 年代英国广播公司的一个知识性广播和电视节目，多在周日下午播出。

图 20　国王学院吉布斯大楼

吉布斯大楼中央拱门之大,据说足够一头大象从中穿过,确实也曾有至少一头大象从中穿过。我度过了二十多年的那间院士室就在第一层楼,拱门左边第五个窗户里。吉布斯大楼、礼拜堂、餐厅、花园等,构成了历代国王学院院士们的微型社区。

[摄影:莎拉·哈里森]

翻了,此事可以毒害你的整个余生。

　　总体而言,剑桥是一个高度礼貌、有人甚至会说是过度礼貌的地方。为别人把房门拉开,别人走进房间时起身致意,为了滴水之恩向别人竭诚致谢,热情地问候别人——这些细微的姿态在剑桥极受重视,为的是他人的自尊不受伤害。老一辈中间更是将绅士式的(或淑女式的)礼貌当作一种伦理来强调。已有人注意到,在历史上的好几百年间,礼貌是英格兰上中产阶级的一条行为准则。

时至今日,剑桥仍然保存着礼貌的传统,虽然总会冒出一两个粗鲁无礼的例外。

一个人对剑桥大学的最大贡献莫过于一个人的思想,所以一般说来,思想也会受到礼遇。不管你对别人的发言、文章、慨叹、争论作何感想,你最好用彬彬有礼的热情——即使是不咸不淡的热情——把它掩盖起来,当然啰,如果你的热情只是一道虚伪的干巴巴的幕障,那可不会永远奏效。不过说到底,剑桥确实高度发展了一门艺术,那就是将反驳和批评装入一种礼貌的框架,只质疑某个观点,而不质疑提出观点的那个人,以免导致永久的决裂。

这方面的技巧我在剑桥学会了不少,其中一个技巧是温和化的否定。碰到你不同意的事情,千万不要直通通地说"不"或者"你错了",而应当稍稍让步,择日再表示反对:"是啊,我明白你的意思,那确实是个有趣的办法,我怎么就想不到呢,但是……"。这个"是啊……但是……"句式堪称经典,既表达了"不"或者"我不同意",又没有得罪人家。

教学中也有类似技巧。首先对学生论文中或论说中的一两个优点提出表扬,有了这番铺垫,那么大部分批评,乃至逆耳之言,就能被学生不太痛苦地接受了,说不定还能起到良好的作用哩。一开口就严酷打击,严重地伤害对方的自尊,则可能遭到拒绝。

另一个技巧是诗人亚历山大·蒲柏所说的"假捧真骂"。在你写推荐信的时候,在你被要求表达你对一位同事的真实看法的时候,这个技巧尤为有用。假设你直接表示:"其实我认为他/她根本是个二流货色,没有多大能力",将很可能引起全面的反弹。所以你只是表示:那本书"写得真好","我很喜欢读",然后几乎不提、或绝口不提书中的具体论点。训练有素的读者或听者马上就能领会到,你的内心缺乏热情,你并未对书中的知识性内容表示支持。实际上,你的说法是诚实和外交的结合,恰如那位恭顺的助理牧师在早餐桌上对主教太太的回答:我的这枚煮鸡蛋"部分地不错"——既表达了"臭啦"这层意思,又避免了明目张胆的无礼。*

⁓⊱⊰⁓

巧妙地措辞,说出与你的本意简直截然相反的东西,这种艺术或许助长了剑桥的一种最典型的语言特点——反讽。直言不讳往往不符合当局的旨意,不符合社交的距离,不符合把话说得又委婉又有效的期望,那么,反讽就自然而然地成为了一个利器。反讽唯一能奏效的语境是,言者和听者在极大程度上处于同一种文化之内,以致听者能从那稍加夸张的说法、挖苦的语气以及其他标志而领悟:这番言论必须反过来理解。如果有人说,国王学院院长是切片面包问世以来最好的东西了,这话可能是认真的,但是说话者调皮的眼神、揶揄的口气、比喻之离奇,也完全可能传达别的言下之意。

这早已酿成一种智言妙语的文化,备受剑桥人的珍爱,其中许多笑话和警句被细细品味和再三重复。彼得·伯克给我讲过一个

---

* "助理牧师的鸡蛋"(The Curate's Egg)的故事来自1895年英国《潘趣》杂志的漫画。麦克法兰在其《日本镜中行》(中译本第161—162页)中有更详细的叙述:主教太太早餐时问助理牧师,他的那一枚煮鸡蛋好不好。鸡蛋其实已经臭了,但是如果他说鸡蛋臭了,主教家属的不快也许会严重地损害他的事业,而如果他睁着眼睛说瞎话,就等于拿自己不朽的灵魂冒险,所以他回答:鸡蛋"部分地不错"。这是个不合逻辑、但在社交和灵魂方面令人满意的解决办法。

发生在以马利学院的有趣故事。2000年,以马利学院治院团作出一个破天荒的决定:邀请众位院士的配偶一同参加圣诞节晚宴。一位光棍儿历史学者对治院团发表评论说:"院长,我希望本院不打算每个千禧年都这么做一次吧。"

学会反讽的艺术,等于拥有了剑桥最重要的技能之一。反讽的重要,也在于它能用来排斥外人和新人。很多人一辈子从未受过反讽的训练,来自世界各地的很多外国人甚至将反讽看作一种虚伪的、拐弯抹角的、讨厌的说话方式。确实,如果一个人对剑桥、剑桥人、剑桥历史和剑桥文化不够熟悉,那是不可能掌握这门艺术的。然而一旦掌握,它可以像盐一样,为人际互动增添滋味,还可以像帮会切口一样,将人们捆绑成一个亲密的小团体。

反讽比直接讽刺来得温和,且能与礼貌兼容,而礼貌正是剑桥的主调。剑桥好比一台复杂的机器,其零件犬牙交错、互相依存,必须协同发挥功能才行。礼貌恰好相当于润滑油,能防止零件滞涩而机器失灵。礼貌是一件费力劳神的事情,但是在一个很容易因熟稔而生冷淡的地方,在一个很容易将隐秘的恶感暴露无遗的地方,礼貌又是不可或缺的。

礼貌的一个特殊用途是拿来对待陌生人或新朋友。剑桥是静态的,一段持久的友谊可以长达几十年;剑桥又是开放的,时时能产生新的友谊。每年有三分之一的本科生和更大比例的研究生是剑桥的新人,外加短期或长期访客纷至沓来,因此我在研讨课、委员会和餐桌上永远都能结识有趣的新人。困难在于,每一次新的结识都可能蕴含莫大的利与弊。

几百年来,每一届新生都有一大批看上去像是愣头青,要么是面目可憎,要么是对你在课堂上谆谆传授的知识无动于衷。孰料有一天,他们却变成了伟大的诗人、政治家、探险家、电视节目主持人、喜剧表演家,于是,他们对剑桥和对你本人的记忆变得举足轻重起来。如此看来,敬待他们方为明智;实际上,敬待人人方为明智。就餐时坐在你旁边的那个口无遮拦、寡闻少见的家伙最后进了某委员会,有权决定你是否升级,有权决定剑桥大学出版社是否接受你的下一本书。在这个人脉错杂的弹丸之地,谁又说得准?因此,彬彬有礼、和颜悦色地对待每一个人,才叫通达。

英格兰式的礼貌也是一个保持恰当社交距离的手段。这种礼貌,像是老派交际舞中的礼仪,有点拘谨,双方相拥时保持一臂之遥,然后才渐渐放松和亲密起来;又像是谈论天气时的路数,用一套空洞的、淡淡的姿势和语言,建立一种礼节性关系,并不投入过多的感情。

❧❦❧

礼貌需要学习。在礼貌上面出错可以导致极度的窘境。我初到剑桥时,握手是一种合乎礼貌的致意,无论对男士还是对女士。现在我们却很少握手了,除非是对外国人。我初到剑桥时,我们对女士极少以吻致意,对男士则从不拥抱,1980年代风向渐变,如今拥抱和接吻变成了一门复杂的艺术。

你该拥抱哪些男性朋友——既然拥抱拉丁国家(特别是南美国家)男士的老规矩已不再成立?你该不该吻这名女学生?你该在见面时吻还是在告别时吻?在房间里面吻,还是在某女士离去时站在台阶上公开吻?吻一边脸颊还是两边都吻?吻时接触脸颊还是不接触？要不要顺手拥抱？仅就问候礼这么一个主题，就足够写出一整本书了，更何况，在一种性侵犯多疑症的大气候下，在一个多种文化交汇的地方，还需要格外当心。吻一位日本客人是极端的失礼，当着一个日本人的面即使吻自己的妻子也是极端的失礼。须得参加一次比较人类学的短期课程，你的礼貌才庶几及格。

礼貌的核心应当包含对他人的关怀。一切礼貌不外乎一种附加的努力，亦即通过身体或语言的微小信号，向他人表示欣赏，给他人以特殊关注——这是目的，而不是手段。一个人很容易沉溺于自己的思绪、快乐或悲伤，以致忘却了基本的礼貌，显出一副冒失、自私和怠惰的样子。我八岁那年，外祖父忠告我说，无论我多么羞怯、不安或疲惫，都应当带着温暖的笑容和对对方境况的真诚理解，走进一个房间或投入一场友谊。

如何向对方告退和道别也是一个值得研究的难题。我记得我在牛津大学读一年级本科的时候，简直不知道该怎么把饶舌的朋友赶出我的宿舍，以便让自己上床休息。我不好意思把他们强推出去，甚至不好意思请求他们离开。后来我想出了一个确实管用的办法：我请他们爱待多久待多久，但声明我自己是要跑进卧室睡会儿觉的。

在我的系办公室和学院房间里，也会冒出同样的难题。并非所有的学生和客人都知道会见何时结束、自己该怎样离开。如果那位黏客是个院士，有时我会说：我很高兴您尽情待下去，不幸的是有个（杜撰的）约会等着我呢。话音落下，我和他一同离开，在外面和他分手，绕着大楼走一圈，几分钟以后我又回到了我的房间。

另一个需要长期学习的技巧,是无须粗鲁地看表看钟,便能测知时间过去了多久。

现在,礼貌发展到了一些全新的领域。过去的难题是怎样邀请别人吃饭、怎样回请别人、怎样感谢别人,如今出现了电子邮件礼仪的新问题,进一步增加了礼貌王国的复杂性。

在电子邮件方面,如果你缺乏礼貌,或者不熟悉相关礼仪,也很容易伤害感情,但是人们又不大有机会去学习,所以这是一个应当有更明确指南的领域。电子邮件看起来好像很不正式,但是我发现,多费一点心思和多讲一点礼貌没有害处。开头称呼一声"亲爱的某某",末尾缀上一个相当正式的套语(可以比照书面信函——"顺颂大安,某某上"),总比一封光秃秃的邮件要好,除非是一封发给至交的急件。正文起始之处,先道一声"谢谢",并略微表示一下其他形式的关注,定会受到对方的赏识。至于电子文本常用的缩略语、微笑符号之类的新把戏,我就留给别人去介绍吧。

综上所述,在剑桥这类整体建制的内部,繁文缛节格外重要。这就好比一场精致的游戏或舞蹈,其中的规则和礼仪自有存在之理,一旦忽视了它们,将会导致长期的尴尬,乃至更糟的后果。

❧ ☙

有些剑桥人以拒绝苟同而负盛名。所谓狷介之徒,是指一类好争吵、好质疑的家伙。他们的身影充斥在很多场所,但好像尤其盛产于学术界,盖学术界的"强制令"便是独立思考和力主自家之言,自然要鼓励他们的行为。这类人的待遇如何,是衡量某机构健康状况的有力指数。

任何一个复杂组织,要想运行得如同一台多产的机器,肯定需要大量的信任、忠诚、卓识,但是并不需要该组织内部千人一面。千姿百态和个性鲜明才是最重要的,个人主义的离经叛道也必不可少,这样才能抗衡固步自封和保守主义,刺激创造力。

很难将这些狷介人归入任何范畴,因为别致就是他们的天性——每一个都与众不同,无法套用普通的归类,所以我只好举出一些个案。

从我听到的故事来判断,考古学家威廉·里奇韦似乎是个食古不化的怪人,20世纪初他在剑桥大学任教时,对一切改革企图乱打棍子,青年康福德也免不了吃上了几记。国王学院的奥斯卡·勃朗宁也很古怪:"他是个天才,却被无量的愚行所玷污。他的才华无与伦比:他可以大跨度地思考问题,他可以想出了不起的主意,他机智风趣,他有能力制定宏图大略,他胆略过人,他睥睨群小。任何人和他接触,都不可能觉察不到一股强大的智慧力量,但也不可能意识不到他是个小丑。"这里仅举一例:"他的势利心达到了委实惊人的程度,……瞧,他已经胖得寸步难行了,却打起了曲棍球,仅仅是为了有幸让威尔士亲王爱德华殿下＊——当时还是三一学院的本科生——抽打他的脚脖子。"①

我本人也认识几个厉害的势利鬼,他们把你视若无物,每说一句话都要丢出几个名字,对自己收藏的银器和古董极端自负。虽

＊ "威尔士亲王"(Prince of Wales)是英国王储的传统封号。此处所说的威尔士亲王是后来的英王爱德华七世(1841—1910;在位1901—1910),青年时代读剑桥三一学院。

① E. F. 本森:《昔日时光》(E. F. Benson, *As We Were*, 企鹅,2001),第129、131页。

然一个充满阶级竞争的古老世界早已气息奄奄,他们还是带着阶级傲气走来走去,拿一阵阴风来呛呛你的鼻子。但是剑桥对这些人也能宽容,简直纵容,只当他们是恶搞自己,咱们何不窃笑了之,将他们包容到这座人类动物园呢?反正他们常会突发义举,报偿朋友和学院的不弃之恩。

另一种人身上交杂着深深的保守主义、原教旨主义、对他人的怀疑主义。也许我们会吃惊:这样的人居然也会拥有死心塌地的追随者,而且还是些身居要职的信徒,能将他们的金石之谕传达到教会和政府的高层。在这种人的葬礼上,大家只是用最微妙的说法对他们的有害影响进行暗示,这种影响虽然扼杀了许多生命,但也使逆潮流而动的剑桥古风保持了生命力。

据动物学家康拉德·洛伦茨观察,将一条刺鱼的大脑摘除一部分,它就不再对其他刺鱼作出反应,行为也变得无法无天,还会引起其他循规蹈矩的刺鱼的效尤。狷介人与刺鱼不无相像。如果一个常人从同事身上注意到星星点点的信号,表示你是一个厌物、你是一个痛苦、你在浪费时间、你在走极端和反社会,你就会约束自己。但是狷介人对此要么熟视无睹,要么故意不理不睬。其结果是,更为敏感的常人有意识地限制了自由,狷介人却获得了自由。

过去几年我也认识这么一个人。他聪明,有抱负,同时也自高自大,恃强凌弱。他经常从老熟人身边扬长而过,不看他们,也不承认他们的存在。他会突然闯入会场或插入谈话而毫不脸红。他会走进一场研讨会,旋即掏出地方报纸,做张做致地把时间读穿。他会在前排入睡并且鼾声如雷。他连说带写地评论道,他觉得大部分同事的著作乏味至极。他用刻毒的信件弄得好几个同事活不下去。但是对于有些朋友，他却又肯帮忙又很可爱，而且，他的专业著作激发了整整一代人的灵感。在适当的时日，他成为了本专业的一位杰出的爵士*和一所学院的院长。人们在粗鲁的背后看到了才华的光芒，觉得他是个值得为伍的人。

剑桥的态度是一个值得分析的矛盾。毫无疑问，剑桥大学及诸学院的运行离不开团结、信任、友谊和合作，如果反常的行为太多，惹厌的、挑剔的、妨害性的行为永不消停，则必将毁掉这些不可或缺的因素。理虽如此，但是无论在教学和研究中，还是在整体风气中，剑桥始终鼓励一种好斗的、怀疑的、对抗的、竞争的（有时是顽皮的）精神。假设我们奉行集体至上和打压个人的政策，便是违背了剑桥的精神，还会导致知识萧条和社会停滞。

以我的体会，剑桥保持了不错的平衡。我个人觉得，我经常可以想说什么就说什么，想做什么就做什么。但是如果同事们认为我做事不公正、走极端，或者太顽固、太僵化，我也一定会考虑他们的看法，调整自己的修辞和行为。

剑桥鼓励人们开发那些违反直觉的、当前不流行的、甚至看似疯狂的念头，如生物进化、原子分裂、量子力学、黑洞、DNA，等等。在这样一个地方，我们必须给一位狷介的同侪留下宽敞的空间，以便他或她能够追求仿佛不可能的目标。过量的盐分固然会糟蹋饭菜，没有盐分的饭菜却会寡淡无味。因此大家尽管嗤笑，受伤，却仍然捍卫这些天马行空的人。

---

* 因为成就而荣获君主授予的爵士（knight）衔。获衔后，此人的名字或名姓前冠以 Sir / Dame 称号，例如牛顿被称为 Sir Isaac 或者 Sir Isaac Newton；女爵士的 Dame 称号也是同样用法。

8

学 院 制

如果说剑桥和牛津很古怪,那显然是因为它们的独映天下的学院架构。① 作为一名人类学者和历史学者,我邂逅过千奇百怪的协会式组织,但我依然觉得牛桥的学院制是一个谜团。学院之难解的另一个佐证是,即使让我对某些广游历、多见识的访客解释它的运行,也有点枉费唇舌。

牛桥的学院,如同美、幸福、爱情等事物,属于那种我们经常挂在嘴边却从未认真分析的东西,只有当我们试图界说和描述其内在本质时,才发现它们的涵义扑朔迷离。学院的外在形式是一目了然的,礼拜堂、草坪、图书馆、餐厅、院内居民,全都足够地"物质"。然而,每当某个困惑的新生或访客请我解释一下,学院古往今来到底是怎么一回事的时候,我便发现自己陷入了一种当局者迷的困境。

---

① 本章的中心内容基于并包含威廉·戴尔的"圣多明我学院:一所剑桥学院的民族志研究"(William Dell, "St Dominic's: An Ethnographic Note on a Cambridge College")一文中的材料,该文载于《社会科学研究行动》(*Actes de la recherche en science sociales*)期刊,第70期,1987年11月。威廉·戴尔是彼得·伯克的笔名,"圣多明我学院"指的是以马利学院,彼得·伯克是该院院士。在此衷心感谢伯克教授允许我摘录他的文章。

人们常将剑桥诸学院形容为一群小小的"部落",将整个剑桥形容为一个部落社会。此中确实存在一定的可比性。第一,学院像某些部落一样,基本上不设立制度化的正式领袖——须知院长手中并无警力或税政可用来管束院士;第二,一所学院内部以及诸学院之间常产生夙仇;第三,学院采取与很多部落类似的公司性结构;第四,学院也有公产,它的公产是葡萄酒、书籍、楼宇和草坪,犹如部落的公产是妇女或牲畜;第五,学院和部落都是永久性团体,其成员都觉得自己融入了一个大于个人的族群。

但是我们旋即又注意到,部落的景象与我们的剑桥见闻之间也有一些深刻的差异。例如,某些部落社会虽然也建立了宿舍和食堂,并在其中陈列战利品,但是与剑桥诸学院的宏大餐厅——其中悬挂着先辈的肖像——以及礼拜堂、图书馆和庭院比较,它们只是似像非像而已。

要想为学院找到更有说服力的类比,我们必须将思路转向一种杂交的社会,在那里,部落式的整体性、至少是"亲属"本位的整体性依然强固,但是与此同时,文明的工具——文字、发达的工艺、制度化的经济体系、政治体系和宗教体系——业已出现。

今日的剑桥诸学院生存于这样一个文明之内,该文明的大部分其他区域已经工业化和个人主义化,而像剑桥诸学院这类集居住、教学、宗教于一身的整体性共同体已经所剩无几,因此它们的存续越来越显得反常,倒像是一座主题公园,或一部有意为之的戏剧。在剑桥的八百年生命中,前七百年可能尚未与整个文明脱节,故而显得比较正常,但是现在,剑桥以它的学院制难倒了最最敏锐的观察家。人们不禁要问:这样的共同体何以能与一个资本主义的、工业的、个人主义的、技术发达的现代文明继续共存，而且能守住自己的另类性？

~~~

学院的法律意义是"院长及一众院士"。它是一个经济单位，拥有并管理着几百年前授予它的不动产，包括农场、房屋等等。斗转星移，这些不动产渐渐发展成了公司和工厂，有些还变成了今日的科技园和购物中心。学院的外在形式是一个建筑群，开学期间学生在那里生活，院士在那里教书。此外，学院还有一些必要的行政办公室，旨在对本院施行管理。

前来参加会议的人须向学院缴纳住宿费和餐厅的膳食费。本院学生也须缴纳，但享受补助性折扣。厨师、女服务生、寝室管理员等人组成一支相当庞大的队伍，为学院的社会生活提供支持。门房、秘书、园丁等人员也发挥着同类作用。

学院的中心功能之一是教育学生，大多数学院有几百名本科生和一定数量的研究生。学生的专业跨度很大，涉及艺术、人文、社会科学、自然科学、物理学、数学，不一而足。学院选拔和招收学生的工作由教务长负责，同时向相关学科的院士征求意见。选拔的依据一般是面试，外加候选人在各类笔试中取得的成绩。有些笔试由好几所学院联合举行。

本科生的教学通常是、但未必总是由本院院士担任。教学形式是小组辅导，辅导教师被称为"导师"。但是讲授大课、组织研讨课和举行考试不由学院负责，而由剑桥大学负责。在理工科，实验室工作和小组辅导也不由学院组织，故而那里的学院制色彩要淡

图 21　国王学院图书馆夜景

每所学院各有自己的图书馆，很多图书馆藏有珍贵的手稿和书籍。国王学院图书馆藏有一份英国最古老的庄园案卷，还藏有一批珍贵的手稿，包括艾萨克·牛顿、E.M.福斯特、J.M.凯恩斯的真迹。本院学生在每日的课程、辅导、体育活动、俱乐部活动结束之后，可以在此夤夜苦读。
［摄影：博鲁特·皮特林］

薄得多，所谓剑桥特色也就淡薄得多。

每所学院还有一群叫做"辅导员"的院士，人数少于导师。辅导员负责本科生的"福利"，管理他们的财务、社交、职业生涯等问题。这种顾问体系比大多数其他大学的顾问体系更加私人化和个性化，也更加业余，不过若有必要，亦可邀请专业人士前来进行更正式的指导。

许多学生从不参加宗教仪式，但是主持牧师和副主持牧师仍在学院生活中占据重要地位。我们国王学院也有一位主持牧师，负责礼拜堂事务,还有一位女主持牧师,全面负责纪律问题。

　　大多数学院都是相当可观的经济单位、小型企业、不动产持有者,所以相应地设置了一批头衔各异的官员,以管理本院经济事务为其要职。这些官员的统领是庶务长,他的职责包括督察收入支出和视察不动产。学院还可能设置一位内务长,照料房产和其他内务。此外还设有各种名目的院士委员会和财务稽查委员会,负责向庶务长和内务长提建议。

　　学院的教学事务也需要一位总管,那就是教务长。教务长的职责包括制定本院的"招生政策",主要是制定招收本科生的标准,同时也负责一些纪律问题,譬如责罚那些举行喧哗派对或通宵派对的学生。

　　院长、庶务长、教务长,或许再加上内务长,一起构成了学院权力的内环或核心。国王学院还设有一位副院长,负责主持学院里的一部分委员会,并负责安排院士们的社交活动和分配院士室。主持牧师也属于权力内环,但处于内环的边缘。

　　其余的院士构成了权力外环,并以"治院团"的名义,大约一月一会。治院团无异于一个小议会,为了突出议程的正式性质,与会者须穿院士袍,须用正式头衔,交换意见时须以会议主席为媒介。会议主席则由本学院的院长担任。

　　与会者被要求不得泄露议题。罗斯和齐曼对治院团会议有一番观察:"迷人之处在于这种会议的私密性,在于它的秘而不宣。……院士们穿起黑袍,关起门来,聚齐于密室,……作出不假掩饰的决定,并即刻付诸行动,整个团体齐心协力,俨若一人。……有幸与闻秘密,有幸在这个私密世界里活动,真是一桩美事。……会议在本质上是私密的,犹如家庭事务。……为保密而膜拜保密,此种膜拜在英国社会遍地开花,而以牛桥诸学院为最。"①

委员会的入会选举之复杂,也以牛桥诸学院为最。在国王学院等较大学院,院士们被划分为好几个委员会,有时是依据实际年龄或"社会年龄"——高级、中级、低级——而取得入会资格,有时是依据其他原则。除了开会选举会员以外,这些委员会也开会讨论一些特别重大的事件,如院长或副院长的选举。

治院团一般不制定规章(院规),但偶尔修订已经发布的规章,例如2007年,国王学院治院团彻底改写了《国王学院院规》。修订程序非常复杂,需要治院团举行好几次分头会议和投票表决。治院团的主要功能是流通机密消息、辩论有争议的问题、选举新院士、选举本院各委员会的委员。从实质上分析,众位院士相当于一个大型慈善信托会的众位受托人,从而对学院的运行负有财政责任。因此,监督账目是院士们的另一个重要职责。

学院设有财政委员会、酒品委员会、园艺委员会、图书馆委员会、礼拜堂委员会,共同帮助本院筹资,并对新院士的选举提出建议。治院团有权拒绝它们的建议,直接拒绝即可,无须解释。争议性问题诉诸举手表决,至于什么叫做有效多数,则另有复杂多样的规定予以解释。

对政策或对个人的争议经常是敏感问题,而国王学院又大又复杂,权力中心很难将一切拢齐,因此各委员会的会议均以冗长和火爆而著称。意见的分歧一般都能通过友谊的纽带和共同治院的

---

① 罗斯和齐曼:《剑津观察》,第170页。

关系而渐渐弥合。最有可能成为争议焦点的自然是新院长选举。如今，国王学院允许若干名学生出席会议，并参与所谓"无保留议程"，不少委员会——譬如决定膳宿价格的委员会——也都增设了学生代表，因此保密气氛已有所淡化。

现在不单诸学院设有学生会，剑桥大学也设有一个校级学生会。后者还开办了自己的杂志和网站。很多学生和院士对自己的学院怀有强烈的共同体归属感，特别是在学院之间激烈竞争的时候，或者是在政治运动狂飙突起的时代，例如1960年代末和1970年代初。

∽⋅ଓ ৪০⋅৩

共餐增进了学院内部的团结。每届学生在三年学习期间要和院士们举行两次盛大的共餐活动（不仅在共同的餐厅，而且在共同的餐桌），分别标志着新一届的起始和它在九个学期以后的终结。当今国王学院又形成了一种"半程宴"的新习惯，也就是在九个学期满一半的时候，邀请学生与院士共餐一次。这三次特殊的宴会因为有学生出席，所以其中总有一次要请某位院士叙说本院的历史和文化，叙说时口气幽默，也许带点儿怀旧的惆怅，一时之间，共同的笑声将师生们结成了一个整体。有些宴会伴有唱诗班的歌声，这时候，共同的冥思也能使来宾们凝成一体。

人们很容易将学院视为一种浪漫的共同体，至少以为别人在把它浪漫化。然而很有可能，学院确实仍是一种其"共同"程度为英国其他任何学术机构所不及的共同体。学院内几乎每个成员都互相认识或彼此面熟，副主持牧师和仆役长似乎能记住本院每个人的名字,直到 1980 年代人际关系才有所疏离。但是在某些小学院,人们至今熟稔如故,国王学院在二战以前或许也如此。而今诸学院人数激增,以致院士们认识的本院学生很难超出一定的比例,就我本人来说,我甚至不可能叫出全体院士的名字——尽管新院士入选时,我们互相作过介绍,还共同享受过一场特殊的宴会。另外也应当指出,学院作为共同体,其程度和方式并非对于全体成员都不分轩轾。

也许对于"学院杂役"(这是老式称呼,有些院士仍在使用;现在更普遍的称呼是"学院职员")来说,学院的共同体程度是最低的。在牛桥诸学院,较之外界的任何同类机构,院士与职员之间的关系更加拘泥,也更加迹近于私交。剑桥有些学院的院士每年夏天要向职员挑战板球赛,可笑的是院士一方往往沦为输家。人过中年的老校友重游旧学院,不仅去拜访昔日的辅导员,也去看望昔日的寝室管理员。可以料想,这种关系很容易感情用事,为双方的憎恶留下充分的空间;好在自古以来事实恰恰相反,一名好仆役长或好执事如同一位好院长,不仅在学院生活中举足轻重,而且深受学院成员的爱戴。

然而这些职员并不是学院的正式"成员"。学院的正式成员分为两大类别,院士们是高级成员,本科生是低级成员。研究生渴望插进高级和低级之间,取得一个正式的"中级"地位,同时获得一个"中级会合室"。* 有些学院满足了他们的愿望。在剑桥诸学院,

---

* 会合室(或译活动室),Combination Room。牛津的同类场所则称 Common Room。牛桥诸学院的高级、中级、低级会合室,分别是院士、研究生和本科生聚会的地方,并组织洗衣、娱乐等服务和提供社交机会。

高级成员聚会的地方号称高级会合室,我听说,这是因为高级成员就餐之前首先要在此"会合"。国王学院的高级成员类别繁多,尽管近年来化繁为简,仍然极尽复杂之能事:有"正式院士"和"非正式院士",有"普通院士"、"终身院士"和"荣誉院士",有名副其实的院士和"共餐院士"*,还有五花八门的冠名院士。每一类院士的编制都有限额,摸清这套把戏着实不易。

国王学院开辟了很多公用房间,是各种聚会的不可或缺的场所。对于学生,国王学院有一系列以煊赫前辈而命名的研讨课室和教室,一个本科生酒吧兼会合室,一个研究生会合室。对于院士,国王学院有一个院士饮酒间,另外还有一个八角形的院士客厅,里面悬挂着礼拜堂的画像,院士们开会以前或可在此暗通款曲。国王学院也拥有大量楼堂馆所,包括散布在剑桥各处的学生会馆。其中每一幢建筑都有自己的名字和自己的文化。学院介于私人场所和半公共场所之间,因此上述空间布局对共同体生活发挥了重要作用。

对很多研究生来说,学院的共同体程度比本科生要低得多。研究生较少在院内生活,大多是在院外与固定的人群交往,交往对象倾向于本专业的同伍,而不是本学院的同伍。

就本科生而言,更重要的是划分年级,因为本科生本来就是一个按年龄分组的社群。绝大多数一年级本科生直接来自中学,猛然扎进一个他们觉得又刺激又莫名其妙的新世界,肯定希望归依一个可以认同的集体。他们当中很多人在学院内部找到了这种集

---

* 共餐院士,Fellow Commoner,是剑桥诸学院有资格与院士同桌共餐的学生。

体。而今，也有越来越多的中学毕业生在入读剑桥以前选择"间歇"一年，加之今日的中学比昔日更为开放，因而剑桥新生比我从寄宿学校毕业那会儿显得更成熟。而且，诸学院本科生的来源也发生了不可小觑的变化，最近二十年，国立中学毕业生逐渐在人数上超过了私立中学毕业生。

一年级的友谊每每反映了建筑环境对社会行为的影响。学院环绕"庭院"而建筑，形成四面闭合，学生们必须从各单元楼道进入各自的房间。每单元的一二十名住户共享若干套厨卫设施，由此形成了一个微型村庄，一年级的友谊遂发源于此。剑桥的一种民间说法很可能符合事实：一年级学生囿于院内；二年级学生比一年级更加"外向"；三年级学生复归学院共同体，以便迎接即将到来的考试和别离。

世事在不息地变化，学院的功能自然也受到不断的影响。1972年，国王学院成为首批招收女性本科生的学院之一。我就是大约同一时期抵达剑桥的，当时我听到很多人评论说，此举一发端，学院生活随即轻松得多，也文明得多。距今三十年前，绝大多数学生傍晚须在餐厅聚齐，与院士们共餐，但是双方被一个地台隔开，地台上耸立着"高桌"。现在地台已经拆除，但是高桌犹在。

国王学院有很多学生在餐厅吃午饭，不少人还在餐厅吃晚饭。两餐饭都是轻松的自助餐。除了餐厅以外，学生们也经常光顾学院的酒吧，那里装置着游戏机，张贴着形形色色的活动通知。这间酒吧实质上是一间"低级会合室"，也是一个供院士和学生会面的场所。在冈维尔－凯厄斯、抹大拉等学院的餐厅，学生须穿学袍就餐，当高桌上响起谢餐祷告的时候，学生还须起立聆听。

诸学院每学期举行一次特别晚宴，特邀一些嘉宾出席。每年六月还举办一场通宵舞会，虽在六月，却称"五月舞会"。参加五月舞会是一桩奢侈的事，但是入场券总能迅速售罄，在未来的岁月里，参加过舞会的人们将怀着乡愁纪念不已。诸学院的前学生叫做"老成员"，他们有权每年在高桌上与院士共餐两次，席间的谈资经常就是五月舞会。不过国王学院早在1970年代初就取消了五月舞会，认为是精英主义和过分糜费，代之以一些比较便宜、也不那么正式的"活动"。

院士是学院制的一个最具特色的成分，纵然这种特色已不如往昔那么夺目。对于一部分院士，特别是对于院龄二十年以上的院士，或者一年到头住在院内的少数未婚院士，学院依然是个共同体。他们坐在高级会合室里一把心爱的扶手椅上，喝咖啡，读报纸，下象棋，与同事闲聊或闲聊同事。所谓"住院"院士尤然，这些人给学院造成了一种老式私家会馆的氛围，一种伦敦小型俱乐部的韵味。

对于已婚院士，特别是刚刚结婚生子的年轻院士，学院在他们生活中的比重稍弱，但是他们在大多数工作日也去餐厅吃午饭，偶尔还去吃一顿晚饭。不过，许多在剑桥西区理工科系工作的院士却很少光顾自己的学院，而且此风日甚。新学院一个比一个远离市中心，理工科系搬迁的新址也一个比一个偏僻，或多或少破坏了学院与科系相邻的便利。

✤✥✦

如果说学院是个学术共和国，那么院士的配偶至今还是二等公民，无论那是妻子、丈夫，还是任何"重要的另一半"。唯一能够网开一面的或许是院长的夫人，盖因有史以来院长便携眷寓居于学院围墙之内的一处官房，称"院长官邸"。仅仅几年以前，院士尚不能——确切地说是"不得"——带太太来吃晚餐甚或吃午餐，尽管他们有权邀请男女宾客来就餐。邀请女宾来吃饭曾经是惊天创举，大概迟至 1960 年代才在国王学院初成气候。

如今国王学院既招收女学生，也招聘女院士；两性配偶也都可以邀来就餐。有些院士对于此番变革仍在适应之中，他们对待女院士，要么像对待贵客一样殷勤得夸张，要么完全视若无睹。早在二十年前，形势已有显著改变。不错，如今国王学院确实还是男性占上风，也主要是男性当家，但也不时任命女性担任院长、副院长、教务长和副主持牧师。

如同本科生的情况，院士也以年资而排列等级，只是这种年资并非指生物学年龄，而是指所谓的"院龄"。院龄的受重视程度，在许多学院都有一种标志，那就是，院士们每天结束晚餐进入会合室之后，须由一名最低级院士，亦即最新当选的院士，给其他院士上咖啡。他可能是一位教授或退役将军，生物学年龄比他的"上级"院士大两倍，可他仍然是下级，直到下一次院士选举为止。

仅仅二十年前，有些学院还存在一种规矩：院士们用餐时，须按其获得文理硕士学位*之先后而依次就座。如今这规矩已被废

---

* 文理硕士，Master of Arts／MA，不能照字面理解为"文科硕士"。在剑桥大学、牛津大学和都柏林大学，这一学位的授予不同于其他任何大学。在这三所大学，获得文理学士学位之后，只需继续学满规定的年数，无须专门考试便可获得文理硕士学位，等于白送；是为这三校的特权。

除，但是人们并未忘却年资问题，仍会以各种各样的办法论资排辈。譬如，在某些学院的餐厅里，如果院长和副院长缺席，则由年资最高的院士主持用餐，餐毕进入会合室，也有一把特别的扶手椅供他专用。

经由社会化而形成一个团体，必要的条件是熟悉一整套当地的习惯。许多学院甚至编有习惯手册，供新人学习。例如18世纪以马利学院规定，在餐厅擤鼻子的人罚一瓶法国干红，被任命为助理主教的人罚两瓶，买了一匹马或卖了一匹马的人罚四瓶。头戴卷发夹进入餐厅的人要受罚，买了一件新上衣的人也要受罚。法国干红当时是、今天依然是院士们结算赌资的通货，一本打赌手册载有明细的结算条款。在餐厅用餐迟到十分钟以上者罚酒一瓶的古老规矩，至今还被时常援引和偶尔执行。这些罚款规定在昔日的实施和在今日的偶尔实施，仅仅是社会化的一部分途径，更常用的手段是双关语、笑话、仪式，此外还须努力融入学院的氛围。

上述社会化手段中，仪式最能一目了然地体现某个共同体与众不同的特色。国王学院的新院士"准入"仪式令其他一些学院惊羡不已。这项隆重的 *rite de passage* * 在礼拜堂里举行，其间当事人双膝跪下，握住院长的手，庄严宣誓：我当谨守院规，"竭尽全力，增进本院这一教育、宗教、学习和研究机构的荣誉和利益"（这句誓言含有"宗教"一语，但是今日并不妨碍一名无神论者当选院士），然后院长宣布："*Auctoritate mihi commissa, admitto te in soci-*

---

* 法文：人生过渡仪式。

um huius collegii，in nomine Patris et Filii et Spiritus Sancti。"*准入仪式绝不是唯一使用拉丁文的场合。新院士选举的选票上也印着拉丁文字样"Ego . . . eligo . . . in socium huius collegii"，**不过这只是一句套语，殊不同于教皇选举中的用法。

礼拜堂的庄严壮丽，加上烛光、白袍、跪下来用拉丁文宣誓、签署文书、向新成员介绍其他院士、管风琴音乐、宴会，这一切，使得国王学院的院士就职仪式隆重到了极点，恍若某个特殊会团——共济会、圣殿骑士团、圆桌骑士团——的入会仪式。而它也确实是。

有些学院努力将餐厅里的吃饭过程变成一场仪式化活动，至今毫不懈怠。餐前念拉丁文感恩祷告，而且沿用修道院的祷告文式：*Oculi omnium in te sperant Domine . . .*。*** 院士们和学生们一律穿袍出席。院士们端坐在地台上的高桌旁，桌上是林林总总的本院银器，俨若贵族领主率领家眷在一座中世纪大厅里用餐。饭菜具有彰明较著的象征性价值，特别强调传统上层阶级常用的肉食，如鹿肉、雉鸡肉之类。

较之这些学院，国王学院晚餐席上的祷词简短得多，大部分情况下仅仅是餐前一句 *Benedictus Benedicat*，餐后一句 *Benedicto Benedicatur*。**** 节日宴会和某些特殊宴会的谢餐祷告略长一些。在某些夜晚，院士们晚餐以后转移到会合室去吃水果，一边啜饮波

---

* 拉丁文：我以我所有的权力，以圣父、圣子和圣灵的名义，准许你加入本院。
** 拉丁文：我……选举……加入本院。
*** 拉丁文：众人翘望你，我主。
**** 拉丁文，前一句是"愿神圣的主保佑我们"，后一句是"愿神圣的主被颂扬"。

图 22　学院礼拜堂

诸学院礼拜堂是诸学院的宗教中心。图中所示为国王学院礼拜堂一侧。数十年来我在这座礼拜堂参加宗教仪式、出席新院士就职典礼、聆听音乐会,度过了许多午后和傍晚时光。

［摄影:莎拉·哈里森］

尔图葡萄酒和法国干红。这两种酒按顺时针方向沿桌传递,波尔图在先,法国干红在后——论资排辈的规矩居然延伸到了无生命的物体！通过宴饮,国王学院展现了它的最奇异和最古旧的面貌,长袍、银烛台和仪式结合起来,产生了一种难以抗拒的魔力。国王学院还设有一个专门的院士饮酒间,墙上挂满了著名前辈的画像。

"捐助人追思会"是诸学院的年度盛典。其程序是首先在礼拜堂举行一场礼拜,并宣读建院以来最慷慨的施主的名字,接着是一场布道，然后在餐厅举行晚宴，席间大家沿桌传递一只银杯，同时念祝酒辞："*In piam memoriam fundatoris nostri et benefactorum nostrorum*。"* 国王学院的捐助人追思会也是在礼拜堂开场，其中一节仪式很特别，名为"百合与玫瑰"，由姐妹院校——即与国王学院签有 *amicabilis concordia*** 的伊顿公学和牛津新学院——派代表将这两种花朵庄重地送上圣坛。

在以马利学院，圣诞节之前数日要举行一场内部 *communitas**** 仪式，实则是一场院士圣诞晚宴。此事颇有点狂欢节的气氛，其中一项几乎必须履行的礼仪，是院士们戴着纸帽子在会合室里聚齐。该学院也为职员举办一场圣诞派对，并邀请一部分院士出席。而在国王学院，庆祝圣诞的焦点是三场"九经颂歌礼"，一场可称为降临节版，一场是英国广播公司录制并播出的电视版，另一场在圣诞前夜举行并对外广播。除此以外，国王学院在圣诞期间还举行其他种种娱乐，繁简不等。

年年轮回的仪式给学院内部成员留下了一种惬意的印象，仿佛一切未变。实际上人人心知肚明：一切都在变，更确切地说，学院的鲜明特点正在外部世界的压力下逐一销蚀。虽然大多数学院的空间没有受到侵袭，公众仅在学院允许时才能入内，但是在时间上，学年的传统节律变得难以为继，原因是职员的工休不再遵守本

---

* 拉丁文：虔诚纪念我院的创办人和我院的捐助人。

** 拉丁文：友好协定。1444 年 7 月 1 日，国王学院与伊顿公学、温彻斯特公学、牛津新学院（New College）签订《友好协定》，保证四所院校之间互相协助和互相支持。此前牛津的新学院与温彻斯特公学有合作关系，剑桥的国王学院以此为范式，也与伊顿公学建立了合作关系。

*** 拉丁文：共睦。

校的假期,而转向了周末和法定公休日。

学生主要按自己的三年期节律过日子,故未意识到今昔的差异。至于院士,他们的态度却印证了昔日对于当下的重要意义。彼得·伯克在以马利学院的午餐桌上听见一位老院士评论说:"对于本院的漫长历史而言,二十年当然只是弹指一挥间。"来自一所更古老学院的一位同仁评论说:"一所学院能从黑死病中幸存下来,它必然学会了以透视的眼光看待其他问题。"论资排辈的规矩,追思捐助人的仪式,对年长的老成员的拜访,一二十年前故世的院士在老熟人谈话中的不断"复活",这些做法既表达了院士们的历史意识,显然也伴随着一份对未来的信心。

❧ ☙ ☘ ☙

像所有的密切共同体一样,剑桥也有它的负面。罗斯和齐曼四十年前的观察尚未完全失效:"如果某人在一所大多数本科生都很富有的学院里是一个穷人,如果某人毕业于一所名不见经传的中学,如果某人与朋友们闹翻了,尤其是,如果某人腼腆害羞,他的生活会非常孤独,默默地吃自己的饭,悄悄地走自己的路,竟日枯坐在自己的房间里无人理睬。"1950 年,剑桥经济学家约翰·维西也作过类似的描述:"我想强调,极大的孤立、茕独和胆怯主宰着那些毕业于非名牌中学,或者缺乏强大内在力量的学生的剑桥生活。"[1]这样的人来到剑桥,定会感到极其尖锐的痛苦。因此剑桥

---

[1] 转引自罗纳德·海曼(编):《我的剑桥》[Ronald Hayman (ed.), *My Cambridge*,1977 年],第 118 页。

诗人唐纳德·戴维在大约同一时期写道:"我真的感到非常脆弱——远离家庭,迷茫地沉浮于一个行为准则的大海,对它既无经验,也无计可施。"①

或许就在不久以前,这种苦楚对于外国留学生来说还格外剧烈。"到牛桥读书,走进那里的庭院和四合式建筑,默诵单元楼道里标出的人名,坐在大厅里就餐,然后,渐渐地,发现自己尚未被大家完全接受,发现自己仍是一个局外人,这委实是一种痛苦的英格兰生活入门;更为痛苦的是你有苦难言:障碍似乎是那么微小,歧视似乎是那么清淡,如果你当众抱怨,未免显得不讲道理,也缺乏绅士风度。"②

最近二十年,这些作者的观察渐成往事,剑桥学子的这份苦闷已经减淡。随着生源的拓宽,学院发生了变化。而今,半数学生是女性;至少半数学生来自公立中学;还有很多学生来自海外。通过我与学生的交谈,通过我对他们的观察,我看得出他们的生活发生了全方位的巨大变化,尤其是,势利心和排外性已经锋头不健。

☙❦❧

长期待在一所古老的学院,难免滋生与鬼共存的感觉,那是任何抽象的分析性报告不足以传达的。下面撷取国王学院几百个房间中的两个,对这所学院五百五十年历史中的短短三十年*提供

---

① 转引自罗纳德·海曼(编):《我的剑桥》,第 75 页。
② 罗斯和齐曼:《剑津观察》,第 109 页。
* 三十年,当指 1971 年至 2000 年。1971 年作者迁入这个套房,2000 年作者所回忆的一位邻居基思·霍普金斯(见后文)退休。

一份实例性简述。

1971年,我迁入紧邻国王学院礼拜堂的吉布斯大楼,占用其中一个套房(H3)的外间。套房的格局是一个外间加两个内间,历史上分别用作一位院士的客厅、书房和卧室。在我迁入的时候,理查德·贝文·布雷思韦特占据其中一个内间。这位伟大的哲学家当时已经上了年纪,他把我拉到一旁,让我看看放在壁炉里的一根拨火棍,给我讲了它的故事。原来,这个房间曾长期充当剑桥哲学会的"会议室",在哲学会的辉煌岁月里,伯特兰·罗素、卡尔·波普、路德维希·维特根斯坦等哲学泰斗经常在这里吵得不可开交。《维特根斯坦的拨火棍》一书专讲此事,说是有一次波普吵输了,竟然操起拨火棍,向维特根斯坦打去。布雷思韦特告诉我,幸亏他本人眼疾手快,悲剧才止于未然。

我注意到我使用的写字台是一张绘画台面,已经污渍斑斑,于是盘算是否把它磨去。但是我受到告诫:碰都不要去碰,因为它出自布鲁姆斯伯里文化圈的著名画家邓肯·格兰特之手,是一幅戏仿作品,叫做 Dejeuner sur l'herbes。*

我不断听到新的故事。例如,同一个H3号套房不仅与哲学有牵连,卓越的数学家约翰·格里菲思也占据过其中一个内间。我听说,他曾在这里与克里克等人把酒畅谈,为DNA双螺旋结构的发现奠定了不可或缺的数学基础。

---

* 法文:《草地上的午餐》,原为法国印象派画家马奈的名作,这里是邓肯·格兰特对它的戏仿。

后来我当选为院士,迁入隔壁单元的 G2 号套房,占据一个内间。另一个内间的主人是国王学院退休院长、人类学家埃德蒙·利奇,他的鬼魂今日仍在房间里潜行。我时常想起有关这个怪人的传说,其中有一些是我亲眼所见。现在我拥有他的计算尺,还拥有一只曾经属于他的对手迈耶·福特斯——也是国王学院的一位著名人类学家——的烟斗。

当时,G2 号套房的外间是铺天盖地的书籍,皆为历史学家克里斯多佛·莫里斯所有。每当我从那些呻吟的书架旁边经过,他总要对我描述政治学会的光荣岁月,说是当年会员们每学期要在这里聚会好几次呢。"政治学会"其实是个历史学会,取了一个容易误导的名字,它的发起人是历史学家奥斯卡·勃朗宁。剑桥的另一些历史学家,如乔治·麦考莱·特里维廉、杰弗里·埃尔顿、大卫·诺尔斯、史蒂文·朗西曼、约翰·索尔特马什,他们的鬼魂也游荡在我的想象里,永远不肯散去。

现在,G2 号套房的外间简直变成了一粒时间小胶囊,将布鲁姆斯伯里时代尽收其中。一面墙上挂着小说家爱德华·摩根·福斯特的祖父的挂钟,另一面墙边放着经济学家约翰·梅纳德·凯恩斯的衣柜,第三面墙上是画家罗杰·弗莱的自画像,第四面墙上是 17 世纪国王学院诗人埃德蒙·沃勒的肖像。我刚刚收罗到了一台古董收音机,把它放在窗槛座儿上,它的旧主人是物理学家保罗·狄拉克。

如今我步入餐厅的时候,仍然穿着克里斯多佛·莫里斯的黑袍,戴着基思·霍普金斯的领带。前者是一位杰出的历史学家;后者是一位卓越的古典学家和社会学家,他在埃德蒙·利奇和克里斯多佛·莫里斯两人相继去世以后，成为我在 G2 号套房的邻居。1967 年我在伦敦经济政治学院读人类学研究生期间，他曾给我授课，我从此未敢忘记他那精彩的罗马人口学系列讲座。虽说"尸衣无袋"，院士袍、计算尺和领带却能保持记忆的鲜活。

让人们感到自己是一个古老传统的一分子，这就是"学院"的部分功能，也是学生和先生们的实际体验。他们觉得小我被放大了，光荣地融入了一个大于自我的团体。一些普普通通的事物造成了"我们"之意识，体现了"容我"（我能在本院睡觉、吃饭、读书、祷告、玩耍）和"排他"（他人不能涉足本院的草坪、空间、仪式）的特权。遑论这里还有响当当的名字、专用的旗帜和服装。而更具定义性的事物，则是与其他学院进行友好的团队性竞争。

✌ ❧ ❦ ✍

即使我在国王学院的短短数十年间，人的行状也发生了巨变。我初来乍到时瞥见的那个古化石般的世界，如今已所剩无多。但是在 1930 年代，当弗吉尼亚·伍尔夫描述她的见闻时，剑桥的古老气息就要强烈得多了。以下是她描绘的国王学院礼拜堂门外的景象：

"会众麇集在礼拜堂的大门口，犹如蜂群麇集在蜂房的入口，蜂拥而入，复又蜂拥而出。看到这番营营扰扰，你不禁哑然失笑。很多人戴礼帽、穿长袍；有些人肩上镶着皮毛；有些人乘着巴思轻马车辘辘而来；还有些人虽然未过中年，却满脸褶皱、身材变形，看上去如此龙钟，令人想起了水族馆沙层上艰难爬行的巨蟹和龙虾。"①

　　E.F.本森的《昔日时光》风趣地描述了一大批更早期的、维多利亚时代的奇人，其中有一篇关于国王学院主持牧师约翰·埃德温·尼克松的速写，只需摘录一小段，便能体现这个小世界的奇异，原来，古怪之徒不仅得到容忍，而且活得风生水起：

　　"论人材他相当渺小，一部短短的蜜色络腮胡围住下巴，镶一只玻璃眼珠，长着一只独手。……骑一辆三轮车在熙熙攘攘的剑桥街道上横冲直撞。在晴朗的夏日午后，他到院士花园去打草地网球，随身带去一个小黑包，里面装着网球、火漆、一截绳子……和几支婆罗洲雪茄。……他的脑海波澜起伏，从不停歇，一忽儿计算礼拜堂里的学生出席人数，一忽儿登记院士会议上的票数，一忽儿察看卫生间里草纸的日常供应是否到位、以备先生之需，一忽儿核查他所乘坐的火车的速度。……逢到剑桥五月周的星期日，必有大量人群挤进国王学院礼拜堂来参加午后仪式，尼克松未雨绸缪，特地印制了一页指南，题为'如何管理拥挤人群'，分发给礼拜堂司事，好让他们心中有数。今年的人群比往年更加棘手，尼克松干脆爬上管风琴阁楼，居高临下地视察人群管理工作。只见他探出身子，拉开难听的嗓门，喝道：'若是再推推搡搡，便索性取消圣礼！'"②

---

　　① 吉恩·林赛：《剑桥剪贴簿》(Jean Lindsay, *A Cambridge Scrapbook*, 剑桥，1955)，第7页。

　　② 本森：《昔日时光》，第127—128页。

本森还描述了长达几个世纪的牛桥先生禁婚令甫一解除时[*]的情形。当时剑桥隐然有龙阳之风,国王学院即发生了好几起著名的同性友谊和同性恋情,涉及奥斯卡·勃朗宁、约翰·梅纳德·凯恩斯、E.M.福斯特,以及后来的艾伦·图灵等人。有一度这属于非法情谊,遭到公众的唾弃,像其他变态行为一样,只能在古老的围墙之内偷偷摸摸地进行。如今这种断袖癖已基本消失,或者已被公众接受,不再有违于英国社会的主流。

1971年我加入国王学院时,虽然错过了尼克松者流,却也遇到了不少怪人。有一个家伙在餐桌底下睡觉;有一个家伙午后四仰八叉地躺在客厅地板上凝望天花板;一个家伙在办公室里豢养一条大蟒蛇,拿实验室的小白鼠给它喂食;另一个家伙在学院套房里拦腰砌起一个浴室,然后在浴缸里辅导学生;还有一个家伙在此起彼伏的动物嗥叫声中接电话;有些家伙一边闲逛一边自言自语;一个家伙抱着一支尖桩冲下教室外的楼梯,险些把学生们刺穿;一个家伙直接在学生头顶上射箭;一个特别出众的家伙在惴惴不安的发言人的眼皮子底下呼呼大睡;又有一个家伙在辅导学生的当儿,忽然跑到窗口去接过狗粮;好几个家伙的房间里纸张成堆,可谓拒人于纸堆之外。

怪人怪事不但被认可,甚至被赏识。正因为此,许多古怪先辈的故事才会被后人津津乐道。戈弗雷·哈罗德·哈代的故事可为一例。哈代是一位大数学家,他和印度数学家斯林尼瓦萨·拉马奴詹的合作尤其闻名遐迩。据说他平时只要可能,就不戴手表,不

---

* 牛桥先生禁婚令的解除是在1882年。

用钢笔,也不用电话。罗宾·威尔逊的文章告诉读者,有一年哈代列出了这样一份新年计划:①

1) 证明黎曼假说
2) 保证在椭圆球场最后一场测试赛*第四局中211回不出局
3) 想出一条能够说服大众的上帝不存在之论
4) 成为登上珠穆朗玛峰的第一人
5) 被宣布为大不列颠及日耳曼苏维埃社会主义共和国联盟第一任总统
6) 谋杀墨索里尼

今日的学院既非一种单维度的、单跑道的、功能性的现代实体,也不单纯是一种以类亲属关系和口头文化为基础的传统而古老的单位。当世人在漂泊无根的现代生活之外、在马克斯·韦伯的"理性铁笼"和"去魅世界"之外寻求替代性选择的时候,牛桥诸学院或多或少是一种答案。它们犹如琥珀中的昆虫,犹如涂抹了防腐香膏的中世纪生活残片,与现代世界并立并存。这给了它们一种只可意会而无法触摸的魔幻感和奇异感。

在过分细密的审视之下,学院生活的奇奥会瞬间蒸发,但是当我们观察其他东西——例如人的科学创造力、友谊、成长过程——

---

① 彼得·哈曼和西蒙·米顿(编):《剑桥科学家》[Peter Harman and Simon Mitton (eds.), *Cambridge Scientific Minds*, 剑桥, 2002], 第 215 页。

* 指伦敦肯宁顿椭圆球场的国际板球测试赛。

的时候，却会用眼角的余光注意到它。它的最纯粹表达，当推国王学院礼拜堂的石块、玻璃和音乐，但是较之这幢建筑，它更加体现在学院之内奇谲的社会关系中。要想理解这种社会关系，我们最好将学院这一"半共同体"与剑桥的其他集群进行一番比较，同时对英格兰的大环境加以检视，看看诸学院究竟生存在怎样的整体风习之中。

9

共 同 体

剑桥之所以显得奇特和"不合时宜",原因之一在于它长期以来是一种高度的"整体建制"。最近半个世纪,随着许多先生结婚成家、许多先生在院外上班,情况发生了显著的变化。但是,开学期间从本科生身上,或者从今日已为数不多的住院院士身上,仍能窥见这种非同寻常的整体性。

在一个高度流动的个人主义现代社会,这类包罗万象的自足小世界已经所剩无几。偶有硕果仅存者,通常也是因为人们并非自愿地落入了壳中,例如孩子们被"送"去就读的寄宿学校,又如精神病院和监狱。还有两大组织也一样与社会隔绝,却是出于人们的主动选择,那就是修道院和军队。剑桥自有它的特点,第一它与社会息息相通,第二它吸收普通人来此短期逗留,第三它欢迎人们自愿进入,尽管如此,它仍然弥漫着一种整体建制的气氛。

所有这类整体建制的中心表征是,生活的不同内容发生在同一个物理空间之内,睡觉、吃喝、运动、祷告、思索都不离此处。字面意义和虚拟意义上的高墙环绕于此,形成一圈森严的疆界,阻隔在"外界"与这个纵横交错的内部世界之间。

剑桥诸学院的始建,是依照修道院的模式。院士终身囿于其

图 23　国王学院餐厅

自中世纪诸学院诞生以来,"共餐"一直是学院共同体的一个重要表现形式和激励因素。图中所示为国王学院餐厅里的共餐景象。这座中世纪风格的餐厅重建于 19 世纪,墙上的肖像以及其他元素或能使一位访客想起中国的宗祠。

[摄影:博鲁特·皮特林]

中,在同一个物理空间之内睡觉、吃饭、祷告、思索,而且不得结婚成家。即使今天,学院也永远有供应吃喝的设施,有酒吧之类的社交中心,有金碧辉煌的餐厅;绝大多数学院还有礼拜堂供人崇拜上帝,有图书馆和书房供人思索,有操场供人游戏。

每当我试图向一位尼泊尔或中国的访问学者解释剑桥的运作,我总是请他们将国王学院的四合建筑想象成尼泊尔的一个尼瓦尔族院落,或者想象成传统中国的某些设有宗祠的氏族村落。然而其中有一个显著的差别,实际上那也恰恰是一把解开谜团的钥匙：尼泊尔院落和中国村落的根基是亲属关系，相反，剑桥的原初宗旨却是反对以亲属关系作为它的征募基础。院士不得结婚，故不可能传位于儿子——纵然他们间或传位于侄儿。

因此，剑桥是一种混合型的整体建制，它的根基不是与生俱来的血缘，甚至也不是其成员（修道士）入院时永远效忠的誓言，而是自愿的选择和应有的美德。正是这种性质，使人觉得剑桥是一个奇怪透顶的杂交体，一个通过竞争和奋斗、而非通过血缘而获准加入的"整体"机构。在很大程度上，剑桥是一个情感和身份意义上的"共同体"，它有两个主要的支架，一是地域性的团结，一是身份的认同感，而无关乎血缘。由此可见，若是对照费迪南·滕尼斯等社会学家为了定义真正共同体而设立的三条标准，剑桥吻合了其中两条，唯独不吻合"血缘"一条。那么剑桥何以如此？

✺✺

考量剑桥的一个思路是采用亨利·梅因爵士发展的一个理论。梅因是最著名的剑桥法学家和律师之一，曾任三一堂学院院长。以古老的罗马法和他的剑桥亲历为基础，他发展和细化了"法人"说。所谓"法人"，即一簇财产权和一群人建构而成的一个**永不亡故**的团体。

西方法人的建立是一种有意识的行为，国家向它颁发一纸许可状，从而授予了它一系列代理权力，也赋予了它一个虚拟人的多种属性。它可以持有共同财产，它具有有限责任，它将一群人联合和结合成一体，它可以永存。法人团体内的个体成员则以共有形式或者某种共享形式而持有财产，每一名成员分别像是一个身体

（corpus）*上的肢干、头脑或手脚，互相连接，互相赖以存续。就学院这一法人团体而言，如果去掉了院长、庶务长或主持牧师，则无异于切掉了它的脑袋、胳膊或心脏。

人们发现，梅因的法人说卓有成效，不特适用于剑桥，甚至放之四海而皆准。譬如，当年人类学家为了理解大英帝国如何收编不同的种族群体，他们便应用了法人说。剑桥诸学院采取的是法人式运作，同样，某些社会的亲属群体，或曰家系群体，也基本上如此运作。例如，它们持有有形的或无形的共同财产；它们具有不会亡故的永久性；它们通过血缘、通过婚姻、通过它们所选择的传宗接代原则——采取男性世系抑或采取女性世系——将全体成员捆绑在一起。借助于法人说，当年人类学家解答了一个问题：在那些没有中央政府的社会，是什么因素维持了社会秩序？

如果逆向思考，我们又可以将剑桥诸学院视为家系群体的等立物，也就是视为一个拥有法人式的统一性和共同身份的"氏族"。但是话说回来，既然人类学家已经发现，家系群体的亲属纽带大多是虚构或建构的，剑桥诸学院自然更是如此。诸学院在征募新成员时，几乎完全不走亲属路线。

学院，作为一个持有财产的永久性法人，它的存在使得成员们产生了一种归属感，仿佛依附了一个大于他们自己的团体。在修道院和女修道院，归属感的表达方式和强化手段是采用类亲属称呼，修士之间或修女之间互称"兄弟"、"姐妹"、"父亲"、"母亲"。**

---

* corpus，拉丁文，"身体"。此即"法人"（corporation）之语源。

** 此处原文为 brother、sister、father、mother。根据语境，这里按其本意翻译，以体现其中的亲属涵义。但需指出，在其他的基督教语境下，分别译为"修士"、"修女"、"神父"、"嬷嬷／院长"。

剑桥诸学院尽管有修道院渊源，但因种种原因，它们并不采用这类称呼。虽然我的一位年长同事在电子邮件中称大家为"亲爱的老友们"，然而这也不是一个确当的用语，倒叫人想起爱德华七世时代的那些冒险小说。剑桥诸学院选择的称呼是"同仁"。*

⁂

"同仁"含有平等、友好、亲密的意思，同时也暗示了独立的身份和个人尊严。剑桥有各种各样的院士同仁：高级院士、低级院士、终身院士、荣誉院士、正式院士、非正式院士，但都是"同仁"，不仅应该互相尊敬，而且应该制度性地友好相处。

"同仁"能生发情感，那是一种亲密感和一体感，但也像家人之间一样，未必能生发喜爱之情。你不必喜爱所有的"同仁"，正如你可能不喜爱某些家人。但是无论个人好恶如何，你会为了多种理由对"同仁"产生尊敬、亲切和信任之感。每逢我在剑桥街头认出了我的"同仁"，我会打招呼，②每逢我在餐厅里坐到了"同仁"的身旁，我会产生身份认同感。这减弱了极端个人主义的英格兰人的一种天生特点——孤立和疏离。

我猜想，此中的奥秘在于目标上的共同感。你们大家属于一个团队，你不是孤身一人在抢球射门或飞跑夺冠，而是和大家齐心协力，共同推进你加入院士同仁队伍时从你的誓言中领受的使命。

---

* 此处原文为 Fellow。根据语境，这里按其本意译为"同仁"，但在其他地方仍译为"院士"。

② 不过彼得·伯克告诉我，在1980年代，以马利学院的院士互相不打招呼。

你和大家拧成了一股绳,去协力提升学院这一"教育、宗教、知识和研究机构"的光荣。

　　这种共图大业的意识不必形诸语言,但是它极富建设性,有时它也会延伸到本院的其他一些长期关系人身上,譬如门房、秘书、园丁。它部分地解释了一种反常现象:虽然没有什么书面合同对剑桥教师或学院院士的义务作出明文规定,但是,因为一份扩大的义务感和负债感,因为渴望获得"同仁"的嘉许,或者渴望对"同仁"投桃报李,我会不由自主地加班加点,完成必要职责之外的事情。

　　毫无疑问,剑桥大学及诸学院也有"搭便车的人"和不作为的人,我自己也时而勤奋时而懒散。但是总体说来,由于一种光荣的归属感,由于我希望他人认为我配得上院士称号、配得上剑桥大学,所以总有一股无形的力量驱使我不断向前。此时,剑桥大学和国王学院变得像是清教徒心中的上帝——永远君临在那里,注视你,表扬你,鼓励你,间或在你失败或怠惰的时候通过某种征兆责备你。

☙❧

　　英国的慈善委员会*麾下有一大批信托组织,种类繁多,规模不等,大者如"英格兰及威尔士天主教会",中等规模者则如剑桥诸学院。这些信托组织是一个庞大体系的冰山一角,而那个体系正好弥补了法人说的不足。实际上,法人说的罗马形式,尤其是罗马

---

　　* 全称为"英格兰及威尔士慈善委员会",是英国的一个政府部门,负责英格兰及威尔士的公益事业及组织。

法诸国采用的未掺水的原始形式,含有一种极大的危险。这个问题,是亨利·梅因的后继者、剑桥大学"唐宁英格兰法教授"*F. W.梅特兰向世人指出的。我们将发现,梅特兰提出的补充性理论直接指向了剑桥之谜的核心。

仅凭法人说,尚不足以解释剑桥独步于世的成就。西欧处处有法人团体,但是在法国、德国、意大利等地,尽管大学有着成功的开端,却未借其法人身份而成为一批长寿而繁荣的独立大学。个中原因,应当归结于梅特兰论证的一个事实:从本质上分析,法人其实是统治者的造物,法人的所谓独立生命,只不过是王权所赏赐的一种有条件的、可收回的礼物。

梅特兰使用了"将生命吹入死物"的隐喻,也就是,统治者颁发的许可状犹如一吻,将生命吹入了法人。如果政府觉得法人过于强大,过于独立,或拒绝按要求纳税,政府随时可以切断法人的氧气供应。可见,大学在英格兰的成功不能单凭法人理论加以解释,还需借助法律上的某种补充模式或手段才能说得通。

法人的另一个痼疾是,它无法制造温情或柔情,而这种感情却是人们亲密而高效地合作的必要因素。一个人或许是某个大型法人团体中的一员,但他不一定对该团体产生任何特殊的爱,也未必肯把自己的义务扩大到最低限度之外。

那么,究竟是什么制造了爱,同时克服了对国家机器的依赖?

---

* Downing Professor of the Laws of England,名称来自唐宁学院创始人乔治·唐宁。剑桥大学的很多教授职位有专门名称,如"卢卡斯数学教授"、"皇家民法教授",有的是为了纪念某人,有的是为了表明由谁设立。

梅特兰给出的答案是"信托"。* 追本溯源,信托是中世纪英格兰人采用的一种法律谋略。为了帮助富人规避遗产税,英格兰的律师们设立了一种虚拟人,也就是由一群受托人组成一个信托会;然后,众位受托人以"托管"的名义,对委托人的财产持有一定的权利,以保障委托人亡故之后其继承人的用益权。这种模式以迅雷不及掩耳之势在英格兰蔓延开来,为多种机构提供了模板,包括伦敦四大法学院、伦敦证券交易所、劳埃德保险公司、卫理公会、伊顿和哈罗等公学、各行各业的工会、伦敦各类俱乐部。虽然牛桥两所大学跨在法人团体和信托会的交界线上,但诸学院却是皇家或其他捐赠人无条件赠与的财产,因此在实质上是独立于国家机器的。

当时的剑桥大学及诸学院放眼一望,周围到处都是信托会,不免以此为榜样,也像信托会一样运作起来,并且也被外界当作信托会来对待。用现代术语描述,它们是半自治的非政府机构。各学院的院长和众位院士受托维护本院,并管理好本院。直到今日,按照慈善委员会委员们的说法,诸学院在实质上还是信托会,我们这些院士也经常被告知,我们就是本院的正式受托人。

在生活的所有领域,一个最棘手和最稀有的"商品"就是信任。信任是一种敢于与他人共享和交换任何稀有资源——爱、财富、名誉、权力——的能力。信任所到之处,不再有猜疑和试探的嫌隙,

---

　*　信托、信任、托管、信托会,在英文中是同一个单词:trust。它常被用作社会学术语和法律术语。

也不再有竞争和保密的禁锢，人们能够精诚合作，从而大大提高了效率和效力。信任通常是供货不足的短缺品，它在英格兰的丰产纯属例外，其原因尚待解释。一如梅特兰的英明论断，信托会不仅给剑桥大学及诸学院提供了永葆独立自由的法律框架，而且诱发了信任和忠诚。

≈ೂಞ ಞ≈

在我的剑桥岁月中，一个极大的快乐是我一般都敢于信任我的同事，包括系里的同事和学院的同事。总体说来我的前提预设是：把自己的思想、见解、名誉交到朋友和同事手里是安全的。如果我征求他们的意见，我坚信他们会尽力帮助我，并对我坦诚相见。我也坚信他们会尽可能先公后私，将集体的大善置于个人的愿望和野心之上。我的信任同样延及我的学生，而他们也往往能证明不负信任。

在学术生活中，信任之重要，不止关涉到学院的管理、参考资料的引用和阅读、对思想或对人物的评价和回馈。更深入地看下去，任何专业领域的合作性求知也绝对离不开信任。对他人怀抱仁爱和信任，将导致温暖的友情。这种友情是我在剑桥工作的乐趣之一，而且我相信，这也是剑桥大学赢得崇高学术地位的最重要原因之一，更是对纷至沓来的人们的最大吸引力之一。

绝不能说剑桥是英格兰唯一一块信任的绿洲，其余国土则是一片猜疑的沙漠。19世纪中叶，美国作家爱默生好奇地探问："是因为这个国家太小，还是因为这个民族太自尊和太友善，所以他们才如此团结、负责和互相信任？"他注意到，英格兰的"个人极重然诺，对区区细诺也一丝不苟"。① 大约在同一个时代，剑桥作家塞缪尔·莱恩将欧陆与英格兰进行过比较，他写道："在英格兰普通民众的商贸活动中，即使涉及大笔交易，其中的规则也是相互信任，而不是相互猜疑。在办理日常事务时，双方依靠的是良好信用、口头承诺、习俗惯例，而不是法律契约和书面合同条款。"他又写道："信用，君子与君子之间的道义上的信用，是英格兰社会风气的独家特点，甚至是英格兰民众的'世俗宗教'。……"他还补充说："以君子对君子的态度，互相信任，互相依靠，共同完成正当、公平、合理的事务，这就是英格兰赖以存在的基础。……"②

信任产生信任，这是我日日邂逅的剑桥特色，而今却面临着被问责文化、会计文化和官僚主义猜疑毁于一旦的危险。"英国高等教育机构研究水平评估"和其他各种不近情理的审查频频光顾，使剑桥不得不枉费时间，自我辩护和自我吹嘘，付出有害无益的努力。值得庆幸的是，信任终究在剑桥幸存下来，而且保持了非凡的活力。

∽☙ ❧∾

信托会也是英格兰各种俱乐部的原始样板。为了阐明剑桥有何特殊之处，就必须考虑一下剑桥在多大程度上是一个俱乐部。

俱乐部的中心特点在于它的组织结构。首先它拥有一个名

---

① 爱默生：《英格兰人的特性》，第79、91页。
② 塞缪尔·莱恩：《论欧洲人的社会及政治状况，1848—1849》(Samuel Laing, *Observations on the Social and Political State of the European People in 1848 and 1849*, 1850)，第290页。

字,如"雅典娜俱乐部"、"洛德社区俱乐部"。其次它拥有一些房地产,或许是永久产业,或许是租借产业。通常它也拥有一些其他资产,如一座图书馆、一个运动场,以及任何为了追求其目标而必不可少的资产。它设有一个管理委员会和一些管理官员,包括主席、司库、秘书。有时候它拥有自己的旗帜、箴言,还拥有某种表示身份的标志,如特制的领带或衬衫。如果它声望极高,像是英国皇家学会和英国学术院那样,它会花很多时间讨论邀请谁来作客、允许谁来加入。

鉴于所有这些表征,剑桥大学及诸学院显然是一群各有其会员的大型知识俱乐部。它们与伦敦的那些俱乐部——包括四大法学院等等——不无相像,譬如,诸学院高级会合室的气氛酷似我在伦敦一批俱乐部观察到的情形。可见学院实在是一种俱乐部。从法律上说,剑桥大学的教员完全可以不属于任何学院。如果他们不加入某所学院,成为全权院士,或者担任学院的学习指导员之类,他们的义务就极其有限,可以只凭着良心去做研究,去履行管理职责,去给学生上课。然而身在这样一个俱乐部之城,如果某人没有一个学院可以依附,便很容易产生被排斥在外的感觉,因此大多数人都愿意享受加入学院的欣悦和归属感,即使需要履行额外的职责和义务也在所不惜。

◆◇◆

剑桥让你产生一种强烈的感觉,仿佛你一旦成为大学、系、学院或任何一个团体的成员,你和其他成员之间便自动形成了一条纽带。但是剑桥的这些团体又殊不同于俱乐部,它们的涵义远比俱乐部来得丰富。

俱乐部的中心表征是，它瞄准一个相当具体的、高于一切的目标。俱乐部的成立，无非是为了把同好们组织起来，一起下象棋、踢足球、打板球、划船、唱歌、跑步、飞行、辩论或从事任何其他活动。伦敦某些大型俱乐部尽管集合了三教九流，但是终归也有一个特定的目标，例如交谈、聚会、娱乐，等等。

毋庸置疑，学院也有一个非常明确的总体目标，即"教育"，然而教育是一个无边无际的范畴。设立学院的初衷显然是为了教学，但也是为了鼓励研究；而且，学院的誓言又特别指明，还要把"宗教"发扬光大——尽管这一目标今天基本上陷入了暂停状态；更何况，教学方法也无限多样，远远超出了正襟危坐的教诲。一名本科生或研究生到剑桥来，不仅是为了学习某个科目的具体内容，也是为了学习一种思想方法，甚至有人相信是为了学习一种生活方式。剑桥大学应当能够灌输一组价值观、一种道德体系、一种精神面貌、一揽子礼仪风度、一种哲学体系、一整套行为举止、一种无形的生活态度或**习性**。

学院不仅是一个团体，而且是一个并未作古的古老团体、一个生存了好多个世纪并且有望永远生存下去的"我们"。罗斯和齐曼言简意赅地总结道："宗教本身已经基本上从学院消逝，但是'学院崇拜'保留了下来。学院远不止于建筑和方庭，远不止于划艇和网球场，也远不止于晚餐和导师制。学院生存在历史中，生存在所有住院和非住院成员的身上。一位对历史高度敏感的先生或许会说，'**我们**'曾经拥有一处不动产，却并不知道自己说的是 16 世纪、

19世纪的事情,抑或他本人有生之年的事情。"①

在某种意义上,学院确实可以变成一种世俗拜物教的顶礼对象。"学院的某些最宝贵价值不受时间和环境的影响。……学院生活是神秘的,能使人进入生命之诗。……诗是有魔力的,无怪乎学院仍能稳居一种世俗拜物教的中心。它的生命大于我们。它有权对我们提出超过合理而必要的范围的要求。……那些老人……是庙堂僧侣中的长老,我们情不自禁地被他们感动,因为是他们把我们引进了学院的秘境。"②

以上对信任和温情的议论,为剑桥描绘了一幅相当正面的肖像。确实,我的剑桥生活总体上是正面的,但是我亲笔写下的几本日记提醒了我,我也经历过孤独、沮丧、身心俱疲、深深忧虑的时刻。剑桥可以压迫你,甚至孤立你,有时我巴不得逃离此地,至少是暂时休息一阵,于是我利用休假作为我的安全阀。多亏剑桥的休假制度,我可以每七个学期带全薪休假一个学期。

剑桥生活确有它的负面。本科生时常为了各种原因而悲伤绝望。研究生时常陷入孤独——课题的狭窄和沉闷令人窒息,成就不够和经费短缺的担忧更能把人压垮。外国研究生还要同思乡病、陌生的英国文化、天气和饮食搏斗,所以最为痛苦。已婚研究

---

① 罗斯和齐曼:《剑津观察》,第245—246页。彼得·伯克也说:"我经常逮住自己无意中告诉参观者:'克里斯托弗·雷恩建造礼拜堂的时候,我们请他不要破坏了长廊!'"

② 罗斯和齐曼:《剑津观察》,第247页。

生很可能要面对一些额外的问题和压力,例如配偶不快或家庭不和,因此处境最为糟糕。

即使先生们,也时常不高兴,纵有田园诗般的环境和同仁友谊,也抵偿不了越来越难讨好的工作。"他或许十分明白,必须把这篇论文扩展成一本书,但是搁置了四年、五年乃至六年,论文看起来已经干瘪发霉,倒不如做点儿别的什么。他知道论文的构思太狭窄、他自己太狭窄、学术轨道太狭窄",但是已经骑虎难下。① 达西·温特沃思·汤普森也注意到了这种江郎才尽的现象,他诙谐地说,剑桥某学院——名字秘而不宣——的大多数院士"属于眼镜蛇一类,早年吞下了一头知识的山羊,然后一动不动地待上好几年,进行必要的消化"。② 今天,消化不良的痛苦之上又平添了一层忧虑:五花八门的研究水平评估变成了经费之所系,为了应付,先生们只好疲于奔命,隔不多久就炮制一部皇皇巨著。

描绘一张院系生活风平浪静的画幅,那将是歪曲事实和误导读者。实际上,共同体的纽带越是牢固,夙怨和派性就越是激烈。我亲眼见证过多次凶猛的争吵,不由得心生愤怒和疑虑。骨子里争的是功名利禄,嘴上说的却是什么院士花园的规划、什么买不买一件家具,揪住不足挂齿的小事聒噪不休。

随着师生来源的日益拓宽,夙怨很可能也在日益稀释。彼得·伯克告诉我:"1980 年代以前,以马利学院的研究生多半是外国人。然而本科生是清一色的英国腔,院士也全都来自英语世

---

① 罗斯和齐曼:《剑津观察》,第 119 页。
② 转引自加勒特:《剑桥》,第 89 页。

界——其中有两个澳大利亚人和一个新西兰人。从1980年到现在,我们又有了法国人、德国人、意大利人、塞尔维亚人、罗马尼亚人、伊朗人、中国台湾人,先是选举为研究员,后来是选举为正式院士;尚且不论我们选入的英国黑人和印度裔英国人。不过本科生至今仍有90%是英国人。"我在国王学院目击了同样的变化。从世界各地输入新鲜氧气之后,夙怨蒸发了,而共同文化带来的温情也或多或少消散了。

从大体上看来,多民族的处方好像很管用。但是说来有点矛盾,这张处方越是管用,或者说,剑桥越是受世人青睐和仰慕,毕业生不得不离别剑桥时的痛苦就越是剧烈。罗斯和齐曼写道:"许多毕业生离开牛桥之际,饱受失落感、幻灭感、挫败感的折磨。据他们推想,牛桥的和外界的价值观之间有一道深深的鸿沟。牛桥崇尚私交和人脉,以美学的态度享受生活,不受权威约束,憎恨等级制度,蔑视物质追求,赞赏纯知识技能,无私地追求真理,采取一种开朗的、玄思型的、自由自在的生活方式——为了这些价值观,他们大多对牛桥产生了炽热的敬爱之情。他们将这批价值观照单全收,最后却发现不得不以一份卑俗然而实用的职业去谋生,这是多么痛苦,甚至多么可羞!……他们失去了自信,主要是因为他们觉得,接受了如此的教育,却是为了一种不复存在的社会结构。"[①]一名即将毕业的本科生淡淡地对我说:"他们请我走人的时候,真像是下猛药。"

但是,让我们以积极的调子打住吧。克服了被遗弃的感觉之

[①] 罗斯和齐曼:《剑津观察》,第237页。

后，至少是克服了伤感之后，更多的人会重新振作起来，仿佛刚刚度完一段美妙的假期或蜜月。昨日的剑桥经历是开心的，值得永志不忘，但是今天，该投入生活了！

✥

据说，英格兰的小型核心家庭只是晚近才从大型亲属集群破茧而出，大概是工业革命的产物。作为一名历史人类学者，我用了我的大半生去驳斥这种神话。我认为，英格兰当前的小家庭制式可以一直追溯到有历史记录的最早时期。

剑桥是一个极佳例证，体现了英格兰的反家庭主义的趋势。从诞生之日起，剑桥便意识到，学院这种财富累累的永久性机构，是很容易演变成一份家庭事业的。若欲防患于未然，就必须扼制院士对子侄辈的温情和责任心。最便利的解决办法，显然是不许院士生儿育女，并尽可能地限制他们赡养侄子。因此八百年中倒有大约六百年，剑桥院士一旦结婚就会丢掉院士职位。学院如同修道院。精心配置的仆役、厨房和居室，*替代了亲属的服侍，保障了院士的住宿、饮食和日常料理，直到死日。

理论上如此，然而实际上，亲属关系一直都在剑桥发挥一定的作用。艾萨克·牛顿的亲属确实从未跑到剑桥来殖民，其他某些家族却多少有此行径。这未必是直系亲属的直接徇私，而更是一个表亲和二代表亲的松散网络。诺埃尔·安南调查过这些家族的

---

* 关于历史上牛桥先生/院士的典型居室，可从麦克法兰对国王学院那间"私室"的描述中推想，见本书第 112—115、171—173 页。

实际亲属关系,①我本人对剑桥著名学者——包括理查德·达尔文·凯恩斯、安德鲁·赫胥黎、帕特里克·贝特森、波莉·希尔——的系列采访也显示了沾亲带故现象。这些家族的祖上尽是些声名显赫、成就斐然的剑桥人物。除了彼此通婚,这些家族也与伯纳尔、沃丁顿、布拉格等家族联姻,由此形成了一条独特的亲属链,贯穿剑桥全校。

虽然他们从不曾发展为正式的家族团体,并且我也不知道有什么证据表明他们的成功是凭借家族徇私、而非凭借个人能力,但是这里显然演奏着耐人寻味的"逆向乐旨",浮动着亲属关系的暗影。19世纪下半叶和20世纪初叶是剑桥的黄金时代,当时有说不尽道不完的大家族、小集团及其行止的故事流传下来。据说那些"表亲们"互相走动,保持着松散而又实用的联系。格温·雷维拉特是达尔文-韦奇伍德"王朝"*的一名成员,她在《碧河彼时》一书中款款深情地描绘了这个神秘世界的群像。

保罗·利维也清点过这种盘根错节的表亲关系:"那时候,达尔文-韦奇伍德-康福德-雷维拉特家族频频举办盛大的扩展型家族聚会,三亲六戚倾巢而至。当他们见到那些梅特兰们、赫胥黎们、费希尔们、凯恩斯们、沃恩·威廉斯们、特里维廉们、皮斯们,难免又会想起:咱们所属的小世界不也包括丁尼生们、麦考莱们、霍奇金们、阿诺德们、彭罗斯们、沃德们、弗莱们、布思们、波特们、斯

---

① 见安南:《牛桥先生》,附录。

* 韦奇伍德(Wedgwood)家族与达尔文家族是姻亲,查尔斯·达尔文的母亲和妻子都是韦奇伍德家族成员。如前所述,格温·雷维拉特是达尔文的孙女。

特雷奇们、斯蒂芬们吗！他们明白这是一个特权世界,但又自豪于这也是一个文明世界。"①

利维指出,这种现象之所以发生并愈演愈烈,部分原因在于这一时期*的剑桥吸纳了许多非圣公会家族的成员。来势尤其凶猛的是一批贵格会家族,包括格尼家族、巴克利家族、凯德伯里家族、朗特里家族、弗莱家族、盖斯凯尔家族、斯特奇家族、霍奇金家族、福克斯家族、霍尔家族,而这些家族又都是彼此通婚的。另外,一批奉行激进哲学和上帝一位论**的家族也陆续到来,更是起到了推波助澜的作用,"其中的主要代表是韦奇伍德家族、达尔文家族、特里维廉家族、马蒂诺家族、赫胥黎家族、斯特雷奇家族"。至于福音派的到来,利维分析道:"福音派家族选择剑桥而不选择牛津,一个可能的原因是牛津运动吓坏了他们,一个肯定的原因则是,较之牛津,剑桥自17世纪内战以来与非国教家族建立了更加愉快的关系。"②

这些家族组成了维多利亚时代***中产阶级队伍的一个分支,它的异军突起,是剑桥最近一个世纪取得巨大成功的奥秘之一。利维指出:"对于创造性活动而言,一种鼓励和期待创造性活动的

---

① 保罗·利维:《G. E. 莫尔和剑桥使徒会》(Paul Levy, *G. E. Moore and the Cambridge Apostles*, 1979),第21页,此页还附有这些家族的亲属关系图。

* 从上文看,指19世纪下半叶和20世纪初叶,包括维多利亚王朝、爱德华七世王朝、乔治五世王朝。

** Unitarianism,基督教的一派,此派否认上帝三位一体(圣父、圣子、圣灵)说,主张上帝是一位之体。

② 同上,第27页。

*** 维多利亚女王1837—1901年在位。

大环境是一个莫大的刺激因素,它助长了求知的勇气和冒险精神。这个集团之能哺育如此众多的优秀儿女,部分原因就是他们拥有从事创造性活动的家族传统。"①

接着,利维精彩地描述了这个松散集团当时的遗传效应:"成就大事是对这类子女的**预期**。名门之后自认为天生我材必有用,这种感觉对于成就知识伟业至关重要。……有必要指出,将这群知识精英视为一群贵族可谓恰如其分,因为两者都是(今天仍然是)与生俱来的身份。……这是个开放性集团,精英分子可以通过联姻而源源流入其中。……"②

这张网络至今犹存,但它大体上是非正式的,也基本上是无形的。它像其他社团、俱乐部和协会一样,在剑桥的学术生活中发挥着重要作用,但也给剑桥社会造成了一种格外虬根蟠曲的印象。它不是真正的大氏族,但有些人确实互为亲戚。诸学院的《年鉴》读来十分有趣,你会发现它们多么频繁地提到,某学生是本院某个更早期学生的儿子、孙子或侄子,字里行间得意扬扬。不难看出,很多父母非常热衷于将子女送进"自己的老学院"。

✧✧✧

英格兰的势利心别有风味,它根植于英国社会一个十分重要的矛盾现象。常有人指出,英格兰的阶级从未发展成"种姓"体系,也就是,从未根据血缘而划分为若干个互不渗透的层序,并由此形

---

① 保罗·利维:《G. E. 莫尔和剑桥使徒会》(Paul Levy, *G. E. Moore and the Cambridge Apostles*, 1979),第26页。

② 保罗·利维:《G.E. 莫尔和剑桥使徒会》,第26页。

成森严的等级制度。托克维尔在19世纪评论说:"英格兰是唯一一个实际上摧毁了种姓制度、而非仅仅改造了种姓制度的国家。"①或如萧伯纳在《皮格马利翁》*中讽刺的那样,财富和口音的改变可以将一个人抬举到上层社会。英格兰从来没有严格意义上的血缘相传的贵族阶层,也没有血缘相传的士绅阶层。由此说来,英格兰社会历来拥有的是一个"开放的"阶级体系。"英格兰史是一部贵族阶层门户开放的历史,谁有勇气和能力就让谁进来。当然,这个俱乐部的入门条件是又高又难。"②

开放的阶级体系不仅伴随着、而且无疑在一定程度上造成了英格兰人对阶级和身份的痴迷。据乔治·奥威尔观察,"英格兰是普天之下最最沉湎于'阶级'的国家。它是一个势利和特权的国度。……"③这里有不可胜数的层级,划分得细致入微,但是同时,上升一级或下滑一级的机会也永远存在。正因为此,阶级竞争和势利心变成了全体英国人的最大魔怔。我们只需想想萨克雷、简·奥斯汀、特罗洛普、盖斯凯尔夫人、肖伯纳、奥斯卡·王尔德、南茜·米特福德的小说,便可了然。让我们再看看法国作家司汤达笔下的英格兰,作为一个旁证吧:"社会犹如竹节一样层层分级,人人忙于攀登社会的更高一级,而更高一级却倾力阻止他人得逞。"④

---

  ① 亚历克西·德·托克维尔:《旧制度与大革命》(Alexis de Tocqueville, *L'Ancien Regime et la Révolution*, 1856, M. W. 帕特森译本, 牛津, 1965), 第89页。
  * 根据这部剧作改编而成的音乐剧和电影叫做《窈窕淑女》(*My Fair Lady*)。
  ② 爱默生:《英格兰人的特性》,第134页。
  ③ 乔治·奥威尔:《狮子与独角兽》,第52页。
  ④ 转引自威尔逊(编):《奇特的岛国》,第164页。

据此，我们可将剑桥视为一个打造阶级的强大机器，"卓越"就是它的批量产品。不过必须注意，剑桥的生源出自千差万别的社会背景。人们往往只是回溯了18世纪和19世纪前五十年的情况，便以为历史上的剑桥只招收贵族、士绅和富裕自耕农的子女，然而实际上，剑桥最初四百年的生源背景要广阔得多。以13—15世纪为例，据伊丽莎白·利德姆—格林考察，当时剑桥的"绝大多数学生很可能出身于自耕农家庭，或与之相当的城市自由民家庭"，①换用现代术语，大约叫做中等中产阶级。

从18世纪到19世纪中叶，剑桥特别注重培养"上流风度"，帮助学生建立人脉和树立自信，给学生戴上一顶读过剑桥的阶级光环。如此这般，他们后半辈子就能自视为并且被视为发达的、有教养的、自由开明的上中产阶级的一分子了。他们变成了专业人士，进入了士绅阶层和统治阶层。

论及维多利亚时代和爱德华七世时代的生源，罗斯和齐曼说："在士绅的儿子和其他囊中饱满者的儿子看来，这几所公学与改革后的大学搭建成了唯一一列'教育同花顺'。从拉格比公学的低年级部，到牛津大学的学位颁发日，男孩子们一路上被精雕细凿，以备加入这个阶级社会的行政链条，担任一官半职。"英格兰各地都深受这一体系的影响："它是太阳，许许多多中级和高级教育机构则自视为围绕太阳公转的行星。"②

---

① 伊丽莎白·利德姆—格林：《剑桥大学简史》，第25页。她还指出，16世纪罗杰·阿斯卡姆在《论教师》一书中哀叹，当时的贵族和地主竟然对这种教育形式不感兴趣。

② 罗斯和齐曼：《剑津观察》，第231—232页。

那些从学院餐厅的画像中俯视我们的假发先生，那些在铭牌和石雕上留名至今的伟人，大多数是通过在剑桥走了一遭而稳固了自己高尚的阶级地位。其中也有一些人来头稍低，只是富商或富农的儿子，但是他们利用剑桥作为登龙术之一部分，终于也爬高了一层。

今天的情况肯定更加复杂，或许，剑桥又恢复了最初几百年奉行的招生政策，回到了广纳兼收的局面。虽然剑桥依旧是公学毕业的天之骄子的当然一步，但也吸纳了越来越多的出自平凡背景的孩子。况且还有很多外国学生的地位难以确定，似属小康，却无清晰可辨的"阶级证书"。

从古至今，英格兰并没有一种处心积虑的策略或计划，硬要给人灌输阶级意识，也没有什么社会攀升的工具。人们只是推定，在一个上中产阶级的环境里度过三年时光，可以塑造人格。口音变得温文了，礼貌礼仪学会了，连珠妙语练出来了，对食物、画作、家具的口味改进了，文化品位从整体上提高了，所以从剑桥毕业之后可以过上舒适的中产阶级生活了。

这一切只可意会不可言传。我不记得我在牛桥做学生和做先生的时候讨论过这个问题。剑桥大学校长艾莉森·理查德曾任耶鲁大学教务长，其间她注意到，初入耶鲁的年轻人不懂得怎样握手，开学之初参加"握手"仪式时，他们的手软塌塌的，又笨又窘，但是三年不到，奇迹发生了：未经正式训练，他们却已学会了握手的艺术，握得主动又利索。

适应一套未明言的礼仪规范是一种微妙的压力，可以给一部分人造成痛苦和困惑。外国学生尤其抓狂，他们也许没能意识到，自己正在进入一个新的世界，一举一动、一言一笑，对于某些当地居民都有特殊的含义。

显而易见，社会地位问题如今是一个相当混乱和富于争议的问题。以我们社会人类学系为例，绝大多数教师已不再是中产阶级的英格兰人。他们大都来自世界其他地域，其中半数是女性，无法将他们熨熨帖帖地套入英格兰的阶级体系。

剑桥也许不再是"呼雷亨利"*的觊觎之地。"三一步"***的猎手们——不骑马，却穿着怪模怪样的全套猎装——曾经纵横乡间，而今却仅仅招摇在交通繁忙的 A14 号公路的一幅酒馆招牌上。然而他们阴魂不散。在某些人的心目中，剑桥无疑还保持着一种非常势利的魅力和价值，还是一所供青年绅士淑女就读的高级精修学校。

---

* Hooray Henry，指一群拥有共同的特殊生活方式的、呼朋引类的上层社会及中上层社会青年。

** Trinity Foot。英格兰传统公学和大学曾组织小型的步猎队教学生打猎，叫做 beagle pack，携小猎犬，不骑马而步行，主要猎兔。剑桥大学"三一步"即其中之一。

10

结　　社

　　在剑桥八百年历史的前七百年,学院是这里的集合性实体的主流。及至19世纪下半叶,科学实验室迅猛发展,成为吸引师生的另一块磁石。这些新团体实力日增,致使今日的剑桥地貌实际上形成了三足鼎立。第一个区域是古老的市中心,其中分布着多所学院、一些理工科教学系和实验室、几个社会科学系。第二是跨越剑河两岸的一个新区,多种人文和社会科学的教学系或科系已经迁至此地。最后,在剑桥市周边,庞大的科学实验室和科技园构成了一个密密匝匝的包围圈。

　　最近一百年,磁力的天平不仅移向了科学实验室,而且移向了科系、系和各类"中心",在在能与学院平分秋色。所谓科系,有时是最低层组织单位,法学科系、经济学科系、历史学科系即是如此;有时又细分为系,例如"考古学及人类学科系"包含了三个系:考古学系、社会人类学系、生物人类学系。相对而言,科系是一个更加晚近的现象。直到20世纪初叶,在1925年修订、1926年执行的《剑桥大学校规》中,科系才被设立为正式实体。[①] 科系的核心成

[①] 科系的设立或许有点何其迟迟,尤其是在此之前,剑桥已经有了"高级讲师"之类的职称,也已经有了荣誉学士学位考试或课程。这些科系和某些考试系统的组织和管理工作,由另外一些团体——例如学业管委会——负责。

分是研究生,而研究生课程、特别是博士生课程,也属新生事物,事实上,剑桥直到1919年才设立博士学位。

而今,系和科系等直属剑桥大学麾下的实体包办了剑桥的大部分教学、考试和研究,奇怪的是,它们很少受到分析家的正式关注。关于剑桥的学院生活,坊间有林林总总的记叙,相反,关于系和科系的演化及运作,就我所知,尚无一个作者详加论述。这或多或少是因为大多数系和科系只是一种苍白、无趣、官僚主义的存在,几乎谈不上什么共同身份和文化。罗斯和齐曼一针见血地指出,它们"一般只是些影绰绰、病恹恹的玩艺。……它们不办舞会,不办茶会,也不办座谈会,甚至不张罗一幅科系集体照"。① 即令历史学科系、经济学科系等大型文科机构,情况也莫不如此。当前,院所理事会作为科系的顶头上司,势力日益壮大,科系的生存压力也就更加沉重。

有些规模不大的系,如历史学系、科学哲学系、考古学系,反倒拥有悠久的历史、长期的学术传承、精诚合作的员工队伍。就像举世闻名的老卡文迪许或其他科学实验室一样,这些小小的系也培养了自己的习惯和文化,吸引了人们的奉献和忠诚,并且给内部成员们带来了一种知识共同体的归属感。虽然在很多师生看来,它们不如学院那么强大,而且永远与学院对峙,但它们绝对是教学和研究的重要舞台。

系和科系缺乏描述的另一个原因在于它们的极端多样化。对"一个学院"给出一份概括性的描述,也许大致上适用于全体学院,

---

① 罗斯和齐曼:《剑津观察》,第138页。

但是对这些"其他机构",却未必能够画一叶而知秋。论外观、社交、学术、组织结构,它们千差万别;论规模大小和历史长短,它们也各各不同。更何况,剑桥总共只有三十一所学院,而"其他机构",从大型的科系,到小型的委员会和辛迪加,却不下三百个之多。

✂ ✂

学院、系、科系之间关系若何,系和科系的具体性质若何,是很难理解的问题。不过,有一个办法能揭示它们各自的特点,那就是进行比较。那么,一所学院和一个系比较起来有哪些区别,又有哪些共同点呢?

大多数学院很古老。但是不论新老,一所学院终归有宽敞的建筑,有大面积的草坪和花园。并且,学院大抵待在同一个地方,有时一待就是五百年,甚至更久。而一个系却不具备所有这些特点。

以我个人最熟悉的社会人类学系为例,它没有庭院,只能赤裸裸面向公费中学路,赤裸裸背对新博物馆场,然而就连这一路一场,也需要与其他的系、乃至与广大公众一起分享。它没有礼拜堂,没有寝室,也不为师生提供其他膳宿设施。它没有厨房,没有宏伟的餐厅,没有运动场,也没有本系花园。它仅仅拥有若干个教职工办公室、一两间教室、一座图书馆(位于另一栋楼,与本科系的其他几个系共享)、一座博物馆(与考古学系共享)、一个不大的计算机房、一个公共活动室、几张供博士生使用的办公桌。

与其他很多系比较起来,社会人类学系的人员非常集中,也相对稳定。它是1973年成为一个独立系的,起家时只有唐宁街的几个房间,1970年代中期开始迁徙,在另一栋楼蜗居了一段时间,最后迁入老卡文迪许实验大楼一端的现址。社会人类学系的空间永远拥挤,永远短缺,所幸这幢大楼坚固而古老,且有极其荣耀的历史,给我们心中注入了一份历史感和认同感,相形之下,其他很多系和科系安顿于簇新的时髦楼房,自然欠缺这种感觉。社会人类学系总共占据四层楼面,虽然有点狭小,却也像牛津大学的人类学系一样,散发着古老、高贵、甚至闲逸的气息。

❧ ☙

学院和系的功能相异而又重叠。学院具有一系列社交功能,系却没有相应功能。我们社会人类学系仅仅组织两项社交活动,一项是雪利酒派对,专为新入学的教学式硕士生举办,另一项是学年之初的酒会,全系参加,新博士生和访问学者也在受邀之列。

就教学工作而言,系与学院有所重叠,然而情况复杂。以下分而论之。

本科生的招收完全由学院负责。系不正式招生,但是系里很多成员个人出面参与学院的招生。科系作为系的集合体,则与学院协调招生,以促成下属各专业的录取。博士生和教学式硕士生的招收主要由系和科系负责,不过,被它们录取的学生还必须同时被一所学院录取为该学院的成员。也有可能出现这样一种情况:一名候选学生已被某系录取,但是未能在任何学院获得成员资格,这实际上等于被剑桥大学拒收了。

本科生教学的重心是每周的辅导,由学院负责。至少在艺术、人文和社会学科领域，大部分辅导确实是在学院完成的。与此同时，学生还要参加具体学科的研讨课，一般每周一两次，由系里组织，并在系里举行。在我们社会人类学系，平均每写一篇论文需要上 24 节课，按此计算，每名学生每学年大约需要上 120 节课，均由系里组织和教授，通常在本系的一间教室里进行。课程结构、教学大纲、教学内容和阅读书目也完全由系里制定。

从一年级本科生到博士生的各级考试都由系里主管。系里任命或推荐主考官，负责出卷和阅卷，根据考生成绩排列等级，最后只需向考生所属学院报告成绩。

至于各级研究生的学业，则由系和学院共同掌管。学院的支持体现于提供研究资金和资格，提供差旅费和其他经费，提供宿舍和图书馆，也体现于鼓励跨学科的讨论和交流。在艺术、人文和社会学科，研究生的大部分学业基本上仍按旧例，在学院里完成——从图书馆收集相关书籍，带回学院宿舍去研读。但是在理工科，研究生的大部分学业需要在实验室里完成，因此多以系和科系为据点。

在古老的学院和年轻的系之间，这种复杂的重叠造成了某种摩擦，一方总觉得另一方侵害或忽视了自己的存在。仅仅一百年前，剑桥还是一所几乎彻头彻尾的学院制大学，而今却成了双分天下：理工科属于系的势力范围，艺术和人文学科被学院据守和管辖。天平的迅速移位导致了张力。

剑桥的师生是既是系成员，又是学院成员，忠心献给谁家遂成为矛盾，很多教师尤其感到为难。话说回来，一个人同时拥有两个独立而又交叉的空间、两套支持体系、两个平行的知性和社交世界,这一事实似乎极大地刺激了创造力,还能使单学科之专和跨学科之博相得益彰。这种收放自如形成了剑桥的又一个特色。

✼

许多学院规模宏大,结构复杂,而且相当富裕。因此它们不仅拥有自己的教员,而且拥有一批几乎全职的文员和管理官员。大学麾下的大多数系却恰恰相反,规模小得多,职能也有限得多,因此仅能设立一名系主任和一名教务秘书。系主任和教务秘书都有一定的任职期限,近年来,两者也都变成了额外领取行政薪金的职位,折射出工作负担的加重——除了行政,还必须兼顾教学和研究。系里也像学院一样设有很多委员会,但是委员人数较少而流动性较大。系里仅有的常设办公室是一些教辅部门,包括行政、财务和技术部门。

系会议别具特色,反映了系与学院在组织结构上的不同性质。系里的核心员工每周一会。这种周会主要是一种职能性和务实性的会议,讨论教学和研究工作,捎带讨论财政、安全、保健等问题,有时也将科系理事会和学位委员会——它们代表着所有下属系的利益——布置的任务传达下来,或者将本系的情况反映上去。系会议通常比较简短,就事论事,与会者在系主任的主持下履行议程。

学院的会议,尤其是治院团的会议,不光是讨论教学和研究工作,还经常讨论师生的生活问题,包括吃饭、住宿、休闲活动以及师生的权利和义务,因而时时带有家庭聚会的气氛。学院的会议一般冗长得多,而且伴随着更多的插话、争议和情绪,也更容易涉及

"我们"、优先权、道德、伦理等话题。

系与学院的不同性质也反映在选举领导的方式上。除了少数例外,一所学院的院长通常是该学院全体院士选举出来的,选举程序漫长而复杂,最后以本院礼拜堂一场庄严的公开投票而告终。新院长当选之际,"依职权"自动成为本院各大委员会的主席。院长任期可以长达十年或十年以上。

系是大学一级的产物,对大学负责。这意味着系主任是大学官方任命的职位,虽然系里的群众可以提出一个人选,但不是正式决定,最终须由校方批准。不同于院长选举,系主任选举很少以内部政治斗争为特色,系主任就职或离任时也不举行任何正式仪式。

✼

许多学院的实力其来有自。初创时获得一笔原始捐资,后来几百年继续收到各方馈赠,学院由是积累了丰厚的财富。从本院的建筑和位于英格兰各地的产业,到银器和酒窖,到书籍、手稿和绘画,再到金融投资,学院的资财分布广泛。而且,学院的收入也多种多样,不仅有动辄数百万镑的捐赠,还有学生交纳的学费,外加承办和主办会议所获的利润。当然,为了维护古老的建筑,诸学院也所费不赀,以国王学院为例,礼拜堂和各种建筑的维护费平均可达每年一百万镑。

系却寒酸得很,除了系友设立小笔信托基金用作奖学金和助学金以外,无缘获得其他捐赠。因此它必须与两套机构搞好关系,一是剑桥大学——能下拨各类资金,以支付运转费用和员工工资;一是各种研究委员会和基金会——能为一部分学生提供资助,也能为教师提供研究经费。然而要想从这两套机构弄到资金，必须斗争不息。另外，系还要应付其他难题，例如怎样保持账簿的平衡，怎样应对政府津贴政策的突变。更何况，责任下放之风越刮越猛，问责的压力也就越来越大。

系实在是生财无道，除了偶有捐赠人设一个新职位或建一栋新楼房，几无其他途径可以扩大主体资产。系不可能利用其狭小的领土收取观光费，不可能主办大型会议，也不可能号召系友慷慨解囊。

∽⊗ ⊗∾

学院为了制造和保持本院成员的身份认同感，利用了形形色色的象征符号。每所学院拥有一种专用的颜色——例如国王学院采用的是"皇家紫"——和纹章，*在适当的情况下，这两种符号又可以出现在其他象征物中，例如出现在学院的旗帜、领带、围巾、题头信笺、墙饰中。除此以外，学院还拥有自己的拉丁文院训，拥有著名先辈的塑像或画像。

回头看看系里，我们会发现，共同体的象征性表达极其匮乏，没有纹章，没有专用颜色，没有带纹章的题头信笺，也没有本系专用的领带、围巾、长袍或旗帜。唯一能表示"这是一个系"的手段，是前后门上的标牌，间或有几幅前成员的肖像挂在墙上。

剑桥大多数学院都出版自己的院史，较大的学院还不止出版一部，意在叙说本院的建立和发展，历数著名的事件和显赫的先

---

* 关于诸学院的专用颜色和纹章，参见本书附录"剑桥大学诸学院一览"。

辈,并介绍本院的建筑。一些历史悠久的学院还将院史浓缩成一本小小的观光指南,并在其中介绍那些向游客开放的本院景点,如图书馆、礼拜堂,等等。

系却没有多少共同的记忆,只能为学生们提供简短的平面或网络介绍,以寥寥数语讲一讲自己的历史和功能,并无任何细节性描述。如果不痛下一点功夫,你很难弄清曾有哪些人在此学习或教书、曾有哪些人是教授、曾有哪些人给予捐助、这是一种什么组织和什么文化。即使你已经加入某系,你对这个生活空间仍可能知之甚微。

学院流传着无穷的神话和传说:历史上谁对谁说过什么,谁在哪间教室里教过什么课,此地出过哪些丑闻和业绩,这些故事在学院内代代相传。系却相形见绌,简直没有什么逸闻可以相传,大多数师生只知道少许著名前辈的名字,而且主要是一代之差的前辈。

◈

学院自古是一种整体建制,又是一个卓越而美好的环境,一名处于可塑年龄的年轻人要在这种环境中度过三年或更长的时间,无怪乎学院会给他留下终生的印记。这也解释了为什么人们经常回来重聚和团圆,携儿挈孙参观自己的"老学院",甚至留下一笔钱、一套家具,或者给院士花园留下一只长椅。

系却没有这等吸引力。即使在此工作了大半生的员工也不会对它牵肠挂肚,本科生更不会奉献一辈子的忠诚。唯有某些研究生,由于三五年在读期间与系的关联比与学院更为密切,也许会产生较为强烈的依恋。

缺乏吸引力的结果是，几乎没有任何一个系编纂系友杂志或系友通讯。系里的成员只要离开了，他们的名字多半会被忘得一干二净，不仅本科生和研究生如此，密集授课多年的教师亦如此。我从未碰到过一位自豪的父母携子女参观自己的"老系"。我在国王学院教过的本科生时常回学院来看望我，但他们从不曾表示有兴趣重游旧系。

‿⚜‿

如何刺透某社会的表象，看清涟漪之下的涡流，是人类学家长期议论的一个难题。为了发幽揭秘，他们设计了一系列技术，其中之一即所谓"社会剧"方法。通过亲临一场械斗、一场争吵或其他紧张事件，并且参与其间和其后的讨论，他们能探测社会的深层。

我们该从哪里找到这种洞烛幽微的"社会剧"，俾以被它带入剑桥社会的深处？以学院论，那是院长选举；以系论，那是某个重要的教授职位的选举。学院的派对和社交活动无不暗藏玄机；系研讨课和行政周会上的讨论和浮泛之谈，或者朋友之间的闲言碎语，也都隐含着线索。在制定来年教学大纲和编排课程的年度会议上，同样可以看出端倪。曾经有一度，所有这些会议公然搬演着谋取权力、争夺领土、体味受排挤的痛苦、运作庇护关系的活剧。

旷日持久的终端考试一年一来临，也在提供一种重复不已的"社会剧"，将同盟、张力、争斗的沉滓一时钩上水面。考试命题会议一开就是四五个钟头，前后还伴随着数不清的小会，其戏剧性和长度皆为其他会议所望尘莫及。将这一切推向高潮的，是评定学生等级——头等、中上等之类——的会议。

较之校历上的任何活动,这类与考试相关的会议堆积了更为浓稠的情绪。如果有什么"剑桥斗鸡大赛"值得分析,那就是可喻为"血战"的考试过程。这鲜血,一部分来自教师同侪,他们在无形的知识械斗中不幸挂了彩;一部分来自学生,他们整个学年享受着公平待遇,此时却猝不及防,被利斧砍成了几个等级。三年级学生甫一毕业,即刻被撵出一个他们或许已经爱上并且融入的地方,后颈脖上贴着"一等"、"二等"或"三等"的标签,足够他们受用终生。

难怪最后一场会议结束之后,我总是感到又轻松又负罪。我觉得好像刚刚参与了一场兴奋的捕猎,鸣金收兵时,只见面前的一条长凳上堆满了被我屠戮的尸骨。

∽⋘ ⋙∾

简要分析了系的部分特点之后,我们可以对实验室作一次同等的分析。剑桥大学以其科学实验室而饮誉世界。自从我们社会人类学系进驻其中最负盛名的老卡文迪许实验室,我便时时意识到这些实验室的赫然存在。剑桥各实验室也是结社性团体,但是通常规模较小。一小群人在一个袖珍世界里激烈竞争和密切合作,然后导致一连串惊人的发现。面对众多实验室组成的浩大阵营,我们只能管窥蠡测。有一个角落可供我们匆匆一瞥,因为我对它已经如此了解,丝毫不亚于我对国王学院那两个房间的熟悉。

1975年1月,我搬进了公费中学路上一幢大楼的一间顶层办公室。当时我对剑桥的科学成就一无所知,周围的任何一幢建筑(有些是1975年以后才建造的,故不在此议)也未标明内中发生过什么惊天动地的事情。我每天都要路过一些不露声色的铭牌,在我新迁入的那幢大楼的入口处，一块铭牌写道：

卡文迪许实验室　　1874—1974
德文郡公爵创立,雷利勋爵(1908年)及奥斯汀勋爵(1940年)扩建。自第一任"卡文迪许物理学教授"詹姆斯·克拉克·麦克斯韦时代始,至1974年迁往剑桥西区新实验室止,卡文迪许实验室是物理学系的驻地。

原来这幢大楼就是老卡文迪许实验室。我又发现,另一块铭牌标明J.J.汤姆森在这幢大楼里发现了电子。实际上,他的发现为现代电子学和计算机学奠定了广泛的基础。

后来我才意识到,我以前偶然读到过一篇关于这幢大楼的介绍。1969年我在尼泊尔的博克拉——当时还是个偏远小镇——做研究,有一天我到英国文化协会图书馆去享受我的"文化绿洲"。我在那里碰巧读到了科学记者奈杰尔·考尔德的一篇记叙,其中写道,一位美国富翁参观某大楼的几个凌乱房间,看见一大群诺贝尔奖得主在那里用自制的器械干活,十分费劲,他当即表示愿意出钱建造一座新的实验室,不料他的向导以地道的英国方式回绝说："不,谢谢,帮我们取得成就的正是这艰苦奋斗。"过了若干年,科学家们终于屈服,1975年我能迁入老卡文迪许一角,就是因为他们已经迁往剑桥西区的新址。

入驻这幢大楼多年,我东鳞西爪地积攒了不少关于老卡文迪许的传闻。有些故事令我玩味不已,比如,在我们系的顶层楼面上,位于走廊深处的几个房间便是射电天文学及相关诺贝尔奖的

图 24 老卡文迪许实验室

老卡文迪许实验室大门和一部分中心塔楼；临公费中学路，摄于 20 世纪中期。史上第一次原子分裂是在塔楼顶层实现的，原子分裂的前期研究则是在塔楼一侧的地下室开展的。如今地下室上方已成为社会人类学系驻地。老卡文迪许实验室卵翼了许多科学巨匠的重大发现，包括麦克斯韦（电磁学）、汤姆森（电子）、狄拉克（暗物质）、查德威克（中子）、克里克和沃森（DNA）、休伊什和赖尔（脉冲星）等人的重大发现。

渊薮；比如，"核物理之父"卢瑟福告诉一个踌躇满志的青年研究员，只有当他能够把自己的发现向当地鹰酒馆的女招待解释明白的时候，它才可能值几文钱。除了这些听闻，我也读到过一些相关文字，比如布赖恩·卡思卡特的《教堂之大苍蝇之微》(2004 年)。他在书中描述了首次原子分裂前夕最后一个阶段的研究工作——现在看来，这应当就是我们系地下室里的事情。

这些确立原子粒子的著名实验给老卡文迪许造成了辐射污染，直到大约半个世纪之后才完全清除。听见此事，我不禁有点愣神。我授课的地方就是"麦克斯韦教室"，它显然保持了辉煌岁月中的原样。那间电梯也丝毫未变，依然在一座故事成堆的塔楼里上下运行。

如果剑桥有任何地方能够证明，密集的跨学科合作可以发生在一幢外观破旧的建筑之中，那就是老卡文迪许。无可否认，我们已从火漆和绳线的时代跨入了计算机和锃亮器械的纪元，剑桥的这一片区域*如今也不再是古代的本笃修道院和近代的植物园，但是历史上曾有数十年时间，在这片区域的小小一隅，数学、物理学、化学和其他多种学科聚到了一起。

老卡文迪许坐落在诱人的浴酒馆(以一座中世纪浴室为名)和鹰酒馆的附近，三五成群的老卡文迪许学者在讨论各学科的要害问题时，显然颇得地利。物理学家们必须群策群力，才能完善牛顿的理论体系，然后驶入量子力学和物理学的超现实世界的纵深，而

---

* 指老卡文迪许实验室所在区域，位于剑桥市中心，现在叫做"新博物馆场"，此前曾是本笃修道院(中世纪)和植物园(近代)。

他们的合作有很大一部分是在这幢旧楼里实现的。人类生命之谜的探索也有一部分是在这里进行的。老卡文迪许犹如一块终极砖瓦，使一切物质——原子、电子、中子、DNA双螺旋结构——的巨厦得以竣工。我对它敬畏得五体投地。

⊱ⓒ ⓑ⊰

今天，一连串科技公司将剑桥密密包围起来，形成了全欧洲最大的、据说也是全世界第二大的科技复合体。这些科技公司是最近三十年方才涌现的新事物，我本人也间接地参与了其中几家的启动，由此再次感受到了剑桥结社性团体的枝繁叶茂。不少科技公司直接脱胎于剑桥的实验室，例如计算机实验室、生物实验室、物理实验室，从而吸纳了剑桥各学科师生的智慧和劳动。很多公司的首脑同时也是诸学院的院士，因此，对于这些朝气勃勃的集团来说，其结社性质的定舶点就是剑桥古老的学院共同体。

论源头，1970年代三一学院建立的"剑桥科技园"* 开风气之先，圣约翰学院的科技园继往开来。科技园众公司的滋生，既离不开一批天才的个人，也离不开剑桥众多团体的襄助。而今它们更是同其他机构开始了密切的合作，譬如与阿顿布鲁克医院的合作，与MRC麾下的分子生物实验室**（位于阿顿布鲁克医院新址附

---

* 剑桥科技园，Cambridge Science Park，由许多高科技公司组成的一个区域，位于剑桥市中心以北，系由该地块的所有者三一学院创建。

** MRC，英国非营利组织 Medical Research Council[医学研究委员会]的缩写。它麾下的这个实验室也就是剑桥分子生物研究所。它是20世纪分子生物学革命的前沿阵地，这一领域的许多箭头人物，如马克斯·佩鲁茨、休·赫胥黎以及发现DNA双螺旋结构的克里克和沃森都曾在这里工作。

近)的合作,与贾奇商学院(以阿顿布鲁克医院旧址为驻地)的合作。将科技发现转化为生产领域的创新,再转化为实际产品的批量生产,这种创造性活动的良性循环在剑桥极受鼓励,并且正在深刻改变人类的生活。奥利维蒂、微软等国际大公司纷纷在剑桥建立庞大的研究中心,构成了这一特殊现象*的又一个成分和剑桥社团的又一个枝蔓。

◈◁◈▷◈

老卡文迪许以及其他实验室在很大程度上脱胎于博物馆,有些学科也如此,我们考古学及人类学科系就是一例。通常情况下,第一步是建立一个博物馆,供大家研究地质学、动物学或人类学的标本,然后教学系应运而生。这些系的所在地时常冠以"新博物馆场"之类的名称,以凸现实验室或学科与博物馆的密切关系。可以说,博物馆是剑桥结社性团体的又一个系列,集个人研究、公众教育、大宗收藏于一体。

其中最著名的是费茨威廉博物馆。1816年,理查德·费茨威廉爵士出资10万镑,为他所捐赠的大宗书籍、珍贵手稿和画作建造一个栖所;工程始于1837年,即维多利亚元年,竣于欧洲革命风起云涌的1848年。费茨威廉博物馆、地质学博物馆、塞奇威克博物馆、考古学及人类学博物馆、古典学博物馆、动物学博物馆、惠普尔科学史博物馆,等等,共同为剑桥的结社涂上了又一笔浓墨重彩。

---

* 这里暗指"剑桥现象"(Cambridge Phenomenon)。自1972年三一学院创建剑桥科技园以来,剑桥周边逐渐形成软件、电子、生物工艺等高科技公司的密集区,被称为"硅沼";而且,英国很大比例的风险资本被硅沼所吸收——此即所谓"剑桥现象"。

图 25　费茨威廉博物馆

剑桥的多种博物馆为剑桥的结社涂上了又一笔浓墨重彩，其中最广为人知的是费茨威廉博物馆。馆中藏有来自世界各地的极其丰富的展品，包括手稿、绘画、古币等多种文物，每年的参观者可达三十万人。

　　剑桥也饶富图书馆。学院图书馆、科系图书馆和系图书馆如众星拱月，将剑桥大学图书馆拥于中央。剑桥大学图书馆是全世界最伟大的图书馆之一，始建于中世纪，大举扩张却是在 17 世纪下半叶。1730 年乔治一世赐予大笔馈赠之后，它迁入了一个新址。新址一次次大规模地修葺扩建，但是招架不住图书的源源到来，1935 年只得再行迁徙，搬进了剑河对岸的新家。当前这座图书馆的藏书量已达七百多万册。而且它还是英国极少数的"版权图书馆"之一，故能免费获得全联合王国出版的所有图书的样本。

除图书以外，剑桥大学图书馆也顺应潮流，接受数字资料等当代传媒形式，为了新型资料的存档，还专门建立了一个"Dspace"，即"数字空间"，是为当代数字图书馆的滥觞之一。

世界上许多图书馆习惯于将大部分书籍雪藏在上了锁的书柜里，借阅者必须首先预订，然后等待书籍出笼，这意味着你先得知道某书确实存在，才有可能把它找出来。论外观美和藏书量，剑桥大学图书馆比不上牛津大学的博德利恩图书馆，但是它的大部分图书"开架"借阅，能给人带来特殊的快乐和意外的收获，在我看来，这个优点百倍地补偿了它的不足。由于开架借阅，当你研究一个新课题的时候，你只需找到一两本相关书籍作引子，就会被带往一排又一排的书架，那里陈列的很多书籍极可能为你所用。结果，你并未仰仗一个特别聪明的图书编目系统，便发现了一批额外的宝藏。

剑桥大学图书馆周围至少环绕着三类"卫星"图书馆。第一环是学院图书馆，通常壮丽而又古老，拥有浩瀚的档案和珍稀的藏书。三一学院图书馆在其中首屈一指，不过，剑桥任何一座著名的院级图书馆都抵得上一所较贫寒大学的整座校级图书馆。

第二环是科系图书馆、系图书馆和研究所图书馆。它们大多数有着源远流长的历史，收纳着数不清的名篇巨著。一般说来，它们还藏有大量珍本善本和研究类书籍，所以其功能远不止于教学图书馆。而今，经由一个统一编目系统，它们已同剑桥大学图书馆和其他很多图书馆连接起来，形成了一个巨大的分布式图书馆。

第三环是局域研究图书馆和专题——如非洲、南亚等专题——图书馆。其中特别令人瞩目的一个，是李约瑟研究所的东亚科技史图书馆，它的基础是李约瑟爵士收集的中国专题图书。这类图书馆个个都有自己的亚文化，自己的传统和故事，自己的一套合作关系，由此形成了一个微型世界，专供学生和研究人员从事一段密集研究。

剑桥各图书馆的藏书能从其他机构得到源源不绝的补给，一个主要的源头是举世闻名的剑桥大学出版社。剑桥的印刷业始于1520年代，甚或更早，不过可以确定的是，1534年亨利八世颁发了一纸皇家特许状，批准剑桥大学任命三家印刷商，印刷和出版经许可的著作。王恩之下，1584年剑桥开始了常规出版，从此一发而不可收，最终发展成为全世界两家最古老、最庞大的从未间断的出版社之一。*

与出版社并驾齐驱的是书店。剑桥有许多历史悠久的书店，最出名的或许是海佛氏。海佛氏现已发展成为一家巨型连锁书店，尽管所有权不再属于海佛家族。曾有很长一段时间，创始于1896年的大卫旧书店也是一个好去处，剑桥的大藏书家约翰·梅纳德·凯恩斯、蒂姆·芒比等人时常去那里淘宝。我到剑桥不算太晚，有幸赶上结识其中几位，并且听说，大卫家族将伦敦拍卖会上斩获的书籍拿到剑桥的市场上，用手推车兜售，令这几位藏书家狠捞了一把。剑桥还有另外几家声名卓著的书店，其中一家名叫"盖洛韦和波特"。最近也有一些国际连锁书店入驻剑桥，沃特斯通和博德斯便是其中的两家名店。各类新媒体也许正在充当传统

---

* 另一家是牛津大学出版社。牛津大学出版社是全世界最大的大学出版社，而剑桥大学出版社则是全世界最古老的从未间断过的出版社。

媒体——图书——的援军，不过在未来的剑桥，阵容庞大的图书馆和书店作为微型结社型机构，未必就不再举足轻重。

❧ ☙

剑桥还有无数不太正式、不一定长寿的结社性团体，例如唱诗班、辩论社、剧社、划艇俱乐部和其他体育俱乐部。这个话题可以写出整整一部书，但是下面仅限于讨论一两个案例。

剑桥是年轻人寻找自己的定位、天赋和兴趣的起点。寻找的手段固然包括正规的学习，但也要借助不计其数的课外活动，而且也要付出同样巨量的时间。

剑桥的诸多俱乐部和协会就像通道或门扉一样，能把你引入一个将会吸引你终生的感情和思绪的新天地。经由剑桥的俱乐部，你能发现自己真正的——绝非儿戏的——志趣之所在，还能与一个外部的、成人的世界发生第一次正式接触，这对你的志趣是极大的促进。献身于未来的职业既需要热情，也需要天赋，而通过大学里的俱乐部，你能发现自己是否具备这两样素质。

剑桥的俱乐部和协会多姿多彩，一时难以尽述。官方列出的注册俱乐部多达 300 个以上，未经注册的协会——例如诸学院的聚饮协会——恐怕又有好几百个。如此算来，若以 12000 余名本科生为例，他们可以随时选择和加入 500 多个各不相同的组织。[*]

且让我列出剑桥大学网站上以字母"S"开头的社团，仅此一端，即可尽显这个领域的多样性：

---

[*] 意谓平均每 20 名本科生就能有一个俱乐部。

印度联谊会、斯堪的纳维亚协会、科幻小说协会、科技产品学会、科技协会、男女童军俱乐部、涂鸦俱乐部、塞奇威克俱乐部、防身术俱乐部、塞尔温学院女子业余剧社、塞尔温学院爵士乐俱乐部、商店协会、自由企业学生会、锡克教研究会、跳伞俱乐部、斯拉夫及东欧协会、斯洛文尼亚协会、社会人类学会、纪录片协会、企业家协会、东南亚志愿者协会、南非教育基金会、南非协会、航天协会、SPEAK、*剑河幽灵俱乐部、斯里兰卡协会、圣凯瑟琳学院音乐协会、斯特拉斯佩舞及里尔舞俱乐部、强健幽默女子俱乐部、难民行动学生会、学生联合会、社区行动学生会、绿化带学生会、《学生论法》编委会、学生自由民主党、帕格沃什会议剑桥学生分会、计算机设施及服务学生会、反军火贸易学生会、科技周学生团、流浪儿童救助学生会、冲浪协会、摇摆乐队、交响乐团。

如果你觉得这些都无所谓,那就请你再看一批吧:超道德科学俱乐部、女子白俄罗斯协会、女子棒槌蕾丝编织俱乐部、歌格玛格莫利舞团、哈利波特协会(又名9¾协会)、长生不老和返老还童协会、精神病院剧社、角色扮演协会、投圆片游戏俱乐部、终极飞盘俱乐部。怎么样?

社团来了又去了,折射着兴趣的变化。论它们聚会的时间和空间,论它们内部的习惯,很多社团独树一帜。例如我们国王学院曾有一个协会,由利顿·斯特雷奇、伦纳德·伍尔夫等人组成,叫做"午夜协会",居然是每个星期六的午夜在K单元克莱夫·贝尔——此公和伦纳德·伍尔夫是连襟,同为布鲁姆斯伯里文化圈

---

* "和平-环境-行动-知识协会"的缩写。

的核心人物——的套房里聚会。约翰·梅纳德·凯恩斯创立的"政治经济学俱乐部"也很别致，成员包括国王学院的教授、研究生和少数几个本科生。但是勿将这个协会与"政治学会"混淆，后者是我加入国王学院前后存在的一个协会，曾在吉布斯大楼G2套房的外间聚会，故而与我有先后同室之缘。它号称政治学会，其实大致是个历史学会。他们的方法也别出心裁，是要求成员从一只口袋里抽出一张号码，然后按这种随机的顺序提出问题。

一个特别令人好奇的协会是"剑桥使徒会"。取这么个名字，是因为它在任何时候都保持十二名会员，不多也不少。剑桥使徒会曾是剑桥社团体系的巅峰，因此显得格外重要。其他俱乐部和协会招收的成员不外乎芸芸众生，十二使徒却是从剑桥本科生中遴选的出类拔萃之辈，看神气将会成为杰出的思想家、作家和艺术家，其中一部分还会留校。这个协会掩映在秘密的、仪式的氛围中，严禁对外人透露会员身份和活动情况，是一个共济会式的组织，一旦入会，必须终生履行互相支持和亲密交往的义务。

剑桥使徒会创建于将近二百年前，原初是一种恳谈会或讨论会。两个世纪以来，它的巨大影响力不仅笼罩在内部成员身上，也通过一些声威赫赫的成员而波及整个英国社会。其成员包括丁尼生勋爵、亨利·梅因爵士、F.W.梅特兰、G.M.特里维廉、伯特兰·罗素、A.N.怀特海、詹姆斯·克拉克·麦克斯韦、J.M.凯恩斯、E.M.福斯特、路德维希·维特根斯坦、G.H.哈代、伦纳德·伍尔夫、G.E.莫尔、鲁珀特·布鲁克。剑桥使徒会发展到近年，吸纳了一些当代名人，如政治家彼得·肖尔、博学家乔纳森·米勒、历史学家昆廷·斯金纳。据信剑桥使徒会至今仍很活跃，但已开始吸收女性成员，而不再是男人的一统天下。

在俱乐部和正式机构的交界处，又有着花样繁多的剧院和音乐厅。剑桥大学音乐厅和几座遐迩闻名的学院礼拜堂是音乐的大舞台。戏剧的腹地则包括 ADC 剧院和艺术剧院，前者于 1855 年开幕，是剑桥大学最早的剧院，后者由约翰·梅纳德·凯恩斯出资，于 20 世纪初叶建成。很多青年演员都是在这些演出场地以半职业性质首次亮相的。

∽❀ ℬ∽

每一个俱乐部和协会代表着一个兴趣分支，与其他活动并行不悖；每一个俱乐部和协会又有自己的等级层序和法规习惯，仅与外界稍许交叉。你可以是某一个社团的首领，但是你未必能对其他社团发生太大影响。一个社团的矩阵由此形成，某些人称之为"民间社会"，亦即一种居间的社会形式，它能赋予我们的生活以一种意趣，但它不是当局的钦制。

无尽的结社造成了一连串的效应。其一，它们使"剑桥经历"杜绝了千篇一律的可能性。每一个人经由一条不同的道路走过剑桥，不仅是因为选择了不同的学科、老师、学院、日常友伴，也是因为对学业之外的不同活动投入了大量的思想和感情。每一个人所知道的剑桥都不同于本书的描述，这提高了我写作本书的兴趣，然而书中的个人化倾向又使我灰心。

其二，结社使剑桥人疲于奔命。我问社会人类学系一名三年级本科生：你觉得剑桥最突出的特点是什么？她说，是时间太宝贵、时间表太重要。她对时间永远焦虑，唯恐浪费一分一秒，因为要做的事情太多、可用的时间太少。她对速度永远敏感,总是匆匆忙忙,没有时间犯错误,也花不起时间生病,因为还有太多的事情等着她去做。如果别人爽约或迟到,浪费了她的"宝贵时间",她会按捺不住胸中的怒火。待到她毕业离开剑桥的当儿,千斤重担一瞬间落下了肩头:时间突然放慢了脚步,要做的事情常常是太少太少,可用的时间常常是太多太多。

⁂

剑桥的社团召唤人们结盟、出力和效忠,但是并不逼迫人们奉献愚忠。这种社团在剑桥增生扩散,为一股新思潮提供了背景。1850年代以后的一百年间,新型的结社对旧有的学院共同体提出了挑战,许多伟大的剑桥思想家开始深入反思共同体与结社之间的本质关系,并开始考虑多元体系问题。也许可以毫不夸张地说,正是因为他们自己日日都在剑桥应付这些巨变,所以才获得了丰富的经验,并产生了改革的兴趣,最终使整个英国社会赋有了一种在很多人看来是现代世界关键特点的表征。

请让我简要地总结一下。剑桥广泛结社的背景孕育了一位伟大的剑桥思想家的理论,他就是"皇家民法教授"、三一堂学院院长亨利·梅因爵士。在共同体与结社这一研究领域,梅因是先驱者之一,从1850年代开始,他全面论述了——以他的名言来表达——"从身份到契约的社会演化运动",换言之,他认为社会关系从基于出生和血缘的共同体,走向了基于主观选择和契约的结社。梅因的这一理论,恰好道出了剑桥诸学院与其他建制之间的区别。

F.W.梅特兰是梅因的后继者,他发觉现代社会充满着身份与契约的混合,于是他深化和完善了梅因的理论。梅特兰认为,信任和信托以及效忠的多元性非常重要,因为这些因素能导致个人自由与集体协作的和谐共存。20世纪上半叶,梅特兰的理论又被约翰·内维尔·菲吉斯进一步完善,这位剑桥政治理论家提出,"在当代,自由的真正问题"并不在于个人是否拥有权利,而在于"小联盟是否能在大社会中自由生存"。① 无独有偶,另一位剑桥政治理论家迈克尔·奥克肖特也集中论述了类似主题,他将自己的理想世界描绘成一个结社的世界,简直是剑桥多样化结社的活脱脱写照。②

由此可见,在最近一百五十年间,剑桥不啻为一场活生生的民间社会实验,旨在解答如何滋养和调控民间社会的问题。民间社会作为权力制衡的手段,能导致自由与责任的完美结合。只有达到了这样一种融洽境界,人们才能真正实现亚当·斯密所说的"自爱"与"社会爱"的兼美——有了自爱,便有了个人成功的动力;有了社会爱,便有了与他人合作和博得他人赞赏的愿望。剑桥在20世纪的非凡繁荣,必须并必然归因于这种复合的、非单一成分的社会结构。19世纪以前,剑桥诸学院产生了相当严重的共同体内向性,而今,这种危险已被枝繁叶茂的结社所抵消;反过来看,学院制又对结社起到了制衡作用,使之不会变得死气沉沉或竞争过度。

---

① 马克·戈尔迪,转引自梅森(编):《剑桥思想家》,第187页。
② 梅森(编):《剑桥思想家》,第234页。

剑 桥 思 想

图 26 浴酒馆夜景

浴酒馆,得名于历史上数几百年间坐落于此的一座圣奥古斯丁修道院的浴室。像剑桥的其他酒馆和咖啡馆一样,浴酒馆也是一个聚谈和休闲中心,在这里,戏谑性和推测性的聚谈促成了新的世界观的产生。

[摄影:尹志光]

图 27　鹰酒馆夜景

鹰酒馆的声名远扬,皆因它是剑桥历史上最大的马车驿站之一,也是弗朗西斯·克里克宣布发现 DNA 双螺旋结构的地方——1953 年 2 月,克里克在鹰酒馆深处向朋友们宣布:我们终于探知了"生命之谜"。

[摄影:尹志光]

11

教 育

剑桥的真正功能极易被人忽视。实际上剑桥是一个学习的地方,一个知识建制。在国王学院院士的就职誓言中,剑桥被明确定义为一个"宗教、教育、学习和研究"机构。剑桥是一个知识策源地,它生发、论辩和传播新思想,它也制造和扩散那些创造世界和发现世界的工具。无论我们衡量从剑桥毕业的学生,还是衡量在剑桥从事研究的学者,也无论我们以何种标准去衡量,剑桥的教育都称得上卓有成效。

教育虽然是剑桥的重头戏,描述起来却异常困难。如果我们承认教育的意义不止于传授知识,那么大体说来,教育就应当是一种奋力吸收、重塑、传播思想的经历,绝不能简化为正规刻板的书本学习;遑论不同的教师还有不同的经验和不同的方法。令人诧异的是,大部分有关剑桥的著述却遗漏了教育这一维度。然而,若是不谈教育,其余的一切岂非无稽之谈?

在下文中,我将通过我的一部分亲身经历,为剑桥的教育天地勾勒几笔素描。这种现身说法的长处或许是使我的论说更加具体,短处则是有以偏概全之嫌。

✼ ⋘ ⋙ ✼

剑桥是一个寓居于现代世界的古老大学，像欧洲其他古老大学一样，它的起源已经赋予它一种特殊的"口头"风味。在它诞生之后的最初二百五十年间，西方世界尚未识得印刷术，一切只能以口相传，或以羊皮纸相传。所谓教学，大抵是老师对学生的口传面授，通过这种个人化的师徒关系，一名学生变成了一名文理硕士。以往剑桥主要采取两种教学途径，一是宣讲式的授课，一是面对面的个人辅导。

今天一仍其旧。剑桥大学对教师的年授课量有正式要求，就艺术、人文和社会学科的教师而言，标准是一年不少于四十课时。因此我在剑桥的数十年间，总共授课一千多节，每节一小时。每次授课都需要精心备课，无一例外。

学校还希望教师是多面手，以我讲授的几个主要系列课程为小样本，即可看出授课的杂糅：我给一年级学生讲授亲属及婚姻、人类学导论、政治经济人类学、战争及饥馑及疾病、文明的长线沿革；给二年级和三年级学生讲授社会学经典理论、国家、技术、财产、视觉人类学、封建主义与资本主义、法律人类学、暴力及战争、都市人类学、不平等、人口、家庭发展史、性行为、资本主义宇宙学、研究方法。

除了常规授课以外，我们还须主持一二十名学生出席的研讨课，听他们轮流陈述他们的论文。各级学生都有研讨课，教师主持研讨课的技巧是鼓励、诱导、仲裁，而不过多干预。一堂好的研讨课是一场真正令人振奋的活动。

通过口头传授，把一个理论讲解得既清楚又有趣，是一种相当奇特的程序，如果常年卷入其中，会产生许多效应，例如，它迫使我厘清自己的真实想法，它促使我更加广博地涉猎学问，让自己的授课突破自己的研究范围。学校并不要求本科生每课必听，所以他们只是在断定有益的时候才会到场。因此我像任何教师一样，感到很大的压力，有时甚至陷入沮丧。从本质上看，教师宣讲是一种中世纪的方式，但是很多人依旧如此学习，这说明在历经了几百年沧桑之后，此种方式仍然是一个获悉知识领域最新进展的有益工具。

☙ ❧

牛桥当前实行一种以学院为基地的辅导制度，称 supervision 或 tutorial，即"导师制"。这是 19 世纪末的一项发明，从 18 世纪的家庭教师或私人辅导体系演变而来。① "剑桥 1902 年的《学生手册》宣布，学院的、跨学院的、教授的教学现已非常充分，故而大多数学生无须再寻求私人辅导。"② 此后，一批最优秀的学院教师，借鉴最优秀的私人教师的方法，复兴了一种发源于中世纪的问答式辅导制度。

---

① 关于这番演变的精辟描述，见谢尔登·罗思布拉特：《剑桥先生的革命》(Sheldon Rothblatt, *The Revolution of the Dons*, 剑桥，1968)，第 207 页。

② 同上，第 234 页。

在每个学期的饱满教学期，*大约每周进行一次辅导。一般说来，每写一篇论文，一名或一对学生需要接受四至六次辅导。导师事先规定一个题目，学生按此写出一篇论文，或完成一项相当于论文的作业，然后接受辅导，其间导师提出问题并作出评论。这个过程可以极富成效，令人亢奋，也可以无甚助益，令人尴尬。

我的许多最有价值的想法是在辅导过程中与学生一同产生的，不过，辅导本身需要耗费很大的精力，事前事后的论文批阅也绝不轻松。罗斯和齐曼注意到："通常情况下，一次辅导要想取得成功，导师必须不懈地、极有分寸地施展人格魅力。这就需要绷紧神经，支出大量精力。……"[①]而且导师还须恩威并举，不仅要批评缺点，更要鼓励信心。阿瑟·本森说得不错："我发现……通过慷慨而真诚的表扬、毫无保留的鼓励、直截了当的赞美，可以赢得不管多少苛责或压制都不能赢得的胜利。我开始意识到，热情和兴趣是可以传染的。……"[②]音乐家雷蒙德·莱帕德描写他在三一学院的导师时，也提到了这种辅导方法的效果："身为一位教师，他拥有一种最伟大的职业天赋：他让你觉得你的优秀远远超过了你自知的程度，而你那么爱他，不忍辜负他，所以只得优秀起来。"[③]

---

* 饱满教学期，Full Term：剑桥大学每学年分为 3 个学期，即米迦勒节学期、大斋节学期、复活节学期；每学期大约包含 70-80 天，其中有 8 周进行密集教学，此时学生必须住校，这 8 周即为"饱满教学期"。

① 罗斯和齐曼：《剑津观察》，第 153 页。
② 阿瑟·本森：《国王学院：临窗眺望》，第 132 页。
③ 罗纳德·海曼（编）：《我的剑桥》，第 106 页。

我在剑桥的整个教学生涯中,总共辅导过二三百名本科生。我的辅导几乎涉及社会人类学的每一个分支和学生的每一个层面——从政治到宗教,从理论到方法,从一年级到三年级。然而这些密切会晤到底是怎么一回事呢,却很难一句话说清。

罗斯和齐曼笔下的辅导场景光怪陆离:"辅导是怎么一回事?简直不可能说清。有多少位先生和多少名学生参与辅导,就有多少种不同的辅导。有的辅导持续好几个钟头,先生一边穿衣服,煎荷包蛋,哼意大利歌剧唱段,拭擦壁炉台上的小摆设,一边有一搭没一搭地发话。有的辅导整点开始、整点结束,分秒不差,而且是大理石一般沉默的心灵宴会。有的辅导在金碧辉煌的客厅里举行,学生端坐在古董椅子上,嘴里啜饮着雪利酒,眼里打量着价值连城的艺术品。有的辅导在寒碜的办公室里举行,只见金属文件柜在角落里瑟瑟发抖。"[①]

至于学生论文,罗斯和齐曼告诉我们:"有些先生喜欢在辅导课一开始就把论文收上来,然后坐在那里默读,不时爆发一声令人胆寒的咳嗽,可怜的本科生则拼命探究先生的脸孔,希望看出一点消息。四十五分钟一到,先生即刻递回手稿,也许还会惜言如金地咕哝一句:'差不离',或者'稍嫌庞杂',或者'我想是这样吧'。有些先生喜欢让学生自己朗读自己的论文。学生慷慨激昂地念出第一句,先生便插进来提出表扬和忠告,由此进入长篇大论的抨击、训斥、劝诫。辅导结束之际,先生还在那里自顾自辩论得热火朝

[①] 罗斯和齐曼:《剑津观察》,第69页。

天,论文已被忘到九霄云外。……"很多学生从辅导中获益匪浅,掌握了辩论说理和筛选例证的艺术:"他们学会了如何畅所欲言地、公正地、敏锐地讨论学术问题。每周和一位抱着同情心但不过分亲密的长者接触一次,使他们轻轻松松走进了一个问题丛生、动荡不安的成人世界。"①也有很多学生觉得辅导不但无用,甚至荒唐。

克里斯多佛·衣修午德是一位剑桥出身的小说家,他如此回忆他第一次对"受惊的戈斯先生"朗读论文的情景:

"论文的题目是《宁要自由之英格兰,勿要自制之英格兰》。写完之后我是相当得意的,它完全符合我所理解的戈斯先生的一切要求——活泼爽利,妙语连珠,文风颇有点大胆,点缀着从霍姆斯先生[衣修午德的中学老师]那里剽窃来的俏皮话。然而不知为何,直到此刻我才发现我的全部效果都泡了汤:文字的炮仗受潮了,警句不是警句而是陈词滥调。浮华、幼稚可笑、笨拙、自命不凡,把它念出来简直是自讨苦吃。我在窘迫中扭动、咳嗽、颠三倒四。"

衣修午德念到最后一段时,戈斯先生的手指头开始在壁炉台上敲鼓点。

"'是啊,是啊……'他不停地嘟囔着:'是啊,是啊……'——仿佛是越听越不耐烦了。'唔,'当我终于念完的时候,他告诉我:'让我这么对你说吧:这倒也不算是一个十足的文盲白痴的作业。'他顿了顿。我惨笑着,像一只准备挨踢的卷毛狗似的盯着他。'听

---

① 罗斯和齐曼:《剑桥观察》,第70页。

着,衣修午德,'他突然恳求我:'难道你自己不也同意那全是垃圾吗?'"①

不言而喻,这个案例要归于"古怪"的一极。我本人在学生时代经历的大部分辅导比这更自然,也更有益——至少对我说来如此;其间经常弥漫着实验的气氛,一种思想试验的气氛,我的导师们似乎认为,怎样说与说什么同等重要,而且相信——如其中一位导师所言——"一个能出成果的错误顶得上一千个陈腐无用的真理"。

⁓◦⁛ ⁛◦⁓

通过书面考试来评价学生水平,这种测评体系中的大多数成分是剑桥的发明。例如有资料告诉我们,用数字给学生作业打分的概念,就是一位名叫威廉·法里什的剑桥教师在1792年首创的。② 尔后,在1858年,剑桥大学建立了自己的"地方考试辛迪加",又名"剑桥大学考试院",如今它已成为欧洲最大的考试代理机构。它的分支,"牛津剑桥联校考试委员会",当前正奔忙于世界各地,为各类考试订立标准。

中世纪剑桥的毕业考试尚采取口头答辩形式,"考生提交一组问题或论题,然后同几位比自己早一两届毕业的前辈文理学士*

---

① 克里斯多佛·衣修午德:《狮与影》(Christopher Isherwood: *Lions and Shadows*,西格尼特版,1974),第37页。
② 引自《维基百科》,"剑桥大学"条目。
* 文理学士,BA / Bachelor of Arts,在历史上的牛桥,这一学位颁发给那些已通过若干门文科及理科终端考试的本科毕业生,故不能照字面理解为"文学士"。文理学士学业被称为第一阶段学业,是因为按剑桥制度,还可进一步申请文理硕士学位。

抗辩或讨论,最后同几位教过自己的老师交锋"。[①] 时至18世纪,完成了第一阶段学业——即文理学士学业——的学生已开始按毕业考试成绩划分等次。毕业典礼别有风味,一名前辈文理学士,像是一个钦定的傻瓜,坐在一个三脚凳(或曰 tripod)上,朗读诗篇,以飨众人,于是这种活动获得了"tripos"之称。然而,到了1800年,数学学科——剑桥当时的显学——的毕业考试改成了书面形式,结果"tripos"变成了一个专用术语,特指数学学科荣誉学士学位的书面考试。[*]

剑桥的考试制度从古至今都十分严格。譬如在我们社会人类学专业,平日的任何一次课业,每周小论文也罢,其他项目也罢,都不得计入毕业考试成绩。只有三年级的大论文(非强制性,通常有三分之二的学生撰写)可占总分的五分之一。这种考试制度极大地助长了学生的记忆力、持久力、思维速度、独创能力和写作技巧。它的好处不止一端:它不像计分式课业模块那么容易导致滥用职权,它能更好地测试学生是否真正掌握了知识,而且我认为,由于不采用其他大学热衷的多项选择法之类的试题形式,它是一种更高明的测试手段。我阅卷时经常能读到才华横溢的文章,令我大为震惊。不过必须承认,它对考生和评分者双方都形成了巨大的压力。

整个过程都是匿名进行,考生按成绩划分等次的时候也不指

[①] 引自剑桥大学网站上的"剑桥大学史"。

[*] 而今"tripos"的说法已不限于数学一科,而是各学科荣誉学士学位考试或课程的统称。

出名字。不过名字终归会暴露，因为总会有人欢呼或者哀叹。这是一种排除了人情味的考试制度。从头到尾，你只是对一个人在三小时之内的智力水平作出客观评价，而不计其他。剑桥的考试制度公平地对待一切考生和一切年级，徇私、侥幸和特长在此毫无用武之地。

✤ ✤ ✤

两代人以前，剑桥的教学活动差不多完全以本科生为中心。后来，研究生逐渐引起了比以往更多的关注。时至今日，教学式硕士生和博士生占据了剑桥学生总数的三分之一。研究生学业的组织和开展，也是因学科而异、因人而异，一如本科生的情况。

在我的几十年剑桥生涯中，我辅导过四十多名博士生，平均每阶段五至十名。他们的研究范围，差不多涵盖了每一种可以想象的主题和全世界的每一个角落，这里略举几例：中国的宽带、日本的面孔涂白、新加坡的家庭结构、沙捞越的宗教、越南的社会变迁、马来西亚的身份认同、尼泊尔的萨满教、印度的狩猎采果族、南美的发展、希腊的旅游业、西班牙的政治、德国的国家主义、法国的制造业、英格兰的亲属关系、爱尔兰的农耕。

在辅导一名研究生期间，我需要连续好几年与一个活生生的人密集交往。我的处理办法是，尽量对他们的研究工作保持浓厚的兴趣，迅速回应他们的一切理论问题或实际问题，对他们的写作提出宽泛的意见，就参考书目或其他资料提出建议；最重要的是，在他们孤独的写作过程中不断地给予勉励。这既是一份荣幸，又是一份责任。粗略算来，为了研究生的辅导和考试，我在数十年剑桥岁月中大约付出了我的全部智慧和精力的四分之一。但是即使对于导师一方而言,这也是一份值得付出的工作,我本人学到了不少东西,而且,我的很多学生后来成了各自领域的佼佼者,并与我保持着长久的友谊。

✌︎❦✎

今天,官方对剑桥教育的要求越来越苛刻,师生皆不能幸免。尽管正式教学大纲的压力与日俱增,我们仍然应当谨记,教育的涵义远不止于我们在课堂上或在辅导中的明确而直白的学习。

《亨利·亚当斯的教育》一书提醒我们想起,教育如何在教室以外发挥广泛的作用,思想观念和认知方法如何在无形之中代代相传。亨利·亚当斯指出:"父母赐予生命,却不可能以父母之身而赐予更多。杀人犯夺取生命,但其行为仅止于夺取生命。教师固然影响永生,但不能预测自己的影响止于何处。……教师不由自主地将学生造就成了神甫或无神论者,财阀或社会主义者,法官或无政府主义者。"①

1930 年代,剑桥古典学者约翰·雷文也有一种说法。只要将其中的"烟斗"去掉,将"男人"换成"男人或女人",将场景放在任何地方——但需保留其中一处,即舒适的炉畔,那么,他的描述今天听来仍然符合事实:"一般认为,男孩子上剑桥的目的无非是从先生或从实验室学习知识,或者是去划艇和跑步。……其实他们学

---

① 亨利·亚当斯:《小说集:民主制;以斯帖》(Henry Adams, *Novels*; *Democracy, Esther*, 1983),第 994 页。

业的奥妙并不在教室或操场,也不在剑桥联合会或美食俱乐部。两个男人,两把椅子,两支烟斗,一团炉火,便是他们学业的象征;那些神仙般的夜晚啊,天高地阔任我们遨游。……这是一件多么重大的事体:我们要给自己定位,要跟宇宙讲和,要找到人生鹄的——大学的存在不就是为了培养这个吗?"①

教育的真髓,是综合多种技术,正规的、半正规的、非正规的,去帮助人们发现自己。这里有风险,有失败,并且很容易被官方的心血来潮所破坏。教育是一种不息的滋养。读一读许多剑桥亲历者的记叙,回望一下我自己本科生和研究生时代的牛津生活,我不禁诚服于雷蒙德·莱帕德的论述:"我们似乎连喘息的时间都没有,然而在整个学期疯狂学习的表象下,潜伏着一种已成为牛桥体系力量之源的悖论:虽然我们将自己绷到了极限,但是我们仍有时间去发现自己,发现自己的思想,发现自己的能力和弱点——未必能全部发现,但至少足够保障一个良好的人生开端。"②

教育是一桩整体事业;借用一句老生常谈,教育是脑与心、灵与肉的锻冶。正因为此,我才不厌其烦地剖析剑桥的习惯、文化、建筑和节律。这些因素的重要性,绝不逊于正式而系统的教育本身。

✦✧✦

我们很难评价剑桥的效应,也很难评价剑桥先辈对后世成就的贡献。历史上有许多人可能被视为"剑桥产物",却只是在剑桥

---

① 查尔斯·雷文:《流浪者之道》(Charles Raven, *A Wanderer's Way*, 1928),转引自吉恩·林赛:《剑桥剪贴簿》,第 72 页。
② 莱帕德,转引自海曼(编):《我的剑桥》,第 111 页。

逗留过短短几年的求学时间,有许多人身在剑桥的时候反叛剑桥,或者为了种种理由而弃绝剑桥,也有许多人是在离开剑桥以后,方才在科学、人文或艺术领域成就了伟业。

我们唯一能做的是间接推论。关于剑桥的效应,我采访的人大都强调,剑桥的知识环境和情感氛围给他们的一生造成了深刻的影响,哪怕有时候只是间接的影响。我的牛津经历也发生了同样的效应。我猜想,假如我从牛津毕业以后从事了一份与大学无关的职业,我仍然会清楚地意识到,牛津的经历塑造了我的大部分人格,牛津对我的影响之深,不亚于我童年时代的家庭生活。

剑桥先辈的影响在潜移默化中发挥作用。你经常隐隐约约地觉得,先辈们已经登上了创造力的峰巅,而你在沿着他们的足迹前进。华兹华斯和丁尼生两人写过类似的诗篇,描述自己如何瞻仰基督学院那棵弥尔顿的桑树。华兹华斯在他的无韵诗《序曲》中还表示,自己能在乔叟、斯宾塞、弥尔顿写诗的地方生活,是莫大的幸福。

罗斯和齐曼说得好:"即使得不到院士资格,牛津或剑桥也是一个好去处。它们不仅是两所伟大而著名的大学而已。它们是**那两所大学**。它们是盎格鲁-撒克逊全部遗产中的重要成分。它们是高度神秘的魔境,犹如格拉斯顿伯里和巨石阵。在牛顿行走的地方行走,在伊拉斯谟教书的地方教书,在格兰默或纽曼传教的地方传教,在乔伊特或本特利当院长的地方当院长——哪怕以一颗迟钝的心去感受,那都是一种殊荣,也是一种挑战。'地灵人杰'一说不容否认。"[①]

---

① 罗斯和齐曼:《剑津观察》,第131页。

图 28　威廉·华兹华斯

威廉·华兹华斯1787—1791年就读于剑桥。从斯宾塞、多恩、弥尔顿、德莱顿,到柯勒律治、拜伦、丁尼生,再到鲁珀特·布鲁克、特德·休斯、西尔维亚·普拉思,英格兰的很多大诗人都毕业于剑桥。华兹华斯作为一位桂冠诗人,代表着艺术及人文学科在剑桥的高度繁荣。

罗斯和齐曼笔锋一转,开始议论牛桥对性格和智力的影响:"或许,牛桥的影响来源于你的一种感觉,仿佛你从一年级开始,即已成为一种和谐而安详的传统的继承人,而这传统,就是自由、宽容和对人类知性的尊重;……仿佛你欠生命一份回报。或许,牛桥的影响更加来源于它们的召唤,召唤你实现自己的价值,用自己的方法探索世界——其间你会得到朋友的帮助,偶尔也会听到师长的善意嘲笑,为着你犯下了他们意料之中的愚蠢错误。"[①]

在我的剑桥生涯中,我不断地闻知新的成就,也不断地体验激情时刻。剑桥物理学家和小说家C.P.斯诺如此描述1932年的景

---

① 罗斯和齐曼:《剑津观察》,第246页。

观:"你立刻能从空气中捕捉到人类的活力和知性的躁动。詹姆斯·查德威克连续工作了两个星期,每晚只睡三个钟头,弄得灰头土脸,但是他告诉卡皮察俱乐部的成员们……他终于发现了中子。P.M.S.布莱克特……拿来几块金属板,向大家演示阳电子的存在。约翰·科克罗夫特感情外露的习惯简直不输于惠灵顿公爵,他一阵风似地掠过国王大道,向所有面熟的人叫道:'我们分裂了原子!我们分裂了原子!'"①我生也晚,未能赶上斯诺时代的辉煌,但是对于剑桥的业绩,我也绝对有所感受。

  同样难以尽述的是我们的激情,尤其是友情和第一次认真的恋情。某些时刻迸发的激情可以持续一辈子。1919 年,弗拉基米尔·纳博科夫随家人逃离俄国革命,入读三一学院,这位著名作家后来写道:"我记得,轻舟和小船飘荡在剑河上,如梦如幻。夏威夷悲歌从留声机里传出,缓缓地穿梭在阳光和暗影之间。我心离神迷地撑着一只平底小船,船中一位少女斜靠在软垫上,用她的秀手轻轻转动着宝蓝色阳伞的柄儿。栗树宛如舒放的折扇,沿河撒下一层层粉红的球果。它们挡开了蓝天,遮住了绿水。它们的花叶排列得如此特别,产生了一种梯级效果,像是一些三角图形编织在一张绿色和暗红色的华丽挂毯上。……一座意大利式的三拱小桥横跨在纤细的河流上,又向河水投下自己的倒影,几乎毫厘不爽,几乎一无皱纹,构成了三个美丽的椭圆。河水也不甘寂寞,向小桥

---

① C. P. 斯诺:《凡百君子》(C. P. Snow, *The Variety of Men*,企鹅,1969),第 11 页。

图 29　查尔斯·达尔文

查尔斯·达尔文 1828—1831 年就读于剑桥大学。这幅肖像作于"小猎犬号"航行结束四年以后,时年三十一岁。20世纪以前曾有许多科学巨匠在剑桥学习或工作,包括威廉·哈维、艾萨克·牛顿、查尔斯·巴贝奇、詹姆斯·克拉克·麦克斯韦,等等,达尔文是其中的代表,他的物竞天择的进化论学说,可被直接视为剑桥八百年发展史的模型。

拱腹的石壁投上一片蕾丝般的光影,而我们的小船就在这片光影下滑翔而过。"①

☙❦❧

大多数人对剑桥的感情是五味杂陈,我也一样。但是几乎所有的人又都承认,剑桥或多或少改变了自己的生活。让我们选取四个同时代人为例,对剑桥引发的激情来一次浮光掠影的扫视。

---

① 纳博科夫:《说吧,记忆》,第 208 页。

二战以后,这四个人在不同的领域取得了杰出的成就,也都书写过自己的剑桥经历。

雷蒙德·威廉斯是一位文学评论家和社会主义者,他写道:"当我的眼光掠过田野,遥望这座奇特城市的时候,我很容易——也很难——想起我在这里经历了多少事情、它在我一生中的不同时期又扮演了多么重要的角色。说容易,是因为我仍在这里工作,我的连续体验有迹可循,有这么多的处所提醒着我的今昔。说难,是因为不管多少岁月已经流逝,它于我仍然只是一个路口,我从不曾拥有它,或者被它所拥有。"①

约翰·维西是一位经济学家,他写道:"剑桥并没有造就我,我随身带来的神经衰弱症并未好转,我依然习惯于在病房里卧病工作。但是剑桥改造了我。剑桥促使我下决心做一名先生,以免失去一种生活方式。须知那种生活方式是我迈向成年的进阶。"②他还写道:"因此,回望剑桥的时候我不可能不心潮起伏,也不可能不意识到,在某种意义上,剑桥的经历既是桎梏,又是极度的解放。"③剑桥令他百感交集:"乡愁、怀旧、遗忘、绝望——种种感情袭上我的心头。同时,仿佛魔术师变戏法似的,一丝担忧也突如其来:我是否在一眨眼间错过了一番真正的体验?"④

汤姆·冈恩是一位诗人,他描写了一次神奇的演出,那是某学院花园里上演的一部《驯悍记》:"演到最后一场戏时,夜幕降临,仆

---

① 海曼(编):《我的剑桥》,第 70 页。
② 同上,第 124—125 页。
③ 同上,第 130 页。
④ 同上,第 132 页。

役们举起了熊熊火炬。这是剑桥最美妙的时刻:莎士比亚、仲夏月夜、富足的学院、公园般的私属花园、我愿生死相交的友人——种种欢乐在我的胸中翻腾。"但这也是一个梦幻世界:"然而无所谓固定的剑桥,只有一幢幢保存得如此美丽的古老建筑,只有一群教师和仆役组成的大本营。在这种背景之上,川流不息的青年才俊即兴地幻想着'剑桥'可能的模样。"①冈恩总结道:"我为许多事情而感激剑桥。它无限地丰富了我的生活,它赐予我以人人应享的安全和人人应有的优点。但是它也教育我和很多人唱反调,而这些人本可以教我懂得别处也有精彩的人生。"②

最后,埃莉诺·布隆是一位女演员,她指出,牛桥早在一个人抵达之前已经对之发生了多年的影响。这也是我的切身体会。"中小学老师已经将剑桥和牛津当作一套看得见摸得着的绝对价值向我们隆重推出。这两个名字,似乎每一个都包含着一个连贯而复杂的生命,每一个都像'婚姻'、'痛苦'、'死亡'这些偌大的字眼一样涵义无穷。……我现在才明白,我的中小学老师向我展示的东西,其实是机遇的金球啊。"③布隆进入剑桥以后,从美学和社交上受到了深刻的影响:"剑桥的美是有形的,瑰丽高雅的历史建筑,剑河,后园,春天里怒放的水仙花,这一切,再加上密切的社交,只能进一步增强剑桥对其居民的强大影响。很多剑桥人不由自主地进入了一种格外开放的生命阶段,然后暂时停留其间,犹如旅客

---

① 海曼(编):《我的剑桥》,第144页。
② 同上,第148页。
③ 同上,第171—172页。

逗留于一个设施格外完善的候车大厅。"①

有一名一年级学生进入剑桥三个月之后,寄给我一份感言,文中体现了剑桥生活的强度,也抓住了剑桥教育目标中蕴含的一部分精神实质。他写道,剑桥教师应当预先警告学生,在人类学这样的学科中,他们的定见将要受到挑战,他们必须学会怀疑:

"初入剑桥时,我抱有一套基本定型的价值观、信仰和信念。不仅对政治和宗教,而且对社会公共生活的大部分范畴、对我居住的世界,我都已形成看法。孰料剑桥的教育竭尽所能,彻底摧毁和解构了我抵达之前的所有想法和思维方式。一切都遭到了质疑,一切都不再确定,最后我只好坐在舒适的寝室里自嘲:我多么无知,我的判断多么缺乏见识!但是我非常高兴。我的整个认知行为,包括探寻这个世界的秩序,包括努力维持自己的定见,全都被新信息的洪流所淹没,结果我比以前聪明了,却也少了几分高枕无忧。……对于我来说,这是我生命中最有趣的时光。每一个日子都将我的思想和知识提高了一大步。我明白了一个道理:世间没有直截了当的答案。自称掌握了业已证明的可靠知识,到头来只会是一种过分的简化。世间也没有轻而易举的解决之道。生活,连同我们生活于其中的世界,其实复杂得惊人。"②

由于剑桥生活的强度和它对大多数人的短暂性质,所以很多人在重访故地的时候,总会心神不宁,也会随时撞见昔日自我的鬼魂:"这里处处有幽灵在游荡,这能使前尘旧事显得更加清晰。街

---

① 海曼(编):《我的剑桥》,第 186 页。
② 非常感谢简-乔纳森·博克允许我引用他 2008 年写下的这段评论。

道和昔兄永远在闹鬼,一会儿故人在浓雾中与你不期而遇,一会儿学监在你身后穷追不舍。……"有一次埃莉诺·布隆重访纽纳姆学院图书馆,她发现:"我简直不敢相信我曾经坐在那里苦读和苦想。我的回忆好像泛滥成了一种有点讨厌的无病呻吟:可惜**没**看见一个鬼魂。没看见一个鬼魂,因为你自己就是鬼魂啊。"①她声称,剑桥并未教会她思考,"但是它为我的旅途照亮了一条条全新的岔道;直接或间接地,它赐给了我一些至亲至爱的人"。②

有些人成为生活的幸运儿,是因为剑桥帮他们融合了一组组对立因素。E. M. 福斯特的概括也许最为精辟:"剑桥到处是朋友,这使它赋有了一种神奇的特性。肉体和精神、理性和情感、工作和玩耍、建筑和风景、诙谐和庄重、生活和艺术,这些矛盾在别处互相对立,在剑桥却互相融合。人与书本互补,智慧与友情携手,思考转化为激情,情爱深化了讨论。"③

通常,人们只是在非常时刻才会表达他们对剑桥欠下了多少恩情。最感人的一次抒发,当推新教殉道者尼古拉斯·里德利的告别辞。1555 年 10 月,这位剑桥神学家由于拒绝皈依天主教,即将被推上火刑柱,临刑前他写道:

"从此别欤,剑桥——余之慈母、余之保姆!……汝赐余学位、公职、吾校主持牧师职、学监职、普通讲师职,更赐余汝之私产、学院之薪水,噫,何曾有一物不使余与尔分享?……从此别欤,彭布

---

① 海曼(编):《我的剑桥》,第 172 页。
② 同上,第 190 页。
③ E. M. 福斯特:《高尔斯华绥·洛斯·迪金森》(E. M. Forster, *Goldsworthy Lowes Dickinson*,阿诺德出版社,1934),第 53 页。

罗克学院！……余幸得学院花园（园中墙垣与树木，渠若能言，当为余作证）之荫蔽，业已记诵《保罗书信》①凡十三章，唯唯，余当视之为真经也。……拜吾主恩典，此十三章圣书方显如此热情、如此大爱，堪称《圣经》全书之宝匙、之真解也，祈彭布罗克学院永守训诂，至海枯石烂！"②

---

① 指《圣经·新约》中，从"罗马书"到"腓力门书"的十三个篇章。
② 转引自伊丽莎白·利德姆－格林：《剑桥大学简史》，第53页。

12

创 造 力

"远远的,在银河系西部一个螺旋形弯道的土里土气的终端,有一潭无名的死水,水中藏着一颗不起眼的昏黄的太阳。围绕这颗小小的太阳,在大约九千二百万英里开外的一个轨道上,盘旋着一粒绝对渺小的蓝绿色行星,它那儿的一种生命形式,乃是猿的后裔,目前还原始得惊人,竟以为数字手表是一种妙不可言的发明。"而这原始生命形式当中的一分子,便是剑桥大学的一名老校友,《银河系漫游指南》的作者道格拉斯·亚当斯。这段引文正是摘自他的这部名著。

亚当斯大可以继续发挥下去:"在这粒偏远的渺小的行星上,有一块欧亚大陆,而在欧亚大陆的背阴角落的最西端,有一个风吹雨打的小岛。这小岛在人类发展史的大部分时期,没有引起谁的特别关注。但是渐渐地,小岛上住进了几个部落民族,只是在千余年前,他们才演化成了英格兰人。英格兰已经偏远而又渺小,可是它的属下还有几个最贫穷、最封闭的地区,其中之一,是潮湿的沼地之郡剑桥。纯粹出于偶然,一群僧侣在这里蚁凿了一个学习中心。"

剑桥无异于一粒小行星上的一颗微斑。奇怪的是,经过八百年的发展,这颗微斑变成了一个知识发现的重镇,据说在人类历史上堪称首屈一指。自然世界的法则定律千条万条,这里的科学家发现和制定的不在少数。我们不禁要问,这场探索"生命、宇宙、万物"*之谜的伟大实验是怎样获得成功的?剑桥科学、艺术、人文和社会学领域的创造力的泉源又在哪里?

～◯⃞ ⃟◯⃝～

人类天生具有创造潜能,无一例外。也就是说,他们会在好奇心、探究心和实验欲的驱动下,不懈地解决谜题,尝试新事物,探索周围的世界,发明改善生活的新方法。但是在大多数社会,人的创造力时常受到约束。国家、宗教、家庭通常会沆瀣一气,共同向个人施压,给他的创造力戴上枷锁。有时候,它们也会容忍甚至鼓励一些鸡毛蒜皮的创造活动,但是对于企图改变世界的大胆创造,它们一定视之为洪水猛兽。

教育体系本身,无论中小学层面还是大学层面,也经常充当创造性思维的绊脚石,所以爱因斯坦喟叹:"干扰我学习的唯一因素,就是我的教育。"教师们一味地依赖死记硬背,一味地崇尚既定真理和祖先智慧。学校里弥漫着对离经叛道者的强烈敌意。

虽然世界上任何地方都有创造力喷发的时刻,但是每当我想到我的亲身体验,我就觉察到剑桥的与众不同。剑桥引发了一系列有人称之为"思维模式转换"的改变,从培根、牛顿、麦克斯韦,到

---

* 语出道格拉斯·亚当斯《银河系漫游指南》。

克里克和沃森,很多剑桥人通过深度的发现,彻底改变了人类的世界观。在多数情况下,探索人类和自然的奥秘是一桩寂寞、孤立、不合情理、有点令人恐惧的事业,但是显然,它神秘地在剑桥找到了繁盛之地。

在探索文理科谜题的八百年长期奋斗中,高级研究人员在剑桥如鱼得水,学生也一样受到鼓励。无论中小学如何窒息了创造力,如何禁锢了"书蠹"和勤奋者,一旦进入剑桥,每一种创造潜能都会被激发出来。游戏、音乐、表演、诗歌、科学,无论你爱好和擅长什么,剑桥都会欢迎。

我在牛津做本科生和研究生共六年,在剑桥做教师将近四十年,两地都使我享受到了这种支持和鼓励的氛围。但是我们也应当记住,还有一些人生活在令人气馁的环境中,饱受舆论的打击和既得利益者的阻挠。

为了发现探索问题的新方法,我做过很多稀奇古怪的尝试,但是我从未觉得同事们表示反对。整个系都是人类学者,唯独我是学历史出身;整个学科与科技基本上无关,唯独我对高科技(计算机、视像技术,等等)如醉如痴。然而我发现我从不需要为了自己的怪癖去抗争、去辩解。

无论一个人想做什么,都会受到尊重,因为剑桥有一个基本推定:你的尝试也许暂时显得荒诞,却可能导致某种有价值的原创。这是有力的鞭策,也是一种愉快。剑桥鼓励我创造性地思考问题,我也鼓励我的学生。如果学生带着有趣的创意前来请教,哪怕它看似荒诞,我也会尽量提供空间和支持,容他们任意发展。宁可试试看,宁可从错误中学习,也不要禁止他们涉足坎坷之路。

原创力是剑桥学术生活中最受重视的素质之一,也是剑桥长期以来选拔博士生的主要标准。探明新事物,创造前所未有的新东西,找到解决老问题的新路子,开拓知识的新"矿层",这就是剑桥的最高目标。整个剑桥大学可视为一架专事创造的智力机器。然而说来矛盾,剑桥之所以会得如此,一部分原因却在于它表面上是一个非常保守和保险的地方。

多种因素激发了剑桥人的创造性:职位和职称相对而言不分高低贵贱;研究与教学之间不存在尖锐的差别;更受重视的是口碑而不是正式职位。在这里,最糟糕的名声是被人认为乏味,最受欢迎的事情是活泼而又顽皮的、探索性而非破坏性的谈话。

学术生活很容易堕落成"零和游戏"、"有限益处"和"井蛙效应"——每只青蛙都奋力将别的青蛙拉回井底。一个同事的成功可以被另一个同事视为沉痛的打击,还可以引起流言和中伤,导致派系和竞争。

也许我疏于观察,但是我在剑桥很少见到这类劣迹,相反,个人的成功被大家真心诚意地看作公众的福泽。实际上,同事的成功也给你带来了荣光的辐射,使你不会心中一沉、惟恐别人衬托出你的失败。好比一个和睦的家庭,父母只可能为子女的成功而喜悦(或者为子女的失败而痛苦),绝不可能为子女的成功而恐慌。

剑桥迄今未像其他一些大学那样屈从于一种压力,那就是强行将员工划分成"专职研究人员"和"专职教员"两个种类。剑桥也尚未面临其他很多大学面临的一种最深重困境,那就是在员工中搞对立,让一拨人干薪水活儿——教书,让另一拨人干名利活儿——研究。剑桥既尊重优秀的教师,也鼓励他们成为杰出的研究者。

剑桥体系给怪才容留了空间。几十年来,我偶尔也觉得自己背上了负担,不得不支撑某个像是"搭便车"的同事,或者某个毫无作为的委员。这些人要么不肯从事平凡的教学工作,要么拒绝担待责任,但是与此同时,这些人又是出名的奇人,才高八斗,巧思百出,不愧为剑桥的光荣。剑桥人的共识是,一个人能取得非凡的成就,能成为一位牛顿、J.J.汤姆森、保罗·狄拉克、弗雷德里克·桑格,却未必能轻易适应常规学术生活的琐碎。非凡的成就可能伴随着羞怯畏葸、糟糕的授课技巧、孩童似的天真、无可救药的自私。

创造力的要素是充分的思想空间和社会空间。一个人或一群人要想挑战当前的主流模式,必须满怀自信、不惧权威、坚持长期而深入的探索。如果说有一个机构为这种非凡的活动提供了长达八百年的温床,我们也许认为根本不可能。凡庸和从众的压力极易入侵一个机构,而剑桥独能免疫,实在令人惊奇。

美丽迷人的物理环境,与众不同的社会结构,两相结合,使剑桥看上去像是一个任凭创造力梦游的地方,你可以想荒诞念头、做白日梦、玩思想。我自己也放射过千百支智力之矢,大部分没有命中任何靶子,其中有一些在别人看来甚至是痴人说梦,尽管如此,却从来没有人向我叫停。剑桥对错误、过失和枉费时间怀抱着高度宽容的态度。

这种环境激励了创造性。八百年来剑桥的职位结构非常扁平,虽然最近二十年发生了急剧变化,增加了个人讲师和个人教授的数量,还设立了高级讲师职位,但是工资落差不如大多数大学那么陡峭。一旦成为剑桥某学院的院士,就无需为进一步晋升而奋斗,除非是谋求院长交椅。因此,一个人可以投入自己的几乎全副精力去改进教学,去研究难题,而不是去追求晋级和擢升。

⁂

剑桥创造力的另一个源泉,是专业之间或学科之间没有不可逾越的障碍。某些风马牛不相及的知识范畴互相会合之日,便是产生最大的发明和发现之时。这种融会贯通,在过分专业化的常规趋势下难以实现。深钻一个问题固然需要多年的训练,但是仅凭技术和勤奋不可能逼出一个新的答案。必须对其他学科的进展略知一二,才能解决某些最大的知识难题。

图30 欧内斯特·卢瑟福在老卡文迪许实验室的工作间,1930年代

就是在这个房间里,核物理之父卢瑟福完成了他的大部分惊天动地的实验和发现,其中包括首次原子分裂前夕的一些决定性工作。由于当时的条件所限,工作间的许多设备是这位伟大的实验科学家亲自设计和亲手组装的。

我在采访一些成功的剑桥科学家时注意到，他们在多种学科的高级技能之间轻车熟路地游走。一位宇宙天体学家有可能懂得丰富的化学、生物学、物理学和数学知识，足以帮他解答他自己那门学科的专业问题。我认识的一位人类学家学富五车，不仅深谙世界上多种文化的大要，而且掌握着雄厚的历史、语言、文学和考古知识。

剑桥的学院制促进了跨学科交流的广度。在我访问过的许多大学，人们一般只认识本学科和邻近学科的人。但是在剑桥诸学院，如果你是一名本科生，你会和来自种种不同学科的人交朋友。如果你有朝一日做了院士，你会和科学家、哲学家、古典学家或其他遥远学科的专家成为高桌上的邻座。你会迅速发现你们有多少共同点、又有多少区别。你需要向这些聪明的外行简明扼要地解释你的研究，在此过程中，你也廓清了自己的思路。学院生活可以变成一堂长期合作的跨学科研讨课。基于院内成员之间多年的熟识、友情和共同责任，你获得了一条轻松而平等的通道，去洞悉大量其他学科的最新进展。

我想不起还有什么比学院制更具独创性的办法，可以造成如此坦途，引导你跨越障碍，对某个遥远而独特的学科发生顿悟。某些恢宏的问题，从生命的奥秘、历史演进的规律，到人类文化的共性，只有动用人类几千年累积的知识和见解，才能求得答案。而在剑桥，这种浩大的思想库既是有形的，也是虚拟的，既能在实体的图书馆、实验室和计算机里找到，也能在智者头脑中的虚拟图书馆、实验室和计算机里找到。

经济学家和哲学家亚当·斯密相信,知识发现的主要动力来自好奇心,或"好问和惊奇"。你的眼前是一个又一个的谜团:为什么两个看似无关的现象深究起来却有明显纠葛?是什么使得物体下落?世间最小的元素是什么?人类为什么如此好斗?你的头脑产生了兴趣和疑问,你亟欲拿出一个答案。毋庸置疑,大学的核心精神就是好奇,盖因学术生活的主要内容就是力图答疑解惑。解决了一个难题,你的头脑立刻又面临下一个难题。

剑桥的教育体系立足于两大思想源流。其一是古希腊思想,它的非凡之处是鼓励人们提出问题和为老问题寻找新答案。其二是中世纪英格兰的法律传统,它鼓励人们在为难题寻求可信答案时,进行对抗性的论辩。两个源流彼此交融,产生了一种独特的求知行为,这种求知行为最终成为了文艺复兴和科学革命的要素。

这个"新大西岛"*的样貌如何?可以通过什么途径抵达?又一位剑桥出身的巨匠——弗朗西斯·培根——作出了回答。培根的方法论讲究以实践检验理论,提倡仔细观察自然现象,以便刺透事物的表象,发掘潜藏的通则。由此,他不仅绘制了一个有待发现的新世界的蓝图,同时也提供了一些探索新世界的工具。

培根的方法论仅仅是一整套不可或缺的思想技术中的一个组成部分。除此以外,灵感、猜想、假设也同样重要。不过归根结底,

---

* 暗指弗朗西斯·培根(1561—1626,英国哲学家、科学家、政治家、法学家)的小说《新大西岛》(*New Atlantis*),书中描绘了一个追求科学知识的理想国。"新大西岛"遂成为复兴科学和追求科学知识的代名词。

无论是培根，还是其他千千万万个西方思想家——从莱奥纳多·达芬奇直到爱因斯坦，其全部努力的基点仍是对世界之道的好奇心，犹如一个好奇的孩童，提出简简单单的问题，但不肯被肤浅的答案所糊弄。

世界上绝大多数思想重镇倾向于远离好奇心，视之为幼稚的执念。学术环境中隐含着多种可以压抑好奇心的力量。譬如，机构内部的精英统治集团过于强大，死死压制年轻一代，惟恐他们的思想威胁其权力。但是根据我的个人体会，这种现象从未在剑桥酿成气候，相反，剑桥大学及诸学院那种纵横交错的平衡机制保护了个人，使之获得了挑战正统的独立和自由。

例行公事也会压抑好奇心。年复一年地讲授和研究同一个课题，是对好奇心的销蚀，剑桥也不能完全免俗。但是就我们社会人类学系而言，可以肯定，它永远要求讲授新课程和新问题，永远在招收新领域或新课题的博士生。这种做法有利于保持好奇心的鲜活，虽然也可能带来过量的刺激性和可能性，从而导致过犹不及的危险。

玩世不恭，认为世间一切要么已知要么不可知，这种态度也会压抑好奇心。但是，如果你所在的大学有史以来不断产生重大的发现，不断涌现崭新的学科，不断传来偶然的突破如何重塑人类世界的消息，那么，这些美妙的体验定能消除你的讽世和厌世情绪。

我一直觉得，剑桥总体说来是个清新的、充满希望的地方。这里的人何尝不明白，万物皆无终极认知的可能性。他们身为哲学家和科学家，好几百年前已经预见了这种后现代的怀疑主义。尽管如此，我认识的很多剑桥人依然保持了中世纪知识复兴时代的勃勃朝气。他们深信,客观世界满含着线索,引向那些尚未探知的奥秘,而我们自己一生中也有机会贡献一两个答案。他们像儿童一样满怀憧憬,或者像牛顿一样,自况为一个站在知识的汪洋之畔、往海里扔进了几粒鹅卵石的小男孩。

心灰意冷,觉得没有足够的时间、资料、兴趣或回报去实现学问的价值,这种挫败感也会压抑好奇心。不过,即使从这个角度衡量,我认为剑桥也还是一个助长好奇心的福地。在我的剑桥岁月中,好奇心驱使我开展过十几个研究项目。英国个人主义的起源和性质如何?资本主义的文化是什么?自由从何而来?爱情的本质是什么?日本是怎样一个国家?茶叶为什么能征服世界?玻璃产生了哪些影响?——这还只是我的知性探秘的少数几例。

我必须有充裕的时间,才能取得一点进展,俾以证明我的好奇心不会导向一条死胡同。剑桥提供了适量的假期和合理的休假制度,所以我压力虽大,依然能找到必要的时间。而且,只要你掌握了集中精力、见缝插针、将一件工作分段完成的窍门,你也能无中生有地变出时间。

然而若无其他的刺激之源,你将白费时间。第一个刺激之源是在求知过程中同他人——尤其是乍看之下与我们的专业相去甚远的人——的对话和合作,这一点前文已经讨论,故不赘述。第二个刺激之源是合理的教研结构。很多人将教学与研究视为一对矛盾,红衣主教纽曼的《大学之理念》是此种观点的一大代表。确实,如果你承担着超负荷的学生辅导任务,你的创造力将会枯竭。但是一般说来,如果你承担着一定的教学工作,因而不得不学习新知识、深入浅出地传授知识、了解年轻人的兴趣之所在,这种压力反而是一种动力。我注意到,有些人离开教学岗位,走上了纯研究之路,或者彻底脱离了学术生活,自以为将更有建树,实际上并无建树。他们似乎丢失了研磨珠玉的沙砾。

另一个刺激来自数据,例如原始资料、档案记录、累积的知识和信息。剑桥充溢着灵感的源泉,其中最显见的是图书馆。我很容易在图书馆里找到目标书籍,因此我经常能将朦胧的预感变为成熟的思想。通过搜索图书馆我又意识到,知识的获得可以是一种多么偶然的拾取。

例如我在研究玻璃的影响*时发现,玻璃有多种用途,每种用途之间界线分明,又各有自己的局限。不同的图书馆和博物馆展现玻璃的不同用途。科技性玻璃、艺术性玻璃、消闲性玻璃,分别在不同的地方展出和供人研究。就连剑桥大学图书馆也有相关的收藏,只不过数量有限。由于我能穿梭于好几座优秀的图书馆和博物馆之间,我找到了我所需要的一切。

博物馆旧称"奇物陈列室",专为研究奇物提供线索和酝酿答案,在这个意义上,剑桥是一个巨大的奇物陈列室。毫无疑问,一名剑桥科学家的工作环境无异于一个奇物陈列室。毗邻的实验室传来的消息,另一层或另一栋楼正在开展的研究,高桌上的偶然谈话,由此引发的饶富成果的长期合作,这一切叠加起来,使剑桥变成了一架智慧和情感的机器,它既集中又分散,并且"适合于用作思想工具"。

---

* 作者有专著讨论玻璃对世界的影响,见其 *The Glass Bathyscaphe*;*How Glass Changed the World*(中译本《玻璃的世界》,商务印书馆,2003 年)。

为了保障创造力的可持续喷发,剑桥设立了足够的界线和护栏——厚重的大门,排外的俱乐部,隔离的时间和空间,不同的图书馆和实验室,休假期和研究期。然而剑桥并非一个严防死守的堡垒,流动不息的人口、络绎不绝的访客和学生、当今的互联网革命,使剑桥兼备了"渗漏性"。事实上,剑桥是一张巨大的国际网络的组成部分,凭借它的卓越声望,它与世界上最优秀的大学和机关建立了往来关系。剑桥既是一座外省小城,又是一所开放的大学,人们在这里钻研无限宏大的问题,同时也让自己的好奇心冲出樊笼,飞往世界各地。

✥✥✥

我发现,每当我致力于写作或解答一个困难的问题,我会变得格外心不在焉和健忘。这种冬烘的健忘症已成为一种人人皆知的脸谱。伟大的科学家 J.J.汤姆森是电子的发现者,据说有一天他的妻子注意到,他把他的正常服装遗忘在床边,人却出门了。汤姆森夫人只好在晨雾中穿街走巷,满世界寻找这位想必穿着睡衣的三一学院院长。

当一个人沉浸于深奥的谜题时,可能会忘记琐事。亚当·斯密,就像我认识的几个剑桥人一样,喜欢一边走路一边喃喃自语。据传闻,他曾将面包碾碎,当作茶叶放进茶壶,弄得他的客人无所措手足;还有,在他思考"国富"之成因的那段时期,他经常穿着睡衣踱出去,沿着法夫海岸徜徉。*

---

* 国富,指亚当·斯密(1723—1790;牛津大学出身)所著《国富论》。法夫,Fife,苏格兰地名,亚当·斯密的出生地。

牛顿说，若欲解答"宇宙之谜"，一个人必须罄尽全部时间去思考。如此心无旁骛并不容易，奇妙的是，这种全神贯注的能力似乎正是许多剑桥伟人的标志性特点。其实整个英格兰民族的强项就是：为了取得一次突破，宁愿长久而高度地专注于一个问题，付出"99%的汗水"。托克维尔有一次致函格罗特夫人，* 论及英格兰的民族性格："您说英格兰人性格单纯，此议极是。英格兰人的视野虽有几分狭隘，却聚焦清晰：他们只看见所看之事。他们一次只做好一件事情。"①

图 31 艾萨克·牛顿塑像

三一学院礼拜堂的艾萨克·牛顿塑像，作者为路易—弗朗索瓦·鲁比亚克。诗人威廉·华兹华斯曾描述：牛顿的塑像伫立在礼拜堂前厅，手持棱镜，面容宁静。另一位诗人亚历山大·蒲柏为牛顿题写了这样的墓志铭：自然和自然法则在暗夜中深藏；神说：要有牛顿，就有了光。

[摄影：莎拉·哈里森]

---

* 托克维尔（Alexis de Tocqueville, 1805—1859），法国历史学家和政治学家。格罗特夫人，英国古典史学家乔治·格罗特（George Grote, 1794—1871）的妻子。

① 托克维尔：《回忆录、信件和遗稿》，第 2 卷，第 365 页。

弗雷德里克·桑格是一个格外突出的案例，证明了英格兰人如何顽梗，如何一根筋地探索无比复杂的问题。这位剑桥生物学家不是一次、而是两次，从事又艰难又费时的工作，为胰岛素和一种噬菌体进行人工测序。另一个案例是剑桥人类学家詹姆斯·弗雷泽，据说，为了写作长达十二卷的人类学巨著《金枝：巫术与宗教研究》，他专心致志地连续工作了二十多年，每年工作三百六十四天（仅仅在圣诞节休假一天），每天工作十几个小时。

❧ ☙ ❧

这种匪夷所思的专注，来源于英格兰民族性格中的两个特点。这两个特点都给历史上的外国观察家留下了特别深刻的印象。第一个特点是个人主义，这是我本人终生研究的课题，始于我青年时代的著作《英国个人主义的起源》。当时我惊愕地发现了一个非同寻常的事实：从古代——那时候剑桥尚未诞生——到现代，英格兰人的行为方式一直充满个人色彩，就仿佛社会是由个人而非由集体组成的。其中的每一名个人，犹如荒岛上的鲁宾逊，都被视为英格兰社会的一个完整缩影，全须全尾，独立自主，并且拥有一颗内在的灵魂、一组与生俱来的权利及义务、一种恒定不变的人格。

当我以尼泊尔、日本和中国为立足点，回头打量英格兰人，看见他们如台球一般彼此撞来撞去的时候，我迷茫了。世界上几乎所有的文明和社会都将集体置于首位，认为人际关系高于个人；然而，从英格兰的法律——至少13世纪以降的法律，从英格兰的语言、宗教以及生活的各个层面，我们可以看出，英格兰的独立的个人早已与这种常规模式背道而驰了。

虽然英格兰人为什么彼此独立还是一个不解之谜,虽然我认识的所有剑桥思想家无疑嵌在一张知识合作的巨网之中,但是本书讨论的要点并不在此,而在于,英格兰人觉得自己基本上是独立自主的个体,能随意追求自己感兴趣的知识,不太受制于任何大于个人的集体。

⋄⋈⋄

第二个特点是确然主义。确然主义可定义为:坚信在这个"真实的"世界里存在着牢靠的"事实"和恒定的"价值"。英格兰的法律之所以要求人们宣誓,"说真相,全部真相,绝无谎言",正是出于一种确然主义信念——坚信事物中肯定存在唯一的、可发现的"真相"。早在弗朗西斯·培根详述科学研究的方法论以前很久,确然主义信念已经成为英格兰的整个科学传统之根。后来,英国皇家学会草创时*吸收了这一信念,而且显然,那些与我长谈事业的科学家和社会科学家也将它存于心底,直奉为一种宗教信条。

据乔治·奥威尔观察:"英格兰人今天仍然信仰正义、自由、客观真理之类。这些理念也许是幻觉,然而它们是强有力的幻觉。"① 英格兰人似乎深信,"真理"和"事实"是一种独立于观察者的客观存在。当然,英格兰人完全知道人们怎么撒谎,也知道人人

---

* 英国皇家学会(Royal Society)创立于1660年,获查理二世颁发的皇家令状,是世界上最老的科学协会。早期成员包括很多牛桥人物,他们均将弗朗西斯·培根视为智慧之源,并将其《新大西岛》视为奋斗目标。

① 乔治·奥威尔:《狮子与独角兽》,第45页。

都在极大程度上主观建构自己的世界——恰如贝克莱主教对一棵树的思考。但是英格兰人在内心深处对客观真理怀有一种信念,也许这真理难以证实,但是这信念对于科学不可或缺。因此爱因斯坦坚定地说:"上帝从不耍花招。"若无这种信念,谁会为虚无缥缈的"科学"奉献巨大精力和全部生命?

欧内斯特·盖尔纳是一位出身剑桥的哲学家和人类学家,他将极端的构成主义和极端的相对主义斥为"认识论的瘟疫"。一旦被它们所困,所有筚路蓝缕的努力都将变得了无意义。如果科学实验室只是一些本质上与商店或足球俱乐部毫无区别的社会组织,那又何必白费劲?如果每个人对世界的认知最终都是同等有效,或同等无益,那又何必做下去?要想葆有继续搏击未知海洋的勇气,就必须坚持直觉,相信一片遥远的国土一定存在并有待你去发现,而且相信自己的发现一定能或多或少地改善世界。

学者的工作似乎经常是劳而无功,经常是一种漫长而烦琐的活动,驴推磨似的枯燥,而且,不是一无所获,就是重复前人的旧绩,偶有回报,恐怕也是二十年以后的事情。著作、实验、论文进展滞缓;头发渐渐花白;朋友们在背后嘲笑你虚掷了生命。这时你很容易丧失希望,变得愤世嫉俗,转而退缩到某种立竿见影的工作之中,譬如去搞行政。

尽管如此,我们在许多伟大科学家的工作中仍可见到一种执著追求可信知识的精神,美国作家爱默生发现,这种精神也是整个英格兰民族的特性:"英格兰人对事实独具只眼,他们的逻辑是一种将盐送往汤、将锤送往钉、将桨送往船的逻辑,是一种厨师、木匠、化学家的逻辑,它紧跟大自然的次序,绝不为人的言辞所左右。"①

只有盲目地保持惊异感、困惑感、好奇心——如爱因斯坦常说的那样,才能拂去踟蹰和犹疑。只有相信世界**并非**充满幻觉,或者充满印度教和佛教哲学家宣扬的"幻境",才能拥有充分的理由,去坚持艰辛的求索,甚至不惜回归本学科的基层,从那里创造出全新的东西。

剑桥的年龄越来越老,但它设法做到了青春永驻;剑桥充满魔幻的气氛,但它从神秘中散发出现实的芬芳。对于一切与剑桥有关的人,它今天还在继续使他们愉悦、发笑、恼怒、激奋,而且有望世世代代继续下去。

---

① 爱默生:《英格兰人的特性》,第65页。

13

发　现

1953年2月28日夜晚，在剑桥鹰酒馆的深处，一小群人正聚在一起喝酒。忽然，小组的又一名成员神情激动地跑了进来，宣布："先生们，我们终于发现了生命的奥秘！"

DNA双螺旋结构的发现居然是在一家酒馆里宣布的，岂不怪哉？更奇怪的是，弗朗西斯·克里克居然说对了！这项著名的发现确实窥破了创造和复制生命的奥秘，尽管当时没有人立刻预见它的意义。然而我们应当记住，这一刻只是个高潮时刻，此前铺垫着五百年来*数学和多种科学领域的无数发现。

从剑桥毕业或在剑桥长期工作的科学家们有过不计其数的重大发现，DNA的故事仅仅是其中的一个。伟大科学家的花名册还包括威廉·吉尔伯特、弗朗西斯·培根、威廉·哈维、艾萨克·牛顿、查尔斯·达尔文、詹姆斯·克拉克·麦克斯韦、J.J.汤姆森、欧内斯特·卢瑟福、保罗·狄拉克，等等等等。自20世纪初诺贝尔奖设立以来，剑桥已有八十余位科学家荣膺奖项。

一座蕞尔小城，何以能有如此密集的智力资源，不仅在多种不

---

* 指剑桥大学从16世纪成为世界首屈一指的教育重镇以来。

图 32　弗朗西斯·克里克和詹姆斯·沃森

弗朗西斯·克里克和詹姆斯·沃森，以及他们的 DNA 双螺旋结构（发现于 1953 年）模型。克里克和沃森是 17 世纪艾萨克·牛顿等人开启的科学传统的继承人，也是 20 世纪八十余位荣膺诺贝尔奖的剑桥科学家的代表。

同的学术领域不息地喷发，而且将一系列探索远远地推向了纯学术王国以外？

　　前文论述广义"教育"在剑桥的运作，已经勉为其难，现在，试图描述一种保障了可持续的知性活动的大环境、一种引发了重大成就的背景和机遇，我更觉得力不从心。诚然，我对大约八十位来自艺术、人文、社科、理工领域的剑桥人物进行过视像采访,通过这个宽阔的横截面,我多少察知了剑桥人生活和工作的究竟;诚然,当我的采访对象侃侃而谈时,他们的话语传达了剑桥施与他们的刺激和压力,也揭示了地理、传统、机遇怎样在重大的成就背后发挥作用。① 但是,一旦将采访中的言谈转录到纸上,它们顿时变成了离开大海之后的枯索的鹅卵石——魔力消失了。因此,关于知性创造力的大环境这一问题,请允许我改用我本人的观察和体验来回答吧。

〜∽ೲ ೨∾〜

在我的印象中,剑桥永远是一个机遇的作用格外显著的地方。生活当然离不开运气,然而,因为这座小小的大学城只是个一览无余的简单舞台,所以只要有什么偶然机遇将你领向了一条全新的道路,你就没齿难忘,连地点和时间也会铭刻在心。在我对剑桥著名思想家的多次采访中,都曾发生这样一幕:他们回忆起他们的某次令人兴奋的机遇,我也联想到我的某个幸运时刻。

我们的剑桥历程似乎充满机遇,这种感觉,不仅因为我们对时空的记忆太过确切而增强,而且因为另一个事实而加深。一个人的剑桥生活主要就是对知识谜题的一次探问、一次侦缉、一次求索,犹如一位中世纪骑士孑行于午夜的荒林,未敢对线索怀抱太大的期望。对于这样一趟旅程,最可贵的当然是一次不期而遇。

---

① 这些采访,一部分可见于我的网站 www.alanmacfarlane.com,另一部分可见于 YouTube 的 Ayabaya 频道。[另可参见本书所附"采访手记"。——译者]

在许多局域之内,这种不期而遇不太可能发生。一群思想雷同的人关在一个无形的玻璃泡里,自行其是,与外界人物相遇和深度合作的机会微乎其微。必须跋涉到远方,才可能有此幸遇——所以我和尼泊尔人、日本人、中国人建立了牢固的工作关系和友谊。如果圈在英格兰域内,我们大概很难获得平等、信任、安全感、好奇心等不可或缺的因素,去铸就一条跨越人与人之间辽阔差异的纽带。

但是我发现,剑桥不仅盛产杰出而有趣的人物,而且由于同一个社会单位拥有多名成员,大家很容易在这个"俱乐部"之内实现跨界交流。以我的亲身经历为例,我发现我一直能够从容穿梭于历史学、人类学、社会学、人口统计学、计算机、摄影、博物馆之间,开展跨学科研究;也能够从容弥合学术人、生意人、媒体人的职业差异,将三种工作兼于一身。

如果我们把自己想象成一群正原子或一群负原子,那么,当我们吸引遥远领域的人和思想,或者反过来被他们吸引的时候,必会产生最强大的效应。虽说在一种思维模式之内因循、在一个学科之内寄身的时候,也照样能作出某些有益的知性突破和知识贡献,但是剑桥的可贵之处在于,它哺育了数量惊人的"思维模式转换"型的思想家,他们在诗歌、哲学、生物学、物理学、经济学、人类学或其他领域开创了崭新的范式。剑桥拥有人数众多的"……之父";一批"……之母"也在脱颖而出。

依我看,剑桥的最大妙处是,无论在它的内部,抑或通过它的威望和人脉,我们都有很高的机遇结识令我们钦佩和惊奇的人物。剑桥是一个汪洋,滋养着无数大大小小的鱼儿,也蕴藏着营养丰富的海产。借力于它的崇高威望、卓越资质、整体风气,它把偶然变得像是蓄谋。

达尔文的理论被公式化为"随机的变异,有择的保持"。剑桥就是一个充满着随机的变异的地方。优秀的学生、大量访客、各种研究项目,形成了思想和能量的速动,频频在剑桥引发地震。但是与此同时,剑桥也不乏稳定性和安全性,能将随机的变异转化为有择的保持。1973年我与计算机专家肯·穆迪相识,从此开始了计算机、历史学、人类学的跨界合作。我们的邂逅是一次偶然,但它一朝发生,这种伙伴关系就不难保持下去,三十年多年来,已经有三代计算机学生向我伸出援手。

常言说:"幸运之神眷顾有备之心。"心智的准备仅仅是一厢情愿,还需幸运之神将富饶的种子撒进心田,可喜的是,这种几率在剑桥高得惊人。一个显而易见的原因在于剑桥的卓越质量,你仿佛是在和一群特别优秀的选手——其中也包括你的学生——对决,这必然造成一场精彩的比赛。

谁都结识过乏味、沉闷、墨守成规的人,但是时而也有非凡之辈来丰富我们的阅历。在剑桥,即使参加最无趣的委员会或其他会议,我也能觉察在座的许多人比我聪明,而且对我不甚了解的领域有着迷人的洞见。如果碰巧能结伴长行,他们一定能提供奇妙的谈话和意见。

✿❦❧✿

爱因斯坦说:"一个闪念若不荒诞,则必无希望。"我喜欢这个说法,因为它提醒了我们:学术生活还有一个较少为人所知、但是更加激越的侧面。克里克自传的标题，《多么疯狂的追求》，是对这个侧面的又一份剀切描述。

像很多人一样，我从小对学术生活萌生了一种想象，我以为，在人文和科学领域取得重大成就的基础，主要是不惮其烦、按部就班地积累"事实"和"数据"。在我早年的研究工作中，我坚信一名研究者必须像一名考古学家那样，到野外去收集星星点点的信息，譬如，历史学者应当从文献中收集历史片段，文学评论者应当收集文学残本，人类学者应当收集人类行为和心态的点滴表现，而科学家呢，据我想象，则应当收集一批观测数据。勒内·笛卡尔在他的《方法论》中，也曾论述一个人怎样完成"已知－无知－新知"的认知过程，怎样循序渐进，怎样将问题分解成片段，然后组装成一幅完整的拼图。

这些做法的必要性自不待言。我今天也仍然坚信，"事实"是存在的，耐心的探索、收集、综合、整理、检验也是必需的。这方面的范例，恐怕应当是一位 F. W. 梅特兰、一位詹姆斯·弗雷泽爵士、一位弗雷德里克·桑格，或者一位李约瑟的巨量劳动。他们曾经逻辑井然地检验和综合了浩如烟海的"事实"。

但是最终，还需要一种别的品质，方能取得一项重要的新发现、开启一扇前人尚未开启甚至尚未觉察的活板门、改变一种思维模式、看见一件前人不曾看见的事物。人们给这种品质冠上了五花八门的名字：直觉、猜想、荒诞的预感、标新立异的类推，等等。有了这种品质的介入，"常规的"科学渐进才能发生飞跃，质变为扭转乾坤的"思维模式转换"。

图33　F.W.梅特兰

弗雷德里克·威廉·梅特兰,伟大的历史学家、法学家和政治学家,1888—1906年任"唐宁英格兰法教授"。梅特兰是剑桥人文社会学科众多思想家的代表,他无比精辟地阐述了信任和信托概念,并指出这就是剑桥大学的立足基础。

［比阿特丽丝·洛克绘于1906年］

剑桥令我深爱的一点是,它有史以来培养了好几十个这方面的表率人物。他们是精神世界的哥伦布和库克船长,敢于冲出安全而明智的已知世界,趟入危险、荒诞、疯狂、前途难测的未知深海。幸哉,我不仅与他们的鬼魂同行,而且时时碰到他们的真身。

追求"荒诞"的人少之又少,其原因多种多样。有些人缺乏时间或者得不到鼓励,无以将荒诞的直觉变成确证(像牛顿那样,将本能的设想变成众人能识的数学公式);有些人缺乏一伙同样"疯狂"的同事,无以通过辩论和讨论而摈除无理无效的论点;也有些人纯粹是缺乏自信。当你迈出前途未卜的一步,跨越障碍,摘除眼罩,抛弃自己一度笃信、现已成为你改变方向的潜在绊脚石的某些真理,你的做法既危险又困难。

更安全、更轻松、更能取悦亲友的做法,是行驶于海图清晰的航道,然后去收取不多不少的回报,去博得同样中庸的同伍的赞扬，而不在乎那些眼神狂乱的、说方言的*教士作何评价。但是，剑桥却容忍了疯狂的先知、捣蛋的怪人，以及早餐以前相信了一千件不可能的事情的狂想家。**

✌︎ ☙ ❧ ✍︎

我在剑桥大学的亲身经历就是明证。我的兴趣和直觉可以信马由缰，我的某些念头一眼看去仿佛不着边际，却没有谁为了迫使我出成果、从众、从属一个密闭的小团体，而横加阻拦。大家理所当然地认为，应当允许好奇心自由驰骋。我初入剑桥的那一刻，便在我的第一位良师益友身上见识了这种气质。杰克·古迪时任人类学系主任，是横向思维和奇思怪想的典范，喜欢把注意力转向四面八方，能够引人入胜地撰述各种主题——爱情、亲属关系、财产权、花卉、烹饪、科技、伊斯兰教，无所不涉。

从这些思想实验中，杰克·古迪早已发现、而我当时正在发现：一旦放开眼界，一旦遵从"与其精确地错，毋宁粗略地对"***的箴言行事，你的智力活动便能臻于最佳状态。头脑的运行，犹如农

---

* 说方言，speak in tongues，原指"圣灵的祷告语言"，即一些像是语言、实则不知所云的声音，如教士的念念有词。语出《圣经·哥林多前书》："那说方言的，原不是对人说，乃是对神说。"

** 语出《爱丽丝镜中奇遇记》（一位笔名为 Lewis Caroll 的牛津作家所著）。爱丽丝说："一个人没法相信不可能的事情哪。"而女王说："我敢说那是你练习得不够，我像你这么大的时候，每天总要练半个钟头的。嘿，有时候，早餐以前我已经相信了六件不可能的事情呢。"

*** It is better to be roughly right rather than precisely wrong，有人说这句箴言来自凯恩斯，但是据信它应来自英国哲学家卡维思·里德（Carveth Read，1848—1931）的"It is better to be vaguely right than exactly wrong"。

夫的刀耕火种,每隔几年必须迁移到一个全新的、或许仅仅略有关联的课题。只有当我们试图理解一个游弋在我们能力极限之边缘的问题时,重大发现的快感和更深刻的见解才会倏然降临。翻来覆去研究同一个问题,犹如年年在同一块土地上种植同一种庄稼,终不免意兴阑珊,失去生产力。

当然,荒诞也须适可而止。成千上万个念头和方案在脑海里涌动,其中大多数无疾而终,但是,经过朋友和师长诚恳而尖锐的批评,也有少数几个存活下来,由于最初像是不可能的事物,它们现在反倒耐人寻味,说不定可以揭示始料未及的关联问题。譬如,我对信任、现代性、茶叶、工业革命、玻璃、文艺复兴的研究,就是始于一些荒诞的念头。

这确实是"疯狂的追求",然而若无一点疯狂,连同疯狂中的一点正确方法,人类对自然世界的认知不可能深化。如果思想者的唯一任务是反刍古人的思想,我们没有理由将一个思想家团体保存至今。因此,剑桥的教师鼓励学生在论文中、在讨论中、在美术、戏剧和体育活动中不断试验新的思想,惟其如此,他们才有望奔赴一个美好的未来,在那里坚持冒天下之大不韪的探索,惊喜地发现别人未曾发现的天地,"尽站在达利安高峰上沉默"。*

这也意味着知性活动中饱含风险。你可能犯错误,可能让自己贻笑大方,可能把年华虚掷在虚假线索上,还可能浪费别人的时间和金钱。你甚至可能遭遇实实在在的危险,例如实验室事故、版权

---

* 出自英国诗人济慈(John Keats,1795—1821)的《初读贾浦曼译荷马有感》,此句为诗中最后一句,表达了济慈在发现贾浦曼所译荷马诗时的狂喜。译文自查良铮。

官司、"田野"里的不测。

谨慎不足和谨慎过度仅有毫厘之差,而我四十年来最欣赏的是,剑桥在这根细细的钢丝上游走自如。一方面,剑桥从不打击知性冒险的勇气,允许个人自愿冒险并承担后果,另一方面,剑桥又为个人提供必要的指导和长期的支持。不过,无论对于精神风险还是实际风险,剑桥只能算一种极其有限的"反风险文化",并不将健康第一和安全第一奉为圭臬。

✍ C☙ ☜O ✎

有一句名言说:"科学家是一台将咖啡变成定理的机器。"* 怪道剑桥如此推崇刺激性饮料,对咖啡、茶、啤酒、雪利酒、葡萄酒、波尔图酒如此青睐。这些刺激性饮料对于剑桥的社交性和创造性究竟发挥了什么作用? 这是一个值得思考的问题。

在世界上的许多文化中,总有一两种令人陶醉的提神物质遭到禁止,例如伊斯兰教和某些基督教派的禁酒。在剑桥,有些先生也许是绝对禁酒主义者,但这并不表示剑桥全面禁酒。事实上,假若你果真禁绝某种刺激性饮料,你恐怕还得对自己的立场作一番解释才行。

咖啡是一种强刺激物,可以帮助疲劳的学生或学者榨出一点额外的精力。灵感是不会按钟点出勤的,所以论文常在深夜写作、教案常在深夜准备、计算机常在深夜才有空。这就要靠咖啡来鞭

---

* 匈牙利数学家保尔·埃尔德什(Paul Erdös, 1913—1996)的名言,原话为"数学家是一台将咖啡变成定理的机器"。

策了。另外,咖啡无疑又是一种社交饮料,因此剑桥的咖啡馆鳞次栉比,不仅可供观光团集合和休憩,也可供你热情友好地招待客人,与客人同享这令人神清气爽的饮品。我永远不曾忘记,当我从寄宿中学解放,升入牛津大学,用咖啡和饼干大宴党人的时候,是何等的痛快淋漓。学院的晚餐也会以咖啡和薄荷糖做尾食,在一整晚把酒对谈之后,将我们的头脑带回了现实。

茶却别有风味,它更加关乎所谓"英国性",沏茶、上茶、饮茶的过程也更加仪式化。与同事或学生开一个茶会,比喝一次咖啡更显正式。茶会一般备有食品,比如三明治,比如鲁珀特·布鲁克诗中吟咏的"蜂蜜",比如在漫漫的剑桥冬日里用煤气炉烘烤的面包或圆饼。实际上,茶是一种使人舒慰、轻松、提神、复元的多功能饮料。

剑河上或橄榄球场上的一次远征之后,或者一整天的教学之后,筋疲力尽的剑桥人总要履行英国的惯例,享受"一杯亲爱的老英国的茶"。在历史上的剑桥,供水系统并不洁净,饮用凉水可能导致痢疾、伤寒或其他传染病,而泡茶用的沸水和茶叶所含的酚帮助一代代剑桥师生抵御了这些疫病。如果没有茶,剑桥以及全英格兰不可能如此健旺。茶能带来宁静感和自信心,而且有证据表明,茶能将大脑的记忆力和联想力提高 20%,由此看来,茶很可能极大地增进了剑桥知性活动的效率。

✦ ❦ ✦

一百年前,剑桥郡的乡村像英格兰大部分地区一样,你在那里随处可以找到喝啤酒的地方。至小者如供应三五家邻里的小酒肆,至大者如供应驿车乘客的大酒馆,规模不可谓不齐全。小酒肆在我居住的这个沼地教区就曾有过不少,大酒馆至今仍可在马路沿线见到,市内的鹰酒馆、浴酒馆、蓝猪酒馆(这家酒馆现已不复存在)当时均属此列。而且,每一所学院也是一座大客栈,一样拥有地方官颁发的售酒许可证,有权供应各种浓度的啤酒。时至今日,学院酒吧仍很发达,很多人在那里交流知识和结交朋友。

人的大脑好比一根橡皮筋,当你从事阅读、写作、实验或其他高强度智力劳动的时候,它可以绷到极限。但它也需要时时放松一下。酒馆和学生酒吧是主要的休息场所,像游戏和艺术一样有效。长长一天的工作结束之后,师生们离开计算机房或老卡文迪许实验室,马不停蹄地向着鹰酒馆或浴酒馆进发。一场热烈的人类学研讨会结束之后,学者们迅速移师邻近的国王学院酒吧——在我隶属社会人类学系的三十多年间,这是我们的惯例。

很多剑桥人发现,一座热闹酒吧的喧腾的魅力、一杯淡啤酒的喜人的光辉,能造成一种陶陶然的效应,迹近涂尔干描述的宗教感之勃发。此时,困难、障碍、谜团似已自行化解,想象力却释放出来,乘着本能的翅膀与奇思妙想一同飞舞。隐秘的念头和内心的直觉变得一览无余。心扉洞开,俾以接纳友谊、交流思想、沟通感情。这倒有点像是另一个缄默的部落——日本人,平日里纵然守口如瓶,却也会躲进寿司店豪饮米酒。在剑桥悠悠八百年的英式畅饮中,很多人手边搁着半扎啤酒,心里酝酿出了新的解题之道。

幸运的是,啤酒自古以来相当淡,我的几个酒路老练的朋友一晚上可以喝下三四品脱,而不丧失走直线的能力。人们通常是慢慢吞吞地喝,沉思冥想地喝,从啤酒里汲取英格兰乡村的最宝贵财富,也就是吸收啤酒花的丰富营养和药效。古老的英格兰能将大约半数的谷物用于酿酒,这是其他国家晚近以前不敢梦想的,也是一种特殊欢愉的秘匙所在。

✼

现在谈谈葡萄酒。中世纪的英格兰不仅是个啤酒王国,也在法国葡萄酒的海洋中深深沉醉。英格兰的羊毛假道剑河和乌斯河而运往法国,从波尔多等地换回了源源不绝的葡萄酒。剑桥诸学院的酒窖非常出名,往往也非常贵重。二十年前我曾参与一个电影项目,拍摄剑桥一所学院的生活。我们获准拍摄了礼拜堂、图书馆、厨房和所有地方,唯一的禁地是酒窖。学院认为酒窖太脆弱(也太神圣?),经不起折腾。

圣诞欢庆宴的一大诱惑是学院的葡萄酒特供,品种之多,令人目不暇接。将近四十年前的一次经历我至今记忆犹新,当时我首次参加国王学院一个重要委员会的会议,会后献上了一道无比美味的白葡萄酒,我喝着喝着猛然惊觉:我是在品尝一种此生空前的佳酿啊!

古谚云:*in vino veritas*＊——字面意思是"真实在酒中",涵义却玄妙,不同的人有不同的解读,每令我一头雾水。不过我能肯定,在学院里与院士同仁们共享一顿美酒佳肴,确实令人忘情,这时我们仿佛可以直抒胸臆,吐出真言,忘却日常生活中的谨小慎微,袒露真实性情。有些真话平日藏在心底,杯酒下肚后,讲也讲

＊ 拉丁文,大致相当于汉谚"酒后吐真言"。

得更率性，听也听得更爽快。

此事无足为怪。上文谈到的所有饮料都含有刺激性，能使人类的思维设备，即大脑神经元，产生某种化学变化。人类已从多种物质中记录了这种效应，近到仙人球毒碱和LSD，*远到激发柯勒律治和德昆西灵感的鸦片。** 剑桥出身的诗人A.E.豪斯曼也承认，他习惯于饱餐一顿午饭，豪饮一通啤酒，然后在微醺中出去散步。他的诗作《什罗普郡少年》的每一节，都是在这种状态下一字不漏地自动跳进他的脑海的。葡萄酒和啤酒使人陶醉和放松，是一种让头脑换档、让视角移位的手段，与散步、淋浴、园艺、运动有异曲同工之妙。

进一步分析，这些饮料又都具有表意功能，可谓社交饮料。剑桥生活讲究亲疏，既要保持疏远之自由，又要与朋友亲密交流。正如圣餐礼上用葡萄酒表示与基督的亲密无间和合为一体，剑桥人也用葡萄酒表示大家不分彼此。高桌餐毕，来一巡波尔图，或者给客人和学生敬一杯雪利；研讨会或书籍发布会结束后，喝上一杯葡萄酒——这些做法表达了亲密，也制造了亲密。英格兰万事皆有阶级寓意，酒品自然也能表达阶级差别，例如，雪利酒的规则便是一面阶级的镜子：酒越干，人越上流。

---

* 两种迷幻药，前者又译"酶斯卡灵"，后者全译名为"麦角酸二乙基酰胺"。

** 柯勒律治（Samuel Coleridg, 1772—1834），剑桥出身的英国诗人；德昆西（Thomas de Quincey, 1785—1859），英国作家。据说两人都是因病而从小养成了吸食鸦片的习惯，后者甚至著有《一个英国鸦片瘾君子的自白》一书。

✥✥✥

艾萨克·牛顿不单是"钟表式宇宙"的领衔建筑师之一,他还赐给了我们对光的最深刻认知。当年牛顿为了做光学试验,认认真真地研磨了一片又一片透镜;而今我在采访剑桥杰出科学家的时候,发现他们也沿袭了这种"亲躬"传统。剑桥科学家常常亲手制造和改造复杂的科学工具,绝不止步于利用现货。

僧侣、贵族、知识分子的常规倾向是藏身于象牙塔,对物质世界避之唯恐不及。婆罗门不干一丁点儿的体力活;佛教信徒也大都规避实际工作;欧陆许多地区的贵族则是"有闲阶级"的早期代表,而所谓有闲阶级,已被索尔斯坦·维布伦挖苦得体无完肤。*数学、哲学或诗歌越纯粹,或者说离实用性越遥远,它的地位就越高超。

但是英格兰人与众不同。历史上早有观察家注意到,无论是英格兰的知识分子,还是知识分子的母体——士绅阶层,都醉心于亲自动手干活。他们在农田上试验种庄稼,导致了英格兰的农业革命;他们在工棚和实验室里修理小器械,引发了英格兰的工业革命。美国人爱默生写道:"英格兰民族的性格偏向是一种实用狂。他们酷爱杠杆、螺丝、滑轮、佛兰德斯挽马、瀑布、风车、水车,甚至酷爱海与风,因为能承载他们的货船。"爱默生继续盘点:"英格兰人具有精确的感知力,故而酷爱斧头、铁锹、船桨、枪炮、蒸汽管;他

---

* 暗指索尔斯坦·维布伦(Thorstein Veblen,1857—1929,美国挪威裔社会经济学家)的《有闲阶级论》(*The Theory of the Leisure Class*)一书。

们的发动机也是自己造来自己用。"①

全英国概莫能外。例如,18世纪伯明翰月光社的成员中,就包括詹姆斯·瓦特和马休·博尔顿这两位蒸汽机之父。昔日的剑桥虽有知性主义和势利之嫌,但也分享了这种知性与实用性两不误的举国兴趣,给工程学、化学、应用数学、设计学逐个进行了一番"原子位移"。查尔斯·巴贝奇、查尔斯·达尔文等人不仅是象牙塔里的思想家,而且不遗余力地亲自建造、收集、"把手弄脏",足以引起别国同等英才的震惊乃至厌恶。

举凡工作,都是既有抽象的、理论的一面,也有实用的、动手的、诉诸器械的、建构性的一面,英国的传统是虚实并重。我一直觉得,这在剑桥尤其是一种硕果累累的传统,值得我们身体力行。同事走进我的办公室,看见电线、电脑、扫描仪、摄影机纠结成一团乱麻,偶尔也会打趣或表示不解,然而他们的基本态度是宽容。从物质角度论,记录和分析一个变化的世界可能需要用到昂贵的器械,但是剑桥大学和国王学院永远都能提供支持。

"皇家天文学家"马丁·里斯现任三一学院院长,我最近采访他时,被他的一席话深深触动。他斩钉截铁地断言,天文学领域的大部分进展都是技术改良的结果,尤其得力于望远镜和计算机能力的提高。其实,化学、物理学、分子生物学、医学、甚至纯数学的突破性成果也大抵有赖于此,只不过表现形式略有不同。技术对人文和社会科学也发生了同样深刻的影响,虽不大为人所知,却是我在人类学和历史学领域的切身体会。

---

① 爱默生:《英格兰人的特性》,第67、177页。

坐等别人设计和开发新的研究或交流技术，则不足以保持自己在学术领域的前哨地位。如果我曾束手等待，我便永无可能重组几个英格兰村庄*的历史档案，也永无可能记录和分析英格兰之外的其他文明。我这样说，不仅是因为新技术或许远水不解近渴，也是因为若不深入技术世界，去亲身领会，就不可能在新技术普及之前早早预见它的潜力。于是我迫使自己学会了如何建立信息检索系统、摄制和编辑影片、建立网站、熟练运用 YouTube 和 Facebook、制作电子图书，总之，迫使自己掌握了不少半理论、半实用的技能技巧。

现实世界与精神世界相得益彰，是基督教修道院的传统价值观。我们发现，自从圣本笃修道院时代即剑桥的草创期以来，一种对胼手胝足的体力劳动的尊重、一种对那些既节省劳力又生发知识的工具的热爱，便在剑桥扎下了根。然而如前所述，尽管这似乎是必不可少的力量之源，它却在欧洲许多地区枯竭殆尽。值得欣幸的是，剑桥将它保存了下来。

∽ଌ ଋ∾

剑桥是一座博物馆，但不止是一座用玻璃橱柜陈列静物的消极博物馆。毋宁说剑桥更像是一台计算机——恰巧，计算机在很大程度上正是剑桥人的构思和发明。这台"计算机"能思考，能自

---

* 主要指埃塞克斯郡的厄尔斯科恩村（Earls Coln）和坎布里亚郡的柯比朗斯代尔村（Kirkby Lonsdale），作者早年在这两地开展密集的田野工作，研究和整理那里的历史档案，后形成《英国个人主义的起源》、《历史共同体的重构》、《拉尔夫·乔斯林的家庭生活》等著作。

我调整，能与时俱进，而它赖以运行的程序却是老而弥坚。早在八个世纪以前，这套程序已基本上设置就绪，并已赋有极大的宽泛性和灵活性，足能接受未来八百年历史中将要发生的巨变。

剑桥有如金羊毛英雄们驾驶的"阿耳戈号"，为了继续远航，需要不时地修修补补，置换朽木，增加新的零件，惊人的是，船的结构和式样却始终保持不变，"这是一条木船"的根本事实也保持不变。不难认出，剑桥还是那个剑桥，既是一棵连续生长了八百年的庄严的古橡树，又是一棵青春勃发的橡树新苗。剑桥代表着无穷的意义；剑桥怀抱着任何"就职演说"都不能尽述的无言的目标；剑桥养成了一套谁也无法准确描述的习惯。这些东西形成了一揽子习性和逻辑，八百年来基本未变。

剑桥代表着好奇、开放、友情、好问、幽默、顽皮、敬畏、欢愉、辩论、竞争、谦逊、颠覆、礼仪、善良、宽容、美、实用、自由、顺应，以及一组组互相抵牾的价值观。哪怕在不同的时间、以不同的程度，只要你在剑桥的静滩和湍流上航行，你都会受到这些特性的吸引。

再加上它的美丽和仿佛来自神界的魔力，谁也难对剑桥无动于衷——即使有人表面上好像忘记或抛弃了它。剑桥有如一位强悍的父母，无论你喜欢它还是不喜欢，它终究要影响你一辈子，时时唤起你强烈的感情。

最重要的是，剑桥给我、给很多人灌注了希望。八百年来，剑桥是一个以它的美好环境卵翼了一系列美好理想的地方。剑桥积累的宝藏不仅是有形的建筑，更是那些——如日本人的说法——"有生命的国宝"。古往今来的诗人、科学家、哲学家……，连同一代代毕业于斯、尔后走上不同人生道路的学生，是剑桥献给世界的最宝贵的礼物。①

　　剑桥不但地灵人杰,而且拥有它的文化瑰宝,亦即一套独特的行为方式、思想理念、生活态度。这是一位行色匆匆的访客无缘得见的。尽管如此,观光客在导游的带领下,参观几座博物馆,探访几所学院,沿着后园走一遭,途中偶遇几位大思想家的铭牌,仍可感觉到表象之下一定大有奥秘。这深藏的奥秘,就是一个坐落在沼地中央的大学城的文化和历史,它们犹如拱架,将小小的剑桥托举成了一座通向21世纪的桥梁。

---

　　① 关于剑桥名人,很多书籍和网站分别列有不完全名单。我本人也以"虚拟拜访"剑桥人物和剑桥诸学院的形式,编纂了一份名人录,登录 www.alanmacfarlane.com,搜索"Cambridge",即可见到。[承蒙作者好意,授权翻译其中的部分内容,并提供文字稿。中译本已将此列为两个"章外章",见后。——译者]

章外章 1

古 今 巨 匠[*]

在剑桥大大小小的庭院里,昔人的幽灵摩肩接踵。曾经有无以数计的杰出之辈在这里学习和生活,但只有寥寥几位以画像和铭牌而流芳后世。那么怎样才能将昔人的精神传导给今人?怎样才能使缥缈的精神化为实体?

为了实现这个目的,请让我建立一座想象之中的剑桥大学展览馆。展览的主题,是对这所小小的沼地大学八百年来哺育的人物和思想进行一次全面巡礼。所幸我的"预算"不受限制,还能尽情地利用电影、照片、图书和科学设备,使这趟知性世界的八百年之旅栩栩如生。我们的行程或如下述:

首先我要带你走进三一学院古老的雷恩图书馆。克里斯多佛·雷恩是它的设计师,格林林·吉本斯为它贡献了精美的木雕。在这座图书馆内,当前已经陈列着艾萨克·牛顿、弗朗西斯·培根等人的塑像,但是我要在塑像周围布上其他展品,包括其他人的塑像,也包括科学仪器。我还要利用所有书架的正面镶板,悬挂从剑桥各处收集来的画像和照片。现有的几个玻璃柜里已经陈列着弗

---

[*] 承蒙作者好意,专为中文版提供本章内容,英文原版中并无这一章节。

朗西斯·培根、伯特兰·罗素、诗人 A. E. 豪斯曼、维尼熊之父 A. A. 米尔恩的手稿，但是我还要添加几个展柜，以扩充我们的展品。

雷恩图书馆是我们的第一个虚拟展厅，它的鹄的是追溯剑桥今日光辉成就的背景，因此它将涵盖剑桥立校最初七百四十年的历史。至于最近六十年的故事，则需要离开雷恩图书馆，去往剑桥不同的地点，按照不同的学科和主题分头展示和叙述。

早期或中世纪的剑桥（约 1208—1485 年）

雷恩图书馆的第一个虚拟展柜中，将出现一批古代地图、中世纪手稿、拉丁文文献，外加一两幅雕版画和肖像画，以展示剑桥自 1208 年草创、至 1475 年迎来都铎王朝的一部断代史。剑桥的大多数早期学院是修道院式的建制，故不妨将这个展柜命名为"修道士的剑桥"或"修道院的剑桥"。此时尚无突出的个人。虽然有许多学生毕业之后作出了卓越的贡献，却未能青史留名。或许，杰弗里·乔叟的一幅肖像或一卷手稿可以陈列于此，因为乔叟写作《坎特伯雷故事集》的时候，为"庄园总管的故事"设定的背景就在剑桥附近，一个叫做特朗平顿磨坊的地方；据说他还在剑桥城内住过一段时日。当时的知名个人仅此而已，其他有迹可寻的是一些事件和现象：一批早期学院——包括 1441 年亨利六世创办的国王学院——作为公益机构而相继成立；贵族子弟开始与诸学院发生密切联系；中世纪的教学模式已经初现轮廓。这段历史给后世剑桥的全部进程留下了绵绵余绪，至今剑桥还存留着一个修道士式的思想流派。然而很遗憾，如果我们脑海里浮现的是当时的剑桥"名人"(或者更进一步:"名女人"),那么,大部分人物及其思想已经佚失。

都铎时期或宗教改革时期的剑桥
（约 1485—1603 年）

雷恩图书馆的第二个展柜可称为"都铎时期或宗教改革时期的剑桥",大致从 15 世纪末持续到 17 世纪初。划界从来是一桩难事。要想将人物和思想划入某个特定的时代,首先必须决定是否将其人的出生日期、逗留剑桥的日期、最著名的成就列为划分其人的标准。因此这里的划分仅仅代表我个人的主观看法。

我将用图片和实物凸现一小群伟人及其思想,更多的重要人物只能列为一个简要的名单。我要强调的伟人应当包括:1516 年就任"玛格丽特王太后神学教授"*的狄赛德留斯·伊拉斯谟;在剑桥写出《帖木儿大帝》的剧作家克里斯多佛·马洛;另一位剧作家小贾尔斯·弗莱彻;音乐家奥兰多·吉本斯。再加上四位诗人:托马斯·怀亚特、埃德蒙·斯宾塞、乔治·盖斯科因、托马斯·纳什。

我们还应当突出一批英格兰新教改革运动奠基人、《圣经》翻译者、大主教、殉教者,包括罗伯特·巴恩斯、托马斯·比尔尼、休·拉蒂默、尼古拉斯·里德利、托马斯·克兰默。其中,托马

---

* Lady Margaret Professor of Divinity,剑桥最早的一个教授职位名称,1502 年由亨利七世的母亲、女勋爵玛格丽特·博福特设立。

斯·克兰默是新教改革后的第一位坎特伯雷大主教,也是英国国教《公祷书》的主编之一。这部《公祷书》于1549年问世,后来剑桥大学出版社——全世界最早创立的大学出版社——承接了此书的印刷,并于1584年开始出版。我们还应当纳入几位著名的清教徒作家,如威廉·帕金斯,他终身生活在剑桥,著述颇丰,涉及巫术等多种论题。

此外还应纳入数学家和占星家约翰·迪伊,根据公论,他就是莎士比亚戏剧《暴风雨》中普洛斯彼罗的原型。威廉·吉尔伯特也可列入其中,他是有史以来最伟大的科学家之一,电与磁的许多原理都是他确立的,可惜已经没有多少人记得他了。还可列入一批史学前驱,如编年史家拉斐尔·霍林斯赫,[*]他的著作也为莎士比亚提供了创作基础;又如文物学家约翰·利兰。可占一席之地的还有打油诗人兼农业专家托马斯·塔瑟,以及活跃在伊丽莎白一世时代的许多重量级政治家和国务活动家,如弗朗西斯·沃尔辛厄姆爵士和第一代伯利男爵威廉·塞西尔。

在这个展柜里放入一些木版画、历史遗留的肖像画和当时方兴未艾的印刷书籍,可助我们认识一个环状翎领、紧身裤、裆饰、坚实砖房构成的剑桥世界,那正是某些描绘亨利八世和伊丽莎白一世时代的电视系列片中的画面。当时的剑桥人刚刚挣脱了罗马教廷的束缚,开始周游世界。英格兰在15世纪曾经流年不利,政局

---

[*] Raphael Holinshed,原文误作 Ralph Holinshed。本章原文中还有其他几处人名错误,中译本直接改正过来,不另说明。

乱象横生，痛失在法国的海外领地，黑死病导致经济和社会大伤元气。这些祸患一度窒息了英格兰人固有的自信和特性，但是渐渐地，剑桥人又在重振旗鼓。

斯图亚特时期的剑桥（约 1603—1688 年）

下一个展柜不妨称为"斯图亚特时期的剑桥"，又或者"清教徒的剑桥"。它将涵盖 17 世纪的大部分时间。从某种意义上说，这是剑桥大学及诸学院有史以来最有趣的一个世纪，堪与 12 世纪相提并论。到了这个时期，已经不难找到大批重要人物供我们深入探究，也不难找到大批比较次要的人物供我们列入名单。

有两个人高踞于所有的时人之上，两人都是自成一格的清教徒。其中一个是诗人约翰·弥尔顿，他在基督学院写成了《利西达斯》《沉思颂》等许多名篇。另一个是艾萨克·牛顿，他在三一学院完成了他的大部分事业。举世公认，牛顿是人类历史上最伟大的科学家之一，诗人亚历山大·蒲柏为他题写了这样的墓志铭：

　　　自然和自然法则在暗夜中深藏，
　　　神说：要有牛顿，就有了光。*

——绝妙地影射了牛顿的光学。另一位诗人威廉·华兹华斯描述

---

* 蒲柏(Alexander Pope, 1688—1744)在这里套用的是《圣经·创世记》开篇的句子："神说，要有光，就有了光。"牛顿(1643—1727)葬于威斯敏斯特大教堂。

了自己在月夜中看到的景象：

> 牛顿的塑像伫立在礼拜堂前厅，
> 手持棱镜，面容宁静；
> 一颗心灵的永恒的大理石标志，
> 航行于奇异的思想之海，独自。①

剑桥的杰出诗人如群星密布，弥尔顿仅仅是其中最杰出的一位。这一时期涌现的著名诗人还有约翰·多恩、乔治·赫伯特（三一学院院士，曾任剑桥大学公共发言人达八年）、安德鲁·马韦尔、罗伯特·赫里克、约翰·德莱顿、亚伯拉罕·考利、马修·普赖尔、詹姆斯·雪利、约翰·萨克林。

牛顿与另一位剑桥科学家暨哲学家，弗朗西斯·培根，有如日月同辉。培根以《伟大的复兴》、《新大西岛》等著作为世人绘制了科学的疆域，制定了科学的方法。此时的伟大剑桥科学家还包括：威廉·哈维，血液循环的发现者；约翰·弗拉姆斯蒂德，1675 年他被查理二世任命为史上首位"皇家天文学家"，他的天文观察为牛顿提供了关键的数据。同样重要的还有：牛顿的老师艾萨克·巴罗，他的卓越贡献之一是创立了现代微积分学；自然学家约翰·雷，他被公认为"英国自然史学之父"；数学家塞缪尔·莫兰，他是

---

① 转引自马丁·加勒特：《剑桥》，第 165 页。[诗中提到的礼拜堂指三一学院礼拜堂；诗中提到的塑像见本书图 31。——译者]

喇叭筒的发明者，也是计算机和蒸汽机的鼻祖。

当时剑桥也不乏其他类型的作家和思想家，佼佼者包括：塞缪尔·皮普斯，他以日记作家著称于世；托马斯·富勒，他的《英国名人传》为许多与他同时代的英国人和剑桥人提供了生动的画像；兰斯洛特·安德鲁斯，一位享誉极高的神学家。还有所谓"剑桥柏拉图学派"，包括亨利·莫尔、拉尔夫·卡德沃思、本杰明·惠奇科特，他们在柏拉图学说的基础上，创立了一种自由而解放的哲学。此外还有爱德华·柯克，一位伟大的英格兰普通法法理学家，以四大卷《英格兰法总论》彪炳史册；亨利·斯佩尔曼，著名的历史学家和语言学家；约翰·哈佛，一所卓越的美国大学为了纪念他的慷慨捐助而以他命名；托马斯·谢泼德，他是约翰·哈佛的挚友，也是哈佛大学哈佛学院的首任院长；当然也不能忘记奥利佛·克伦威尔，他曾在西德尼·苏塞克斯学院就读一年，因父亲去世而辍学，后成为代表剑桥市的议员，最终成为共和国时期的"护国公"。

斯图亚特时期几代剑桥人的画像看上去更加逼真，他们的程式化形象，在当今那些反映内战和斯图亚特后期的影视中俯拾即是。除了画像以外，我们的展柜也将聚集一批器物，以展现这几代人的着装习惯和语言方式。我们还将展示牛顿使用的几种光学仪器和其他设备，以及弥尔顿等人的诗稿。在斯图亚特时期，英格兰的海上霸主地位日益稳固，财富的增长也日益显著。如果说英格兰一度像是穷乡僻壤，那么现在它已开始复苏，并让世人意识到，一个新的国度正从世界一隅喷薄而出。

汉诺威时期的剑桥（约 1688—1800 年）

此刻我坐在吉布斯大楼打这份文稿。吉布斯大楼是国王学院内的一幢白色主楼，与学院的大门觌面相向。这幢楼房，连同国王学院其他一些古典建筑，代表着我们心目中的 18 世纪意象。学院的花园、草坪、吉布斯大楼后面吃草的牛群，也为我们保存了一个即将被工业革命颠覆的农耕世界的最后一抹余晖。你不妨在想象中描绘一幅时代画卷：这是亨德尔和巴赫的巴洛克音乐时代，是亚当兄弟和韦奇伍德的风雅时代，*是康斯特布尔和盖恩斯巴勒的风景画时代，是以蒲柏和斯威夫特为起点、以早期浪漫派为终点的诗歌时代。

我们的第四个虚拟展柜掩映在雷恩图书馆和三一礼拜堂的半古典风格中，可以称之为"奥古斯都式的剑桥"或"汉诺威时期的剑桥"，也可以更形象地称之为"咖啡屋剑桥"。** 在剑桥诸学院的餐厅里，一些戴假发的人物从画像中俯视着我们，其中一部分便可追溯到这个时期，例如罗伯特·沃波尔和小皮特，前者是史上第一位英国首相，任内经历了一个和平时期，后者是史上最年轻的英国首相，任内主持了一个战争时期，并最终击败了拿破仑。这里还将展

---

* 指亚当兄弟的建筑风格和韦奇伍德的陶瓷风格。亚当兄弟，包括约翰、罗伯特和詹姆斯，是苏格兰一建筑世家的三兄弟，其新古典主义的建筑风格被称为"亚当风格"。韦奇伍德，指乔赛亚·韦奇伍德，英格兰陶瓷制造商，是陶瓷工业化生产的第一人。

** 在 18 世纪的剑桥（以及伦敦），咖啡屋盛行，人们热衷于聚在那里讨论学问。

示其他一些伟人：斯特拉福德·坎宁，一位著名的外交家和旅行家；托马斯·马尔萨斯，他是史上第二大经济学家——仅次于亚当·斯密，他的名著《人口论》对我们的当今时代发出了准确的预言；托马斯·扬，一位令爱因斯坦肃然起敬的博学家，1790年代他为光波理论奠定了基础；威廉·惠斯顿，一位历史学家、神学家和数学家，是牛顿之后"卢卡斯数学教授"职位的继任人；斯蒂芬·黑尔斯，一位杰出的生理学家、化学家和发明家。

这个展柜中的剑桥诗人将包括：《乡村墓地之悲歌》的作者托马斯·格雷；《荒凉村庄》的作者乔治·克雷布；《大卫之歌》的作者、怪才克里斯多佛·斯马特；最后是18世纪末的两位诗人、浪漫主义运动初期的两个核心人物，威廉·华兹华斯和塞缪尔·泰勒·柯勒律治。小说家和作家则有：劳伦斯·斯特恩，他的代表作是著名的《项迪传》；霍勒斯·沃波尔，他是沃波尔首相之子，极具影响力；切斯特菲尔德勋爵，他写给自己非婚生子的家书名噪一时。其他学者包括：理查德·本特利，他通过编辑古罗马诗人贺拉斯的作品，改变了文学批评的风气，而在担任三一学院院长期间，他改造了三一学院的面貌，惹得众人忿忿不已；威廉·劳，他的《虔敬圣洁生活之庄严召唤》对后世的宗教思想产生了持久的影响；威廉·斯塔克利，他是一位杰出的文物学家，也是较早的牛顿传记作者。

维多利亚时期的剑桥（约1800—1901年）

雷恩图书馆的下一个虚拟展柜将涵盖整个19世纪，可称之为

"维多利亚时期的剑桥"、"帝国时期的剑桥"或"自由主义的剑桥"——各有名副其实之处。此时的剑桥人物大都穿着黑衣,但已不再佩戴假发和领巾,一个个神情严肃地从画像中俯瞰着我们。

这里将首先列入几位现代史学巨擘,包括托马斯·巴宾顿·麦考莱、阿克顿勋爵、F.W.梅特兰。有人认为梅特兰是其中最伟大的一位,他不是诗人而独独葬入威斯敏斯特大教堂的"诗人之角",足见他的威望远远超出了史学范围。他的巨著《英格兰法律史》署名作者是两个人,俾以向他的合作者——另一位剑桥史学泰斗弗雷德里克·波洛克爵士——鸣谢,不过全书基本上是梅特兰一人撰写的。

梅特兰在法律史领域有一位前辈,那就是剑桥"皇家民法教授"亨利·梅因爵士。梅因的《古代法》不仅论说法律,而且首开人类学先河,剑桥的人类学大家从此泉涌不绝,其中一位是詹姆斯·乔治·弗雷泽爵士。弗雷泽或许堪称史上空前绝后的人类学家,著有一部卷帙浩繁的《金枝:巫术与宗教研究》。从弗雷泽,我们又联想到人类学领域的另外几位探索者,例如查尔斯·道蒂,他撰写了《阿拉伯沙漠旅行记》;又如A.W.金雷克,他的《日升之处》讲述了他游历中东的故事。

这里的人物还将包括:托马斯·韦德爵士,中文名威妥玛,曾任驻华外交官,后回到剑桥母校,成为第一位中文教授;维农·哈考特爵士,也是一位外交家,又是一位政治家,曾任财政大臣和内务大臣,后成为剑桥母校的"休厄尔国际法教授";阿尔弗雷德·马歇尔,一位在经济学领域承上启下的大家,是马尔萨斯的后辈,凯恩斯的前辈。

另外还有三位遐迩闻名的诗人：拜伦、丁尼生、《鲁拜集》的英译者菲茨杰拉德。卓越的作家有：《乌有乡》和《众生之路》的作者塞缪尔·巴特勒、《水孩儿》的作者查尔斯·金斯利、《名利场》的作者威廉·梅克皮斯·萨克雷；还要加上著名的作家和评论家莱斯利·斯蒂芬爵士，他是弗吉尼亚·伍尔夫的父亲。

论年龄，此时的著名哲学家大都是跨世纪人物，而纯粹归入这一时期的则有亨利·西奇威克，他是一位道德哲学家；还有威廉·休厄尔，是一位博学家、哲学家和科学史家，他于1840年创造了英语的"科学家"一词，三一学院礼拜堂的名人塑像虽然寥若晨星，却有他的一座。

杰出的政治家包括：托马斯·克拉克森和威廉·威尔伯福斯，两位都以倡导废奴主义而饮誉；帕默斯顿勋爵，他曾两度出任帝国时代的英国首相。在音乐领域，查尔斯·维利尔斯·斯坦福和拉尔夫·沃恩·威廉斯两位作曲家都是这一时期的剑桥毕业生。

在这一世纪，剑桥再次成为全世界科学思想的源头。查尔斯·达尔文1828年入读剑桥，就教于两位名师，亚当·塞奇威克和约翰·史蒂文斯·亨斯洛，前者是现代地质学的奠基人之一，后者是一位地质学家和植物学家，他帮助达尔文安排了"小猎犬号"航行，由此改变了达尔文的一生。若无这两位恩师的影响，达尔文未必能成就后来的伟业。威廉·霍普金斯也是一位地质学家，同时也是一位才华盖世的数学家和数学教师，培养了以麦克斯韦为代表的一批优秀学生。

这一时期的伟人还包括："卢卡斯数学教授"查尔斯·巴贝奇，他是第一个定义"计算机"的人，也是编程计算机和同一系列分析机的发明人,早在彼得学院读本科的时候,他就萌生了计算机概念,后来发展为可用机器;德文郡公爵七世威廉·卡文迪许,1861—1891年担任剑桥大学名誉校长,赫赫有名的卡文迪许实验室便是他捐赠并以他而命名的;约翰·赫谢尔爵士,他在天文学领域取得了一系列重大突破;詹姆斯·克拉克·麦克斯韦,他是家喻户晓的电磁学之父,磁通量单位即以他为名;J.J.汤姆森,他于1897年确定了电子的性质,由此为原子学和计算机学奠定了基础;第一代凯尔文男爵威廉·汤姆森,他是一位杰出的数学物理学家,虽然他主要在格拉斯哥工作,但是他毕业于剑桥的彼得学院。

爱德华时期的剑桥(约1901—1945年)

雷恩图书馆的第六个展柜涵盖的历史大致从20世纪初年开始,至二战结束为止,可以称之为"爱德华时期的剑桥"或"两次世界大战之间的剑桥"。但是,19世纪和20世纪之间很难划出一条清晰的界线,*所以此处的许多伟人也可置于上一个展柜,算作维多利亚王朝末期的人物。虽然这只是上一个展柜的尾声,此处的照片和实物却同样光芒四射。

我们将以科学领域为起点。这是老卡文迪许实验室的鼎盛时期,故不妨介绍其中的几个重点人物:1912年威廉·劳伦斯·布

---

* 19世纪末和20世纪初常被并称为"维多利亚和爱德华时代",故曰很难划界。维多利亚女王的在位期是1837—1901,爱德华七世的在位期是1901—1910。这个虚拟展柜号称"爱德华时期",却持续到二战结束,可见也涵盖了温莎王朝(1910—)的一部分。

拉格沿后园散步时，灵感忽至，最终发现了 X 光的衍射机制；弗朗西斯·威廉·阿斯顿身兼化学家和物理学家，发明了质谱仪，并利用它发现了同位素，1922 年他以多种成就荣膺诺贝尔奖；拉尔夫·福勒是一位杰出的物理学家和天文学家，主持剑桥的理论物理工作，并与许多大科学家共事，其中包括：欧内斯特·卢瑟福，世称"核物理之父"，1908 年诺贝尔化学奖得主；阿瑟·爱丁顿，"爱丁顿极限"以他命名；苏布拉马尼扬·钱德拉塞卡，"钱德拉塞卡极限"以他命名。

弗雷德里克·戈兰·霍普金斯爵士发现了维生素，于 1929 年获得诺贝尔奖。约翰·科克罗夫特和欧内斯特·沃尔顿成功地分裂了原子核，于 1932 年共同获得诺贝尔奖。保罗·狄拉克的方程式之一预言了反物质的存在，于 1933 年获得诺贝尔奖。詹姆斯·查德威克爵士发现了中子，于 1935 年获得诺贝尔奖。欧内斯特·卢瑟福担任老卡文迪许的主任，继续创造辉煌。彼得·列昂尼多维奇·卡皮察从事低温物理研究，影响深远，后于 1978 年获得诺贝尔奖。奥托·弗里奇恰好置身于二战的临界点，战前他构想的一种理论机制导致了 1940 年的首次原子弹爆炸，战后他在剑桥教书。这一阶段还有许多出类拔萃的数学家，例如斯林尼瓦萨·拉马奴詹，他是三一学院数学泰斗 G.H. 哈代的天才学生，以数论研究轰动一时，可惜英年早逝。这一时期天文学领域也有重大建树，阿瑟·爱丁顿尤其居功至伟。

威廉·贝特森在孟德尔的基础上，重建了现代遗传学，英语的"遗传学"一词就是他的发明。阿奇博尔德·维维安·希尔在生理学方面的开创性工作赢来了 1922 年诺贝尔奖，并引发了他的一群优秀学生的后续进展。达西·温特沃思·汤普森爵士是数学家和生物学家，他于1917年发表的《生长与形态》至今影响不衰。埃德加·道格拉斯·艾德里安（艾德里安勋爵）因为神经元的研究，于1932年荣膺诺贝尔奖。

艺术、人文和社会科学领域也有许多值得瞩目的人物。著名的诗人包括：《什罗普郡少年》的作者A. E.豪斯曼，最典型的剑桥诗人鲁珀特·布鲁克，此外还有詹姆斯·埃尔罗伊·弗莱克、西格弗里德·萨松、爱德华·霍华德·马什爵士、凯思琳·雷恩。历史学家包括：乔治·古奇、赫伯特·巴特菲尔德、乔治·基特森·克拉克、瓦尔特·乌尔曼、约翰·克拉彭爵士、艾琳·鲍威尔，社会史学家乔治·麦考莱·特里维廉，以及研究十字军史的史蒂文·朗西曼爵士。各类体裁的作家包括：E. M.福斯特、克莱夫·贝尔、J. B.普里斯利，"维尼熊"之父A. A.米尔恩，《文物家的鬼故事》的作者M. R.詹姆斯，还有约翰·库珀·波伊斯和他的弟弟卢埃林·波伊斯。文学评论家则有：利顿·斯特雷奇、阿瑟·奎勒－库奇爵士（笔名为"Q"）、艾弗·阿姆斯特朗·理查兹、查尔斯·凯·奥格登、威廉·燕卜逊。

弗雷泽时代以后，人类学界人才辈出，阿尔弗雷德·科特·哈登和威廉·哈尔斯·里弗斯都有突出成就。不同寻常的是，此时考古学和古典学的杰出代表是两位女性，简·哈里森和多萝西·加罗德。经济学领域首推约翰·梅纳德·凯恩斯，或可称之为当代最伟大的经济学家。绘画和摄影方面的代表有：评论家和画家罗杰·弗莱，摄影家塞西尔·比顿。著名的哲学家包括：伯特兰·罗素、阿尔弗雷德·诺思·怀特海、路德维希·维特根斯坦、乔治·爱德华·莫尔、查理·邓巴·布罗德、迈克尔·奥克肖特、理查德·布雷思韦特。穆罕默德·伊克巴勒既是大诗人,又是著名的哲学家和政治家,很难归类,但不可不提。皇家学生有未来的爱德华七世和乔治六世,两人相继在三一学院获得学位。

这个展柜浮光掠影地展示了一批晚近的"祖先",他们或许已经作古,但是他们的著作和思想仍然盘桓于剑桥的回廊、会合室、图书馆和实验室。还有一些伟人值得这座虚拟展览馆的馆长的注意,但因空间有限和我本人的孤陋寡闻,在此只得从略。这是雷恩图书馆的最后一个展柜,它为二战之后的当代剑桥拉开了序幕,而当代剑桥的最近四十年,乃是我本人非常熟悉的。

当代的剑桥(1945年至今)

接下来的问题是如何呈现二战以来半个多世纪的剑桥。我们的困难在于,甄别崇山与小丘靠的是时间,而半个多世纪的时间显然还不够长久。由于二战以来剑桥的师生人数急剧增长,或许也因为剑桥创造力的提高,因此这一历史时期我们有更多的人物需要考虑,其中很多人今天依然健在,尚需继续证明自己的伟人地位。

现在我们是在讨论活着的人,要么在生物学意义上活着,要么活在年轻人接受的教育和影响之中。有些人我们可以确定已经不朽,例如克里克和沃森,两次荣膺诺贝尔化学奖的弗雷德·桑格,以及斯蒂芬·霍金。有些人我们目前尚不能定论。

但是无论如何,现在我要带你离开雷恩图书馆,到剑桥的几个教学系、图书馆、实验室、剧院和学院去走一走，参观一些规模稍小的虚拟展厅。这些展厅是按学科和研究领域而划分的，分别呈现了剑桥创造性活动的几个主要领域。既然时间已至现代，所以展厅中会有更多的照片、实物、科学仪器、采访录音和采访影片，还会有向导给予解说。

艺术和人文学科

让我们从国王学院的一个房间起步。这是当年达迪·赖兰兹长期占据的房间，弗吉尼亚·伍尔夫曾在她的名作《自己的一间房》中描述这里的一次聚餐，从而使这个房间获得了不朽。如前所述，自16世纪克里斯多佛·马洛时代开始，便有不少杰出的剧作家有着剑桥渊源，然而剑桥戏剧的扬名四海，却是在现代。戏剧艺术的天赋之能在剑桥蓬勃发展，主要拜一连串人物和事件所赐：达迪·赖兰兹作为一位莎士比亚学者，亲自导演和表演戏剧，鼓舞了一大批剑桥戏剧家；约翰·梅纳德·凯恩斯虽然是经济学家，却热衷于艺术，与赖兰兹共同创建了剑桥艺术剧院；此外，脚灯俱乐部的复兴、马洛戏剧协会的成立，也产生了深远的影响。

我们将首先推出几位作家或剧作家：克里斯多佛·衣修午德、哈罗德·品特、艾伦·班尼特、彼得·谢弗、西蒙·格雷、约翰·阿登。接下来是几位导演：彼得·霍尔、特雷弗·纳恩、迈克·纽厄尔、理查德·艾尔、斯蒂芬·波里亚科夫。然后是几位舞台剧演员和电视剧演员：德里克·雅各比、迈克尔·雷德格雷夫、艾玛·汤普森、丹尼尔·梅西。

当代剑桥有一群极富创造性的导演或演员,因其电影、电视剧或戏剧属于狂放和揶揄的一派,而格外引人注目。我们可以挑出几个代表:彼得·库克、达德利·莫尔、埃莉诺·布隆、斯蒂芬·弗莱、乔纳森·米勒、约翰·克利斯、大卫·弗罗斯特、埃里克·艾德尔、休·劳里、格里夫·里斯·琼斯、格雷厄姆·查普曼、大卫·格雷姆·加登、蒂姆·布鲁克·泰勒、克莱夫·安德森、约翰·伯德、约翰·福琼、大卫·巴迪尔、萨沙·巴伦·科恩(饰演波拉特)。或许还可以加上几位杰出的播音员,例如杰里米·帕克斯曼和桑蒂·托斯维格;几位杰出的电影导演,例如斯蒂芬·弗里尔斯(《我美丽的洗衣房》)和山姆·门德斯(《美国丽人》)。

上述这种戏谑的、反讽的、典型英国式的幽默和创造性,是最近几十年剑桥整体氛围的一面有趣的镜子。1970年代末一本科幻小说风靡一时,那就是剑桥作家、剧作家、音乐家道格拉斯·亚当斯的《银河系漫游指南》。它绝妙地浓缩了剑桥的这种整体氛围,同时它也说明,剑桥的文艺创作十分切合剑桥科学所呈现的特殊表征。

现在请你走出赖兰兹的房间,去往国王学院后园,跨过国王学院桥,到剑河彼岸的国王学院学者绿地去参观一个小展亭。极目远眺,你眼前铺开的风景已经永远活在中国诗人徐志摩的《再别康桥》之中。这首诗自从1920年代付梓以来,中国的每一名学童都能倒背如流。

在这里,我们将看到许多与诗人和作家有关的展品。涉及的诗人将有:谢默斯·希尼、威廉·燕卜逊、伊莱恩·范斯坦、加文·尤尔特、杰里米·哈尔瓦·普林、特德·休斯和他的妻子西尔维娅·普拉思。作家则包括:马尔科姆·劳里(《在火山下》)、罗纳德·弗班克、伊恩·麦凯伦、彼得·阿克罗伊德、玛格丽特·德拉布尔、迈克尔·弗雷恩、罗莎蒙德·莱曼、安东尼娅·苏珊·拜厄特、萨尔曼·拉什迪、帕特里克·怀特、克莱夫·詹姆斯、格雷厄姆·斯威夫特、休·沃波尔、皮尔斯·保罗·里德、霍华德·雅各布森、詹姆斯·格雷厄姆·巴拉德、塞巴斯蒂安·福克斯、尼克·霍恩比、杰曼·格里尔、查尔斯·珀西·斯诺、汤姆·沙普、威尔弗雷德·诺伊斯。还应加上阿利斯泰尔·库克,他是脍炙人口的广播节目"美国来信"的主持人。也不应当遗漏查良镛,他以金庸为笔名出版的小说在中国拥有最广泛的读者群。

然后请你重返剑河此岸,回到国王学院礼拜堂,去欣赏一台新老曲目音乐会。它的作曲家是罗宾·霍洛韦、亚历山大·戈尔、约翰·拉特;乐团指挥是大卫·芒罗、克里斯多佛·霍格伍德、约翰·艾略特·加丁纳、安德鲁·戴维斯爵士;表演者之一是男高音罗伯特·蒂尔,为他伴奏的是钢琴家乔安娜·麦格雷戈。

接下来你将离开礼拜堂,穿过两段走廊,进入我二十年来蛰居的那个套间。奥斯卡·勃朗宁创立的所谓"政治学会"——实则是个历史学会——曾在此聚会多年。这个房间将展现几位二战以后史学大家的成就。古典史学家有摩西·芬利和基思·霍普金斯;中世纪史学家有大卫·诺尔斯、欧文·查德威克、M.M.波斯坦、H.C.达比(也是一位历史地理学家);早期现代史学家包括杰弗里·埃尔顿、杰克·普卢姆、莫里斯·多布、昆廷·斯金纳、彼得·拉斯利特、西蒙·谢弗、彼得·伯克;现代史学家包括埃里克·霍布斯鲍姆、托尼·里格利、李约瑟、斯蒂芬·图尔明、克莱门斯·帕姆·达特、克里斯多佛·贝利。

然后你将进入国王学院的另一个房间,文学评论家托尼·坦纳曾长期在此工作。这里将展出一批杰出的剑桥文学评论家和作家的肖像及著作,除了坦纳以外,还将包括:唐纳德·戴维、伊恩·瓦特、弗兰克·雷蒙德·利维斯、雷蒙德·威廉斯、乔治·斯坦纳、弗兰克·克莫德,此外还有C.S.刘易斯——他在剑桥度过了生命中的最后十年。多面写手雅各布·布隆诺夫斯基也应在此占有一份空间。

现在请你前往国王学院图书馆,那里包含着约翰·梅纳德·凯恩斯捐赠的巨量图书。我们将在此展示后凯恩斯时期的几代经济学家的伟大成就,其中包括琼·罗宾逊、皮埃罗·斯拉法(新李嘉图学派的创始人)、理查德·卡恩勋爵、尼基·卡尔多勋爵。与他们齐名的是几位健在的经济学家:路易吉·帕西内蒂、帕萨·达斯古普塔、阿玛蒂亚·森、詹姆斯·默里斯,后两位曾荣膺诺贝尔奖。适合纳入这个展馆的大经济学家也许还包括温·戈德利等人,他们是历届英国政府的主要顾问,或者默文·金等人,他们是英格兰银行的历届行长,或者罗思柴尔德勋爵,他是一位重要的科学家,曾任英国政府的科学顾问。一些更像是企业家的人大概也适合于这个展厅,包括凯德伯里家族(巧克力王国)、塞恩斯伯里家族(连锁超市)和布尔默家族(苹果酒生产商)的许多成员。

然后你将沿着通道走出几码,来到国王学院档案室。既然国王学院前院长、人类学家埃德蒙·利奇的文件是这里的众多珍藏之一,我们不妨顺势举办一个现代考古学家和人类学家的展览。人类学家将包括埃德蒙·利奇、迈耶·福特斯、杰克·古迪、斯坦利·坦比亚、欧内斯特·盖尔纳、玛丽琳·斯特拉森。考古学家将包括格林·丹尼尔、查尔斯·麦克伯尼、约翰·科尔斯、大卫·克拉克、柯林·伦弗鲁。

此处或许也适于展示一个相邻的学科,即社会学。社会学在剑桥起步较晚,但已有一大批杰出人才横空出世,包括约翰·巴恩斯、沃尔特·约翰·赫伯特·斯普罗特、查尔斯·马奇、托尼·吉登斯、加里·朗西曼。社会学展览又可能引发我们对其他学科的关注,如心理学、地理学、法学、哲学、教育学、语言学、现代语言学等等,也许可将相关展厅设在隔壁约翰·索尔特马什的优雅套间。这些学科自从诞生以来便精彩纷呈,不少学生毕业以后或创立新的科系,或著书立说,或塑造人类的思维模式,取得了辉煌的成就。

索尔特马什套间的最小一个房间可用来展示剑桥的权力与财富。很多人认为,最近二百年剑桥产出的英国政治家不如牛津那么多。此话不假,但是剑桥在国际政治领域却厥功至伟:印度前总理贾瓦哈拉尔·尼赫鲁战前毕业于三一学院;韩国前总统、诺贝尔和平奖得主金大中曾在克莱尔堂学院做访问学者;印度现任总理曼莫汉·辛格毕业于圣约翰学院;担任新加坡总理逾三十年的李光耀毕业于费茨威廉学院。这里未必不能插入另一个类型的"国际使者",那就是剑桥的运动员,特别是几名为剑桥出赛的板球高手:大卫·谢泼德、特德·德克斯特、迈克·布里尔利、迈克·艾瑟顿。

理 工 科

现在开始下半程旅行，请你前往公费中学路老卡文迪许大楼的社会人类学系，到我的那间办公室（2·3号房间）去参观理工科成就。登录剑桥大学网站，在"1968"条目下你可见到这样一段文字："通过剑桥大学玛拉德射电天文台，安东尼·休伊什和乔斯琳·贝尔发现了脉冲星，从而成就了天体物理学领域的一项最惊人的新观察。他们的工作改变了现代宇宙学的进程。"该网站还提到，为了这项成就，安东尼·休伊什和"皇家天文学家"马丁·赖尔分享了1974年诺贝尔物理奖。恰巧在第二年，即1975年，我迁入了射电天文学小组一部分成员曾经工作过的这个房间。

这个房间将充当天文学、天体物理学和宇宙学的展厅。与上述三人一同展示的还应有：弗雷德·霍伊尔、斯蒂芬·霍金，现任"皇家天文学家"马丁·里斯；更年轻的一代将包括尼尔·图罗克，他与保罗·斯坦哈特一起提出了一种循环宇宙的新模式。这个展厅也很有理由收纳几位战后的杰出数学家：彼得·斯温纳顿－戴尔，他以"伯奇与斯温纳顿－戴尔猜想"而著称；约翰·亨利·科茨，他是现任"萨德雷尔纯数学教授"，曾与他的学生安德鲁·怀尔斯共同研究多种数学问题；安德鲁·怀尔斯，他以证明费马大定理而享誉。还可以加上休·克里斯多佛·朗格特－希金斯，一位化学家和认知科学家。

传导脉冲星信息的那根电线，是从计算机实验室接出的，因此，计算机实验室的一角也应当设立一个展厅，以颂扬剑桥在计算机领域的先锋作用,让世人看到巴贝奇的早期构想如何走向了现实。这个展厅还应当对艾伦·图灵加以礼赞,在二战期间,他利用世界第一台编程计算机破解了德国的高级密码,由此声名鹊起,同时他也是思考人工智能哲学的领军人物。这里还将昭示莫里斯·威尔克斯的业绩,他于1949年研发了延迟存储电子自动计算机,简称"EDSAC",据剑桥大学网站称,这是"世界第一台成功运行的程序存储式数字计算机";从此以后,剑桥作为世界计算机中心之一,持续不断地研发了无数新技术,其中,自然语言分析、信息检索(尤其是概率搜索)、多媒体数据系统和第一台网络摄像机(著名的"咖啡壶")＊只能算沧海一粟。

在计算机实验室几码开外有一个波状铁皮屋顶的长棚,长棚旁边是奥斯汀大楼。大楼的外墙上挂着一块铭牌,纪念1953年克里克和沃森发现DNA双螺旋结构,因此我们不妨在这附近找一个地方,为化学、生物学、分子生物学三大交叉学科开辟一个展厅。这里展出的名人将包括马克斯·佩鲁茨和约翰·肯德鲁,两人在研究蛋白质的结构及性质方面作出了开创性的贡献,由此获得了1962年诺贝尔化学奖。这个展厅还将包括弗雷德里克·桑格,唯一一位至今健在的诺贝尔奖双料得主;艾伦·克卢格,1982年诺贝尔化学奖得主;西德尼·布伦纳,2002年诺贝尔生理学或医学奖得主;约翰·沃尔克,1997年诺贝尔化学奖得主;塞扎·米尔斯坦,他是单克隆抗体的发现者,1984年荣膺诺贝尔生理学或医学

＊ coffee pot,剑桥计算机系"特洛伊室"的一把咖啡壶是网络摄像机的灵感之源:1991年,计算机学家们在自己的台式机上安装了一种网络摄像机,对准这把咖啡壶,以便咖啡沸腾时去取用,免得徒劳往返,世界第一台网络摄像机即告诞生。

奖；约翰·萨尔斯顿爵士，他因指导世界第一次完整的人类染色体组测序，与布伦纳分享了2002年诺贝尔生理学或医学奖；约翰·德斯蒙德·伯纳尔，一位杰出的科学家和科学史家，虽然他的大部分工作是在伦敦完成的，但是他毕业于以马利学院。此处还应纳入一批近年来享誉海内外的化学家，包括英国皇家研究所前所长约翰·穆里格·托马斯，圣约翰学院现任院长理查德·佩勒姆，有机化学家丹·布朗，生物化学家哈尔·狄克逊。

在长棚对面，一条巨鲸的骨骼高耸在半空，它的脚下就是剑桥动物学博物馆。这里可以为达尔文生物学革命的接班人开设一个展厅。首先介绍的将是三位好友，加布里埃尔·霍恩、罗伯特·欣德和帕特里克·贝特森，三人都曾担任学院首脑，分别是西德尼·苏塞克斯学院、圣约翰学院和国王学院的院长。他们不仅共同发现了生物界的许多奥秘，而且激励了好几代学生，简·古多尔和黛安·福西就是其中的代表。适于在这里展出的还有大卫·阿顿巴勒，他曾在克莱尔学院读本科，毕业后他编写并播出了电视系列节目《生命》，由此将自然史变成了广大民众的爱好。

在一个平行的虚拟展厅里，可以展示艾伦·霍奇金和安德鲁·赫胥黎的成就，这两位著名的生理学家因为神经活动潜能的研究，共同获得了1963年诺贝尔奖。另一位剑桥生理学家罗伯特·杰弗里·爱德华兹也将跻身于这个展厅，1978年他与帕特里克·克里斯多佛·斯特普图合作，通过体外受精技术，成功地培育了世界首例"试管婴儿"，并导致这一技术在剑桥近郊的伯恩霍尔医院首次用于临床。

我们还可开设一个联合展厅，弘扬其他几位科学家和发明家的贡献,其中包括:曾任"卡文迪许物理学教授"达十三年的布赖恩·皮帕爵士,1948年诺贝尔物理奖得主帕特里克·布莱克特,现任"卡文迪许物理学教授"理查德·弗兰德爵士。还有丹·麦肯齐,他是地球板块构造论(大陆漂移说)的两位创立者之一;西蒙·康韦·莫里斯,一位古生物学家,他对伯吉斯页岩化石的研究,恰如斯蒂芬·杰伊·古尔德在《奇妙的生命》中所言,改变了我们对地球上早期生命的认识;奥利弗·拉克姆,他是一位饱学的英格兰乡村研究专家,尤其擅长于林地研究。

这个联合展厅还可纳入下列人物:查尔斯·奥特利,一位电机工程学教授,他领导的团队研发了世界第一台扫描电子显微镜,据剑桥大学网站介绍,这"或许是最近五十年问世的最重要的科学仪器";迈克尔·佩珀,他的团队于1997年确立了电流的新标准;弗兰克·惠特尔,他先后是彼得学院的学生和院士,于1932年发明了喷气发动机;克里斯多佛·科克雷尔,他是气垫船的发明者,同样毕业于彼得学院。

第一代计算机、体外受精技术、单克隆抗体、扫描电子显微镜、喷气发动机、气垫船——提起这些极具商业意义的发明,我们不禁想到,虽然许多发明诞生于剑桥,或者诞生在剑桥奠定的基础之上,但是时至今日,美国对这些发明的商业性探索也总是同样成功。不过无论如何,当代的剑桥终归是成就斐然。1975年,三一学院在剑桥郊外建立了全英格兰第一座科技园,现已发展成为全世界最大的科技园之一。今天,剑桥已被一连串高科技中心和高科技单位密密包围。

章外章 2

采 访 手 记[*]

即使从一个机构的内部,也很难洞察人的思想活动。我们看得见外在的东西,譬如著作、论文、实验结果。至于他们是什么样的人,他们怎么样以及为什么有了重大发现,却经常是难以勘破的私密。坊间或有半自传性的文字描述其所为,但是我们即使读到了一部分,也不易体会他们心底的创造的快意。

窥知些许底蕴的一个办法,是听一听(并且看一看)人们如何亲口解释自己的探索真谛之路。因此,我一直在机会允许的范围内,对各专业领域中毕业于剑桥或(和)以剑桥为基地的有趣的思想家进行视像采访,以期解密探幽。

我在剑桥工作已近四十年,结识了人类学专业以外的许多学者。剑桥学院制的跨学科氛围,加之我早年作为本科生和研究生,在牛津经历的同样的跨学科环境,历来促使我在求解学术问题的过程中,逾界与他人交谈,甚至与迥异于我本人专业的某些学者合作。

这类跨学科的谈话对于我的一生非常重要,可惜大部分未能

---

[*] 承蒙作者好意,专为中文版提供本章内容,英文原版中并无这一章节。

录下来——除非合作关系至密,譬如我与计算机科学家之间的交往。多年来我倒是录下了我和人类学者以及几位历史(我的另一个专业)学者的谈话,认为十分必要,却未延及其他人士。只因帕特里克·贝特森和赫伯特·胡珀特两位科学家随口一提,我才如梦方醒:原来我应当、也能够扩大范围!因此,自从 2007 年 5 月 11 日[*]我首次面对面采访地球物理学家丹·麦肯齐以来,我便系统地录下了我与多种专业的故交新朋的谈话。正式进入这个项目以后,仅仅一两年时间,我已收获颇丰。在下文中,我以黑体字提到了其中一部分采访对象。

我将全部访谈制作成影片,放在互联网上。访谈全长一般为 1~4 小时,有些采访对象谈到了整个生平,但是也有些人只谈到了工作,我便萃取他们对自己的主体工作的描述和看法,制成短片,长度一般为 10~40 分钟。

所有采访片都录入了 http://www.alanmacfarlane.com/ancestors/index.html;一部分采访片同时录入了 Youtube-ayabaya。采访仍在继续,新片也将随时添加进去。

理 工 科

天文学、宇宙学和纯数学

采访以前我就隐约知道,在全世界的天文学发展史上,剑桥有

---

[*] 1982—2007 年作者主要采访人类学者、历史学者和计算机学者,2007 年才开始密集采访其他专业的学者。迄今总共采访了一百七十人左右。

很长一段时间举足轻重，中世纪剑桥的教学大纲甚至将天文学列为主课。牛顿在天文学领域的成就当然是举世公认，19世纪的约翰·赫谢尔、20世纪初的阿瑟·爱丁顿、当代的弗雷德·霍伊尔，也都是世界级的天文学家。

在我担任国王学院院士选举委员会委员期间，我们将马丁·里斯勋爵选为院士，他后来成为了"皇家天文学家"、英国皇家学会主席、三一学院院长。当我1975年迁入老卡文迪许实验室顶层一间办公室的时候，我发现，它的前房客是几位射电天文学家。天文学的许多重大突破，包括发现脉冲星这一新型星体，就是安东尼·休伊什爵士等人在这个房间和相邻的几个房间里取得的。

我也朦胧知道一些近期的天文学成就，例如黑洞、弦理论、M理论的研究，又如斯蒂芬·霍金等人近年的建树。但是，直到我采访了较年轻一代的宇宙学家尼尔·图罗克，才对这一领域的最新进展加深了认识。

数学

剑桥的数学有着赫赫扬扬的传统，而且八百年来一直是教学和考试的重点学科。我已采访了两位箭头人物，约翰·亨利·科茨和彼得·斯温纳顿－戴尔爵士，前者是现任"萨德雷尔纯数学教授"，后者不仅是卓越的数学家，还是一名高级管理者，历任剑桥大学校长、英国政府大学资助委员会主席、圣凯瑟琳学院院长。我希望能够再采访一两位数学家，也许包括马丁·海兰教授，我在国王学院认识他已经多年。

生物化学、化学和遗传学

我很早就知道，剑桥在现代生物学和遗传学的发展史上享有崇高的地位。查尔斯·达尔文首开先河，威廉·贝特森重新发现孟德尔学说并创造了英语的"遗传学"一词。从这些传奇前辈开始，与生命结构相关的研究在剑桥一直蓬勃发展。继达尔文和贝特森的贡献之后，下一个划时代的伟大事件是1953年克里克和沃森宣布发现DNA双螺旋结构。自此一发而不可收，一连串重大发现在剑桥相继问世，大多与剑桥分子生物学实验室有关，尤应归功于马克斯·佩鲁茨的启迪和领导。

我在国王学院早已认识这个领域的几位核心人物，后来对他们进行了采访，包括：弗雷德·桑格，他因首次测序一种非生命体（胰岛素）和一种生命体（噬菌体）而两度荣膺诺贝尔化学奖；西德尼·布伦纳，他曾与克里克和沃森合作多年，2002年因线虫研究而荣膺诺贝尔生理学或医学奖；丹·布朗，他在RNA即核糖核酸的认知史上扮演了关键角色，然而常被忽视。

我近期采访的大家包括：艾伦·克卢格爵士，他曾与DNA的前驱罗莎琳德·富兰克林一同工作，并获得1982年诺贝尔化学奖，至今他仍然时有重大发现；约翰·萨尔斯顿爵士，他领导的团队对人类染色体的测序是全世界第一例，不过他2002年获得诺贝尔奖却是因为别的贡献；约翰·格登爵士，他发现在人体生长过程中细胞会保留全部信息，由此为当代干细胞研究奠定了基础；约翰·沃尔克爵士，他于1997年获得诺贝尔化学奖。

还有几个人似乎也应跻身于这一行列：安德鲁·赫胥黎爵士，

他因研究人体生理学，与艾伦·霍奇金同获1963年诺贝尔生理学或医学奖；理查德·达尔文·凯恩斯和陆查理（陆容威），两位都是杰出的生理学家。还应列入肯·爱德华兹，他是一位遗传学家，后来从事行政管理工作。如果尚未乱到需要另开窗口，我想再加上两位物理化学家，哈尔·狄克逊和约翰·穆里格·托马斯爵士。

计算机学、高科技和"剑桥现象"

剑桥最近半个世纪的计算机学进展，我本人涉足较深，并且亲眼见证了计算机、互联网和视像技术彻底改变人类世界的一段过程。

我一向知道剑桥大学在技术领域的突出地位。从16世纪威廉·吉尔伯特研究磁体、大约同期约翰·哈林顿爵士发明抽水马桶，到17世纪艾萨克·牛顿研究光学和研磨透镜，再到晚近查尔斯·巴贝奇，一位多才多艺的"卢卡斯数学教授"，研制出他的原始计算机，剑桥的多项技术发明都引发了重大效应。剑桥在计算机领域的发明尤其重要：艾伦·图灵构思了解密码机（图灵机）并定义了"可计算性"；莫里斯·威尔克斯研制了世界第一台延迟存储电子自动计算机。在此之后，剑桥研发的内联网和其他计算机技术也产生了深远的影响。

从1973年起，我和莎拉·哈里森一同深度卷入计算机领域，与国王学院的肯·穆迪开始一项长期合作，协力建立数据库和信息检索系统。后来他的同事琼·培根也加入了我们的团队。同时，随着摄影、影碟等技术的发展，我在工作中也开始大量使用音频—视频媒体。在高科技领域,我知道很多先锋人物的名字,他们在"剑桥现象"和全欧洲最大复合科技园的发展过程中,充当了播种机的角色,但是我仅仅有缘与少数几位交谈,其中包括赫尔曼·豪泽和安迪·霍珀。

物理学

在老卡文迪许实验室顶层的一段过道两旁,有几个房间里产生过许多伟大发现。自从我 1975 年迁入其中一间,有关这些发现的故事便不绝于耳,而且随着岁月的流逝而愈益活灵活现。从故事中不难得出结论:牛顿及其后继者的遗产在剑桥承传不绝,以致 1870 年至 1940 年间诞生了麦克斯韦、卢瑟福、查德威克、科克罗夫特、卡皮察、狄拉克等一系列物理学泰斗,他们彻底改变了人类对物理世界的认知。

直到最近,我才开始与这些巨匠的继承人、几位当代的大物理学家对话,包括前"卡文迪许物理学教授"布赖恩·皮帕爵士和现任"卡文迪许物理学教授"理查德·弗兰德爵士;还包括:牧师大人约翰·波尔金霍恩爵士,他曾是数理物理学教授和王后学院院长;地球物理学家丹·麦肯齐,他是地球板块构造的发现者之一。这批卓越的物理学家与其他领域的研究者形成互补,共同将"剑桥科学"织成了一张无缝的网络。

动物生物学

我们系办公室的背后是剑桥动物学博物馆,一条巨鲸的骨骼高耸在它的顶层。动物生物学也是查尔斯·达尔文和其他先辈的直系后裔之一，因此我一直感受到这个学科的巍然存在。在国王学院，我与两位年长的动物生物学家相交甚笃，一位是曾任西德尼·苏塞克斯学院院长的加布里埃尔·霍恩爵士，另一位是曾任国王学院院长的帕特里克·贝特森爵士。我也得便结识了他俩的长期同侪、曾任圣约翰学院院长的罗伯特·欣德。除了采访他们三位以外，我还采访了几位发育生物学家，包括迈克·贝特和巴里·克文，以及生物人类学家、剑桥大学校长艾莉森·理查德。从访谈中我们可以感受到，剑桥何等有力地推进了人类对动物王国的认知。

艺术、人文和社会学科

历史学和考古学

我本人的两个专业之一就是历史学，所以我既是最近半个世纪剑桥历史学的参与者，也是它的观察者。对于麦考莱勋爵、F. W. 梅特兰、阿克顿勋爵、G. M. 特里维廉等史学巨匠在剑桥开创的伟大传统，我自然谙熟于心。以内行的角度、而非像对待其他学科那样以外行的角度了解这一学科，我很清楚历史学的每一个旁支都可衍生无数的枝枝蔓蔓，但是在这里，我仅限于凸现剑桥历史学的几条主线，并指明我采访了哪几位相关的历史学家。

剑桥是一个古老建制，与修道院和宗教有着深切的关系，相应地，教会及宗教史也就成了一门笃定的传统显学。欧文·查德威克爵士多年来矗立在这个领域的前沿，发表了一系列论述宗教改革等问题的著作；同时他也是一位重要的管理者，曾任剑桥大学校长和塞尔温学院院长。

人口及社会结构史也是一个兴旺的旁支,这尤其要归功于剑桥人口及社会结构研究小组的努力。创立小组的三巨头是彼得·拉斯利特、安东尼(托尼)·里格利爵士和罗杰·斯科菲尔德。其中,里格利又以经济史学家而著称,他重点研究工业革命史和煤炭工业史,还担任过圣体学院院长。另一位可圈可点的剑桥社会人口学家是杰弗里·霍索恩,他又是一位优秀的政治社会学家。剑桥经济史强固传统的另一位代表是彼得·马赛厄斯,他对酿酒业史的研究尤其著名,还曾担任唐宁学院院长。

历史学还有其他一些旁支,例如文化史,彼得·伯克和莉萨·贾丁在某种程度上可以充当这个领域的代表,两人尤其以论述文艺复兴及 17 世纪的著作而声名远扬。政治思想史也是剑桥的传统显学,我采访的典型人物是昆廷·斯金纳和约翰·邓恩,两人都是彼得·拉斯利特的弟子,两人的专长又都是英格兰和欧洲的现代政治哲学;斯金纳退休前曾任"皇家现代史教授",邓恩退休前是政治思想史教授。

得力于玛丽·赫西、格尔德·布赫达尔、彼得·利普顿等人的工作,也得力于一座精良的博物馆——惠普尔科学史博物馆,科学及哲学史在剑桥也成为了一个显要而活跃的主题。我采访的一个代表是西蒙·谢弗,他与史蒂夫·夏平因为合著《利维坦与空气泵》一书,同获 2005 年伊拉斯谟奖。

剑桥也有许多杰出的古典史学家,例如摩西·芬利爵士,他是一位论述古希腊和古罗马思想的大作家,曾任达尔文学院院长。这一脉我采访的是杰弗里·劳埃德爵士,他是一位哲学家、历史学家和论述中国科技及哲学的作家,也曾担任达尔文学院院长。

剑桥史前史家和考古学家的成就斐然，已非一朝一夕。格雷厄姆·克拉克爵士和格林·丹尼尔开风气之先，耶稣学院前院长柯林·伦弗鲁勋爵继承了他们的衣钵，在有关文明之起源和文明之扩散的研究领域，他是当代最具影响力的名家之一。

文学、语言学和心理学

这个领域有许多杰出的思想家和作家，包括艾弗·阿姆斯特朗·理查兹、威廉·燕卜逊、弗兰克·雷蒙德·利维斯、C.S.刘易斯。我在国王学院认识其中不少人士，譬如，我最早结识的国王学院院士之一便是大名鼎鼎的彼得·艾弗里，他不仅是伊朗史家，也是伊斯兰苏菲派诗歌的大专家和大翻译家，国王学院的文豪 E.M.福斯特、达迪·赖兰兹之流生前都和他十分熟络。我有幸采访了弗兰克·克莫德爵士，他是一位依然健在的最著名的文学评论家，而且兴趣极其广博。

直到最近，我才幸遇这个领域的另外几位大师，包括：乔治·斯坦纳，一位著作等身的博学者；吉莉安·比尔女爵士，曾任"爱德华七世英国文学教授"和克莱尔堂学院院长；安·朗斯代尔，一位汉学家（汉名：龙蕙惠），曾任新堂学院院长，也曾在牛桥两校的管理层担任多种要职。我的采访尚未深入涉及心理学领域，但已和其中一位重要人物进行过长谈，她就是现代性别研究的创始人之一，朱丽叶·米切尔。

音乐

1971 年我初到国王学院，便开始见识剑桥 16 世纪以降的伟大音乐传统,唱诗班的合唱音乐尤其灿烂辉煌。不过直到最近,我才有机会同几位音乐从业者深谈。其中两位是国王学院音乐家:大卫·威尔科克斯爵士的音乐生涯漫长而显赫,不仅担任过国王学院音乐总监,而且曾是伦敦巴赫唱诗班音乐总监和伦敦皇家音乐学院院长;斯蒂芬·克利奥伯里是国王学院现任音乐总监,他正在继续努力,将国王学院唱诗班打造成国际知名的音乐团体。约翰·拉特早年就读于克莱尔学院,师从威尔科克斯,现在是世界最负盛名的合唱音乐作曲家之一。

神学

牧师大人约翰·波尔金霍恩爵士青年时代是一位杰出的物理学家,四十多岁转行,研读神学,并成为英国国教教士,我的采访主要着眼于他的神学工作。唐·库比特牧师大人曾长期担任以马利学院主持牧师,著述颇丰,广泛论及有关宗教及其现代地位的问题。

社会人类学

我本人的主要专业是人类学,在剑桥大学社会人类学系任教已经三十余年。在今人称为"社会/文化人类学"的王国里,剑桥一个多世纪以来一直占据着前沿阵地。在19世纪末和20世纪初,詹姆斯·弗雷泽爵士、W.H.R.里弗斯、阿尔弗雷德·科特·哈登等人曾蜚声国际,嗣后,特别是二战以后,社会人类学在剑桥更是蒸蒸日上。我采访了五十多位来自宽泛人类学领域的学者,不过我将在别处予以概述,此处仅介绍我在剑桥本地对四位同行的近期采访。

我选择的这一小群人类学家经历各异,有的在剑桥长期执教,有的仅在剑桥短期逗留,还有一位代表着一大批曾在剑桥读博士、然后分散到各地的人类学者。斯蒂芬·休－琼斯自从本科毕业直到退休都是剑桥大学社会人类学系的成员,又是国王学院的多年院士,他的主要研究兴趣是哥伦比亚林地的印第安人,尤其是巴拉萨纳族人。卡罗琳·汉弗莱与他经历相似,近日也可能接受采访。

玛里琳·斯特拉森女爵士在剑桥获得本科和研究生学位,留校任教一段时间以后,又去曼彻斯特工作了几年,1994年她重返剑桥,担任"威廉·怀斯社会人类学教授"。她的国际声望来自她对几内亚、性别、问责文化、亲属关系等问题的研究。基思·哈特在剑桥攻读他的前两个学位,其间与迈耶·福特斯等人一起工作,毕业后在多所大学任教,然后回到剑桥任教十年左右,最后又去别处工作了几年。他的最大声望,或许建立于他的加纳研究和对"非正式经济"*理论的发展。第四位是努尔·亚尔曼,他在剑桥攻读博士期间,师从埃德蒙·利奇爵士,并在其辅导下研究和论述斯里兰卡,培养了广泛的哲学兴趣和其他兴趣,毕业后先后任教于若干所大学,现在哈佛大学。

经济学

经济学研究也是剑桥的悠久传统。19世纪初,托马斯·马尔萨斯等人创立了剑桥的经济学科,嗣后阿尔弗雷德·马歇尔成为

---

* 又称"灰色经济"。

经济学界首屈一指的新古典经济学家,并担任剑桥政治经济学教授。20世纪上半叶,君临这一学科的是约翰·梅纳德·凯恩斯。他在国王学院的一批后继者,琼·罗宾逊、皮埃罗·斯拉法、尼基·卡尔多勋爵、理查德·卡恩勋爵(我在国王学院与最后这两位略有交情)等人,也都对后世产生了广泛的影响。

我通过三次采访探索了凯恩斯的精神遗产。温·戈德利是上述这批国王学院"后凯恩斯"经济学家的同时代人,曾任剑桥大学应用经济学系主任。杰弗里(杰夫)·哈考特在经济学理论方面贡献卓然,并且非常关注剑桥经济思想的发展史,因此是一位讲述伟人行状的绝妙故事家。鲍勃·罗索恩是一位重要的经济学理论家,曾有很长一段时间,他与当年那个极具影响力的"新左翼"经济学家－历史学家团体过从甚密。他们三位各自讲述了最近半个世纪剑桥经济学有哪些主要进展,这些进展又如何促成了英国和其他一些国家的经济政策。

剑桥大学及诸学院的运作

我的采访难免触及一种牛桥特有的建制或机构,亦即学院。我采访过一些据我所知、或者据说是大知识分子的人,不料许多这样的人最终却被提拔成了学院的首脑。因此,纯粹出于偶然,我采访了不少院长。前述所有采访对象中,担任了院长的人包括:马丁·里斯和安德鲁·赫胥黎(三一学院)、约翰·穆里格·托马斯和托尼·里格利(彼得学院)、加布里埃尔·霍恩(西德尼·苏塞克斯学院)、帕特·贝特森(国王学院)、罗伯特·欣德(圣约翰学院)、彼得·斯温纳顿－戴尔(圣凯瑟琳学院)、布赖恩·皮帕和吉莉安·比尔(克莱尔堂学院)、约翰·波尔金霍恩(王后学院)、柯林·伦弗鲁(耶稣学院)、欧文·查德威克(塞尔温学院)、杰弗里·劳埃德(达尔文学院)、安·朗斯代尔(新堂学院)、约翰·格登(抹大拉学院)、玛丽琳·斯特拉森(戈登学院)。也就是说,这里总共有十七位剑桥各学院院长,对于学院的运作,他们的思考应当极富启迪性。

至于校级领导,我已采访过好几位校长和副校长,他们是:欧文·查德威克、彼得·斯温纳顿－戴尔、安德鲁·赫胥黎、艾莉森·理查德、安·朗斯代尔。还有几位其他方面的高级管理人员接受了我的采访,包括英国政府大学资助委员会前主席彼得·斯温纳顿－戴尔,剑桥大学科系委员会前秘书长肯·爱德华兹。

其 他

上文提到了六十余次采访,其对象都是长期在剑桥从事教学或研究的知名人士。我还采访了另外八九十位杰出的思想家,他们在剑桥的逗留时间稍短一些。但是他们的采访片一样录入了互联网,一样可从前面提到的网址上观看和下载。

跋

2008年我开始写作本书时,并没有意识到剑桥大学有多与众不同;我也没想到,不久之后访问这所大学的人数会大为增加,其中部分原因不仅与中国经济的发展有关,而且与2008年为纪念中国著名诗人徐志摩而设立于国王学院桥畔的诗石不无关系。

开始写这本书时,我以为牛津与剑桥、与英国其他大学只有些许不同,甚至与法国或德国的大学也相去不远;对剑桥大学的大部分评价会适用于其他名校,尤其是牛津大学。

但更深层次的反思,尤其是与中国大学十年合作的经历,使我逐渐认识到,即使是与牛津大学相比,我也低估了剑桥的特殊性。这种独特性主要存在于三个方面。

首先是剑桥学院之美景绝伦。我常常对我的朋友们建议说:"如果你有一个星期,就去访问牛津;如果你只有一天,就去访问剑桥吧。"与剑桥相比,牛津确实隐藏着更多的古建筑。然而,在牛津住了十二年、在剑桥生活了四十五年之后,我毫不怀疑,剑桥的景色更美。尤为动人的是,一条开阔的长带沿着剑河的"后园"(Backs),将中心的各学院依次揽入,她们与巍峨的国王学院礼拜堂(King's Chapel)一起,成为举世无双的风景。这处独特的景观在剑桥八百年历史中得以幸存下来并不断扩展,由此产生的一个问题:她是如何被滋养并保存的。

其次是制度,也就是教学、研究和创新的框架。剑桥大学与学院之间特殊的权力平衡,以及历史中的偶然事件,给剑桥提供了更安全、更受保护、也更激励人的制度结构,即使与牛津大学相比也是如此 —— 后者有着不同的、更循规蹈矩的轨迹。这一点我将在正文中进行阐释。

第三是作为剑桥精神生动体现的人与思想。很多剑桥人的生活和工作带来了世界性的深远影响,在这儿我仅提及其中几位。也许可以从 16 世纪文艺复兴时期的教育学家德西德里乌斯·伊拉斯谟开始,包括 1510 年至 1515 年在内,他在剑桥待了好几个时期。然后是大主教与殉道者托马斯·克兰默,英格兰宗教改革的发起者之一,他与其他发起人都曾在剑桥学习与布道。还有学者、抽水马桶的发明者约翰·哈林顿爵士;以及在电力方面获得重大发现的威廉·吉尔伯特。诗人和戏剧家中则有埃德蒙·斯宾塞、克里斯托弗·马洛等。

进入 17 世纪,我们会遇见弗朗西斯·培根,这位哲学家提出了科学方法与实验室科学的新纲领;威廉·哈维,血液循环的发现者;还有艾萨克·牛顿,其在万有引力与光学方面的工作改变了世界,也使剑桥进入了更科学的新轨道。伟大的普通法专家爱德华·科克(Edward Coke)领导了反专制主义的运动,撰写了一部伟大的英格兰法律史,他是在剑桥接受教育的。然后是一批诗人,约翰·弥尔顿、约翰·多恩、安德鲁·马维尔、乔治·赫伯特以及后来的约翰·德莱顿等。

18世纪出现了英国第一任、也是执政时间最长的首相罗伯特·沃波尔(Robert Walpole),他的妹夫、英国农业革命的核心人物之一"芜菁"勋爵查尔斯·汤森(Charles Lord 'Turnip' Townshend),以及后来的首相小皮特。同一世纪晚些时候,托马斯·马尔萨斯成为古典经济学的第二位伟大学者,他是现代人口研究的奠基人。文学上的重要人物包括霍勒斯·沃尔波勒(Horace Walpole)和几位诗人,比如托马斯·格雷、塞缪尔·泰勒·柯勒律治和威廉·华兹华斯(William Wordsworth)。

19世纪以降见证了剑桥科学的第二次兴盛,有通才、机械式计算机的发明者查尔斯·巴贝奇(Charles Babbage),他也是卢卡斯数学教授;其后有在剑桥接受教育的查尔斯·达尔文,以及他的老师亚当·塞奇威克,后者奠定了地质学的基础。卡文迪许实验室开始发展,詹姆斯·克莱克·麦克斯韦在这里建立了电磁学理论;J.J.汤姆森发现了原子内的第一种粒子——电子,这一发现是后来所有计算工作的基础。

拜伦勋爵(Lord Byron)和丁尼生勋爵等人延续了伟大的诗歌传统。历史学是阿克顿勋爵(Lord Acton)和F.W.梅特兰(F.W. Maitland)的世纪,人类学则是亨利·梅因爵士和《金枝》作者詹姆斯·弗雷泽爵士的时代。阿尔弗雷德·马歇尔(Alfred Marshall)在经济学上承继了马尔萨斯的工作,为通往20世纪剑桥经济学的繁荣架起了桥梁。

20世纪上半叶是剑桥科学发展最重要的时期之一，其中涌现了包括保罗·狄拉克、欧内斯特·卢瑟福在内的众多学者。艾伦·图灵在这一时期奠定了电子计算与人工智能的基础。

这也是哲学的重要时期，出现了哲学家伯特兰·罗素、A.N.怀特海、G.E.摩尔和路德维希·维特根斯坦等。在历史学上，G.M.特雷维廉和约翰·克拉珀姆（John Clapham）爵士延续了传统，诗歌传统则由A.E.豪斯曼和鲁珀特·布鲁克承接。其他文学体裁有M.R.詹姆斯（鬼故事）、E.M.福斯特（小说）和A.A.米尔恩（《克里斯托弗·罗宾》）。剑桥是布卢姆斯伯里文化圈的第二诞生地，圈中人物包括经济学家、博学者约翰·梅纳德·凯恩斯、画家、艺术史学家罗杰·弗莱等。

20世纪下半叶，记忆犹新的有趣人物太多，我只选择极个别的几个人物：李约瑟（中国专家）、斯蒂芬·霍金（天文学家）、托马斯·克里克和詹姆斯·沃森（DNA）、弗雷德·桑格（两次诺贝尔奖获得者），以及赫尔曼·豪瑟（剑桥科学园之父）。数量众多的诺贝尔奖获得者确立了剑桥在该奖的世界领先中心的地位（根据诺贝尔奖自己对大学的估计，剑桥大学的学者获奖98次，牛津学者52次，哈佛学者49次）。

女性开始在剑桥得到认可。19世纪，杰出的女权倡导者米利森特·福塞特（Millicent Fawcett）于1875年共同创建了纽纳姆学院。简·埃伦·哈里森（Jane Ellen Harrison）是该学院最重要的早期人类学家和古典学者之一。20世纪下半叶，女性在诸多领域作出了贡献：比如诗歌领域的西尔维亚·普拉斯、科学界的罗莎琳德·富兰克林与乔斯林·贝尔(Jocelyn Bell)、灵长类动物学研究的简·古道尔和黛安·福西(Dian Fossey)、音乐方面的朱迪思·威尔(Judith Weir)、文学史界的丽莎·贾丁(Lisa Jardine)和扎迪·史密斯(Zadie Smith)。

还可以提及来自亚洲的一些剑桥著名校友:印度的斯里·奥罗宾多(神秘主义者与政治活动家)、萨斯里那瓦萨·拉马努扬(Srinivasa Ramanujan,数学家)和贾瓦哈拉尔·尼赫鲁总理;中国著名的作家与翻译家徐志摩、叶君健和萧乾,等等。

⁂

如果我提出的关于剑桥特殊性的主张是正确的,那么接下来的问题是,其原因是什么。事实上,成因是复杂的,因为有一系列相互影响的力量,其中没有一种力量是起决定性作用的,相反,它们通过漫长的历史,在彼此的相互作用下,产生了我们所发现的状况。

影响力之一是剑桥的宗教特性。1208 年,一小群从牛津逃离的学者在剑桥这个小集镇创立了一所大学。他们被吸引到此的部分原因可能是,这个镇上到处都是小型的半教育机构,即各种修道院,这些修道院当时已很富有,还拥有镇上的很大一部分土地。在大学成立前十年左右的剑桥镇地图上,可以看到各宗教基金会的所有权。

本书所附地图(图 1)显示了剑桥大学即将成立前的修道院财产。公元 1300 年以前,各修会派驻在剑桥的有:斯定会(Augustinians)、道明会（Dominicans）、方济各会（Franciscans）、迦密会（Carmelites）、吉尔伯会（Gilbertines）、本笃会（Benedictines），以及麻袋修会（Friars of the Sack）和十字架（或拐杖）修会（Friars of the Cross or Crutch）等等。这些不同的宗教团体所拥有的巨大财产渐渐地并入了大学和学院，使大学中心有了一种修道院的基调。1237年成立的剑桥黑修会（Cambridge Blackfriars，代表道明会）以后成为以马内利学院的所在地。剑桥灰修会（Cambridge Greyfriars，代表方济各会）成为西德尼·苏塞克斯学院的院址；而1258年成立的麻袋修会则被纳入了彼得学院，目前属于菲茨威廉博物馆（Fitzwilliam Museum）；本笃会的圣拉迪贡德（St Radegund's）的女修道院成为了耶稣学院；迦密会则归属到了国王学院和圣凯瑟琳学院。

当这所中世纪的大学暨学院开始发展时，两者都受到了无数宗教基金会里隐居生活模式的深刻影响。在许多方面，大学和学院都是中世纪隐修制度里古老教学方式的延续。

≈୧୦ ଔ୦୨

早期结构所产生的影响也体现在随后的历史中。如果我们以三个宗教热情高涨的时期为例，就可以了解剑桥与牛津的不同之处。16世纪初，思想家们是在剑桥大学撰写、翻译和宣讲了来自欧洲大陆的新路德会教义，他们也是在此脱离罗马建立了英国新教。具有象征意义的是，当罗马天主教在玛丽女王治下对其进行反制时，托马斯·克兰默、休·拉蒂默和尼古拉斯·

里德利 等几位来自剑桥的新教创始人被带到了牛津,作为异端处以了火刑。

17 世纪,低教会派和高教会派(Low and High Church)的对立再次出现。清教徒在剑桥的代表人物有奥利弗·克伦威尔、威廉·戴尔、威廉·珀金斯等人。高教会派在牛津的代表人物则是劳德大主教 。及至 19 世纪,福音派传统在剑桥更为牢固,剑桥大学里有威尔伯福斯(Wilberforce)的朋友、废奴主义者托马斯·克拉克森,还有教会传教协会(Church Missionary Society)的创建者、著名的福音派传教士查尔斯·西缅(Charles Simeon)等人。牛津高教会派的典范则是"牛津运动",其标志性事件是红衣主教纽曼(Cardinal Newman)对天主教的皈依改宗事件。

宗教背景以及地理环境的差异对这两所大学的文化产生了许多影响,有助于解释为什么剑桥对那些在政治、社会和宗教上处于权威建制边缘的人群有更大吸引力,比如贵格会教徒(Quakers)、一位论派信徒(Unitarians)、自然神论者(Deists)、平等主义者(levellers)、约曼(yeomen)、商人和下层绅士等 。这种倾向还受到地理和生态上另一种差异的影响。

牛津位于英格兰中心地带 —— 从英格兰内陆尽可能地远离了东、南、西面的大海。她被大片地产庄园包围,是国家、上层中产阶级以及英格兰身份认同的中轴枢纽。始建为重要的诺曼城堡与城镇的牛津,后来也一直是泰晤士河上游的大型定居点。

相比之下,剑桥处于边缘地带。乍一看,她像是非常偏僻的一个地方,陷在东英吉利水淹的沼泽地和湿地里面,如公共汽车司机将我在我的沼泽地村庄放下时曾说的那样，是个"射箭场"。然而，想象我们回到从大学建立到铁路出现的六百多年里——即从1208年至1840年代，这时水路是最重要交通方式。

在其四分之三的历史中，剑桥到安特卫普和阿姆斯特丹的距离，从很多方面来说，就像与牛津或诺丁汉一样近。沿着乌斯(Ouse)河溯流而上，再从那里经由剑河的水路运输，意味着剑桥与她周围的村庄其实是包括斯堪的纳维亚地区在内的西北欧的同一风格的延伸；这些村庄本是比较小的港口，比如我居住的村庄即是一例，因其建在运河尽头，因此地如其名，被称为 Lode (lodum = 运河)。至今该地区的很多房屋仍以荷兰风格修筑，房顶铺着从荷兰进口的瓦片。这些沼泽地给人的感觉非常像荷兰，而她最初的居民也是来自丹麦和德国北部的盎格鲁人。河水、柳树和平坦田野的景色都似荷兰的续章，所以在17世纪，自然而然也就由荷兰工程师把沼泽排干了水。

欧洲各地的货物循乌斯河与剑河而上，运至剑桥边界的斯托布里奇公地(Stourbridge Common)。斯托布里奇集市始于1211年，即大学成立仅三年以后；到17世纪，她已发展成欧洲规模最大的集市。也许，如丹尼尔·笛福在描写斯托布里奇集市的章节里所说的那样，她甚至已是全世界最大的集市。

历史上剑桥的葡萄酒和布料贸易可通达法国和意大利海岸，利润丰厚，并以此资助修建了中世纪宏伟的东英吉利大教堂与修道院，这种便利意味着剑桥成为了国际知识界的一部分。如同那些作为自由思想堡垒的欧洲大港口——威尼斯、里斯本、波尔多、阿姆斯特丹、格拉斯哥等等——一样,剑桥自中世纪以来实际上是一个港口,大量的新闻和货物从遥远的地方纷至沓来。因此,尽管剑桥表面上是乡村风格,却异乎寻常地见多识广和国际化。

剑桥大学对伊拉斯谟的吸引力体现了这一点,他在这里度过了许多岁月。17世纪,几乎所有创立新英格兰大学的知识分子都来自于剑桥大学,包括帮助建立了哈佛大学的约翰·哈佛和托马斯·谢泼德。以后的又一次标志性事件是,艾萨克·牛顿在斯托布里奇集市购买了欧几里得的《几何原本》(Elements),帮助他找到了一些数学问题的答案,他还买了透镜,用于尝试笛卡尔的《颜色手册》(Book of Colours)中的一些实验。

剑桥是创造力所需核心条件的完美范例,我的挚友兼同事格里·马丁(Gerry Martin)称之为"有边界但也有渗漏"。大学有丰富的内部生活,有坚固的墙和保护机制;但她亦是开放的,不仅向着上方一片片高远的天空开放,而且向着从世界四面八方传来的思想与货物开放。

✥

一个年轻的知识机构会面临许多危险。1441年,国王学院的创建者亨利六世意识到了这一点,他用从教皇那里获得的一系列文件保护了学院。这些文件使得学院免受邻近的伊利主教以及大学副校长的权力管辖。相较于牛津这个更有权势的大镇,剑桥镇的规模较小,这可能也给了大学在师生与镇民(Town and Gown)

的长期之争中更多的自由。这一点可由以下事实表明：当国王亨利六世建立国王学院时，他设立的教务长一职权力大到一度被称为剑桥教务长。

两所大学的这种不同的宗教传统、地理位置和附近居民区的影响，逐渐蔓延到学院和大学的整体结构和精神之中。这里仅举一个例子。

由于过去的历史，剑桥对处于建制边缘的思想家更具吸引力。19世纪后期，形成了许多鼓励科学发展的家庭网络。建立在牛顿遗产基础上，科学在剑桥的发展要迅速得多。

实验室科学的发展产生了很多影响，包括造成学院和大学之间的不同平衡。在牛津，学院至今保持着首要地位。大学的每位教学人员都必须在学院找到一席之地。而在剑桥，实验室和博物馆的迅速发展，尤其是老卡文迪许实验室，形成了一股对学院的抗衡力量。那些处于建制边缘的人群受到了大学的庇护。所以，即使是现在，大学也有很多高级学者，与学院没有很强的依附关系。

出于以上及其他原因，剑桥大学让人感觉更开放、自由主义，更中产阶级，更科学，也不那么等级森严。她在科学与人文艺术两方面都很出色，后者包括音乐、戏剧、艺术、创意写作、电影和电视等。而更靠近权力与建制中心的牛津大学，自19世纪以来，几乎培养了英国所有的首相。牛津也获得了更多的诺贝尔和平奖，培养了更多杰出的儿童故事作家。

与此同时，剑桥仍然是一个难以捉摸的地方，充满了创造力与神秘感，她造就了很多改变世界的伟大发明者，也带来许多令英文焕发光彩的诗人。在过去的大半个千年里，剑桥大学与她的学院，一直是世界上最具持久创造力的人类智力活动的中心之一。

（严潇潇 译）

剑桥大学诸学院一览①

剑桥大学校徽

剑桥大学围巾颜色

院徽	围巾	学院	名称由来	创建时间
		基督学院 Christ's	耶稣基督	1505
		丘吉尔学院 Churchill	温斯顿·丘吉尔	1960
		克莱尔学院 Clare	克莱尔女领主伊丽莎白	1326
		克莱尔堂学院 Clare Hall	克莱尔学院	1965

---

① 本表为译者所加。剑桥诸学院名称大致分四类：一、来源于基督教，如三一学院、以马利学院、抹大拉学院；二、以王室命名，如国王学院、王后学院；三、以贤达名人或创立者命名，如丘吉尔学院、达尔文学院、冈维尔-凯厄斯学院；四、根据地名，如戈登学院、霍默顿学院。剑桥大学有专门的纹章（校徽）和围巾，每所学院也各有纹章（院徽）和围巾。

		圣体学院 Corpus Christi	圣体及圣母玛丽亚协会	1352
		达尔文学院 Darwin	达尔文家族	1964
		唐宁学院 Downing	乔治·唐宁	1800
		以马利学院 Emmanuel	以马利，即拿撒勒的耶稣	1584
		费茨威廉学院 Fitzwilliam	费茨威廉街、费茨威廉博物馆和费茨威廉子爵七世	1966
		戈登学院 Girton	剑桥郡戈登村	1869
		冈维尔-凯厄斯学院 Gonville and Caius	埃德蒙·冈维尔和约翰·凯厄斯	1348
		霍默顿学院 Homerton	伦敦霍默顿地区	1976
		休斯堂学院 Hughes Hall	伊丽莎白·休斯	1885

		耶稣学院 Jesus	耶稣礼拜堂（该学院的礼拜堂）	1496
		国王学院 King's	亨利六世	1441
		露西·卡文迪什学院 Lucy Cavendish	露西·卡文迪什	1965
		抹大拉学院 Magdalene	抹大拉的玛丽亚	1428
		默里－爱德华兹学院／新堂学院 Murray Edwards/ New Hall	罗斯玛丽·默里；洛丝和史蒂夫·爱德华兹夫妇	1954
		纽纳姆学院 Newnham	剑桥市纽纳姆地区	1871
		彭布罗克学院 Pembroke	彭布罗克伯爵夫人	1347
		彼得学院 Peterhouse	圣彼得	1284
		王后学院 Queens'	亨利六世王后和爱德华四世王后	1448

		鲁宾逊学院 Robinson	大卫·鲁宾逊	1977
		圣凯瑟琳学院 St Catharine's	圣凯瑟琳	1473
		圣埃德蒙学院 St Edmund's	圣埃德蒙	1896
		圣约翰学院 St John's	圣约翰	1511
		塞尔温学院 Selwyn	乔治·塞尔温	1882
		西德尼·苏塞克斯学院 Sidney Sussex	苏塞克斯伯爵夫人 弗朗西丝·西德尼	1596
		三一学院 Trinity	圣三一 （圣父、圣子、圣灵三位一体）	1546
		三一堂学院 Trinity Hall	三一学院	1350
		沃尔夫森学院 Wolfson	沃尔夫森基金会	1965

人名英中对照表*

Ackroyd, Peter 彼得·阿克罗伊德(克莱尔)
Acton, Lord; John Emerich Edward Dalberg-Acton 阿克顿勋爵;约翰·埃默里克·爱德华·达尔伯格－阿克顿(三一)
Adam brothers 亚当三兄弟
Adams, Douglas 道格拉斯·亚当斯(圣约翰)
Adrian, Lord Edgar Douglas Adrian 埃德加·道格拉斯·艾德里安勋爵(三一)
Anderson, Clive 克莱夫·安德森(塞尔温)
Andrewes, Lancelot 兰斯洛特·安德鲁斯(彭布罗克)
Annan, Lord Noel 诺埃尔·安南勋爵(国王)
Arden, John 约翰·阿登(国王)
Arnolds 阿诺德家族(剑桥)
Ascham, Roger 罗杰·阿斯卡姆(圣约翰)
Aston, Francis William 弗朗西斯·威廉·阿斯顿(剑桥)
Atherton, Mike 迈克·艾瑟顿(唐宁)
Attenborough, Sir David Frederick 大卫·弗雷德里克·阿顿巴勒爵士(克莱尔)
Austen, Jane 简·奥斯汀
Austin, Lord Herbert 赫伯特·奥斯汀勋爵(剑桥)
Avery, Peter 彼得·艾弗里(国王)
Babbage, Charles 查尔斯·巴贝奇(三一,彼得)
Bach, Johann Sebastian 约翰·塞巴斯蒂安·巴赫
Bacon, Jean 琼·培根(耶稣)
Bacon, Sir Francis 弗朗西斯·培根爵士(三一)
Baddiel, David 大卫·巴迪尔(国王)
Ballard, James Graham 詹姆斯·格雷厄姆·巴拉德(国王)
Barclays 巴克利家族(剑桥)
Barnes, John 约翰·巴恩斯(丘吉尔)
Barnes, Robert 罗伯特·巴恩斯(剑桥)
Barrow, Isaac 艾萨克·巴罗(三一)
Bate, Michael/Mike 迈克尔/迈克·贝特(国王)
Bateson, Sir Patrick 帕特里克·贝特森爵士(国王)
Bateson, William 威廉·贝特森(圣约翰)

---

* 本表为译者所加。括号中标明其人毕业于或就职于剑桥大学的哪个学院,有些只简单标明"剑桥"。未标明者则无剑桥渊源,或无深厚的剑桥渊源。有些名字在正文中缩略为首字母,在此给出全拼。

Bayly, Sir Christopher 克里斯多佛·贝利爵士(圣凯瑟琳)

Beaton, Sir Cecil 塞西尔·比顿爵士(圣约翰)

Beer, Dame Gillian 吉莉安·比尔女爵士(戈登,克莱尔堂)

Bell, Clive 克莱夫·贝尔(三一)

Bell, Jocelyn; Dame Susan Jocelyn Bell Burnell 乔斯琳·贝尔;苏珊·乔斯琳·贝尔·伯内尔女爵士(新堂)

Bennett, Alan 艾伦·班尼特(西德尼·苏塞克斯)

Benson, Arthur Christopher 阿瑟·克里斯多佛·本森(国王,抹大拉)

Benson, Edward Frederic 爱德华·弗雷德里克·本森(国王)

Bentley, Richard 理查德·本特利(圣约翰·三一)

Berkeley, Bishop George 乔治·贝克莱主教

Bernal, John Desmond 约翰·德斯蒙德·伯纳尔(以马利)

Betjeman, Sir John 约翰·贝杰曼爵士

Bilney, Thomas 托马斯·比尔尼(三一堂)

Bird, John 约翰·伯德(国王)

Blackett, Lord Patrick Maynard Stuart 帕特里克·梅纳德·斯图尔特·布莱克特勋爵(抹大拉,国王)

Booths 布思家族(剑桥)

Borges, Jorge Luis 豪尔赫·路易斯·博尔赫斯

Boulton, Matthew 马休·博尔顿

Bourdieu, Pierre 皮埃尔·布厄迪

Bragg, Sir William Lawrence 威廉·劳伦斯·布拉格爵士(三一)

Braggs 布拉格家族(剑桥)

Braithwaite, Richard 理查德·布雷思韦特(国王)

Brearley, Mike 迈克·布里尔利(圣约翰)

Brenner, Sydney 西德尼·布伦纳(剑桥)

Broad, Charlie Dunbar 查理·邓巴·布罗德(三一)

Bron, Eleanor 埃莉诺·布隆(纽纳姆)

Bronowski, Jacob 雅各布·布隆诺夫斯基(耶稣)

Brooke, Rupert 鲁珀特·布鲁克(国王)

Brooke—Taylor, Tim 蒂姆·布鲁克·泰勒(彭布罗克)

Brown Dan 丹·布朗(国王)

Browning, Oscar 奥斯卡·勃朗宁(国王)

Buchdahl, Gerd 格尔德·布赫达尔(达尔文,三一)

Bulmers 布尔默家族(剑桥)

Burghley, Lord William Cecil 威廉·塞西尔·伯利勋爵(圣约翰)

Burke, Peter 彼得·伯克(以马利)

Butler, Samuel 塞缪尔·巴特勒(圣约翰)

Butterfield, Sir Herbert 赫伯特·巴特菲尔德爵士(彼得)

Byatt, Antonia Susan; Dame Antonia Susan Duffy 安东尼娅·苏珊·拜厄特;安东尼娅·苏珊·达菲女爵士(纽纳姆)

Byron, Lord George Gordon 乔治·戈登·拜伦勋爵(三一)

Cadburys 凯德伯里家族(剑桥)

Caius, John 约翰·凯厄斯(冈维尔一凯厄斯)

Calder, Nigel 奈杰尔·考尔德(剑桥)

Calvin, John 约翰·加尔文

Cammaerts, Emile 埃米尔·卡默茨

Canning, Sir Stratford 斯特拉福德·坎宁爵士(国王)

Cavendish, William; Duke of Devonshire 威廉·卡文迪许;德文郡公爵(三一)

Cha, Louis 查良镛/路易斯·查（鲁宾逊）
Chadwick, Sir James 詹姆斯·查德威克爵士（冈维尔－凯厄斯）
Chadwick, Sir Owen 欧文·查德威克爵士（圣约翰，三一，塞尔温）
Chandrasekhar, Subrahmanyan 苏布拉马尼扬·钱德拉塞卡（三一）
Chapman, Graham 格雷厄姆·查普曼（以马利）
Chaucer, Geoffrey 杰弗里·乔叟
Cheke, Sir John 约翰·切克爵士（圣约翰，国王）
Chesterfield, Lord; Philip Dormer Stanhope 切斯特菲尔德勋爵；菲利普·多默·斯坦厄普（三一）
Clapham, Sir John 约翰·克拉彭爵士（国王）
Clark, George Kitson 乔治·基特森·克拉克（三一）
Clark, John Willis 约翰·威利斯·克拉克（三一）
Clark, Sir Graham 格雷厄姆·克拉克爵士（彼得）
Clarke, David 大卫·克拉克（彼得）
Clarke, Edward Daniel 爱德华·丹尼尔·克拉克（耶稣）
Clarkson, Thomas 托马斯·克拉克森（圣约翰）
Cleese, John 约翰·克利斯（唐宁）
Cleobury, Stephen 斯蒂芬·克利奥伯里（圣约翰，国王）
Coates, John Henry 约翰·亨利·科茨（以马利）
Cockcroft, Sir John Douglas 约翰·道格拉斯·科克罗夫特爵士（圣约翰）
Cockerell, Sir Christopher Sydney 克里斯多佛·西德尼·科克雷尔爵士（彼得）
Cohen, Sasha Baron 萨沙·巴伦·科恩（基督）

Coke, Sir Edward 爱德华·柯克爵士（三一）
Coleridge, Samuel Taylor 塞缪尔·泰勒·柯勒律治（耶稣）
Coles, John 约翰·科尔斯（剑桥）
Constable, John 约翰·康斯特布尔
Cook, Peter 彼得·库克（彭布罗克）
Cooke, Alistair 阿利斯泰尔·库克（耶稣）
Cornford, Francis Macdonald 弗朗西斯·麦克唐纳·康福德（三一）
Cotton, John 约翰·科顿（以马利）
Cowley, Abraham 亚伯拉罕·考利（三一）
Crabbe, George 乔治·克雷布（三一）
Cranmer, Thomas 托马斯·克兰默（剑桥）
Crick, Francis 弗朗西斯·克里克（丘吉尔）
Cromwell, Lord Thomas 托马斯·克伦威尔勋爵
Cromwell, Oliver 奥利佛·克伦威尔（西德尼·苏塞克斯）
Cudworth, Ralph 拉尔夫·卡德沃思（以马利，克莱尔堂，基督）
Cupitt, Rev. Don 唐·库比特牧师（以马利）
Daniel, Glyn 格林·丹尼尔（圣约翰）
Darwin, Charles 查尔斯·达尔文（基督）
Darwin, Sir Francis 弗朗西斯·达尔文爵士（三一）
Darwin-Wedgwood Family 达尔文－韦奇伍德家族（剑桥）
Dasgupta, Sir Patha 帕萨·达斯古普塔爵士（圣约翰）
da Vinci, Leonardo 利奥纳多·达芬奇
Davis, Sir Andrew 安德鲁·戴维斯爵士（国王）
Davie, Donald 唐纳德·戴维（圣凯瑟琳）

Dee, John 约翰·迪伊(圣约翰)
Defoe, Daniel 丹尼尔·笛福
Dell, William 威廉·戴尔(以马利,冈维尔－凯厄斯)
Denifle, Heinrich 海因里希·德尼夫勒
de Quincey, Thomas 托马斯·德昆西
de Tocqueville, Alexis 亚历克西·德·托克维尔
Descartes, René 勒内·笛卡尔
Dexter, Ted 特德·德克斯特(耶稣)
Dirac, Paul 保罗·狄拉克(圣约翰)
Dixon, Hal 哈尔·狄克逊(国王)
Dobb, Maurice 莫里斯·多布(彭布罗克,三一)
Donne, John 约翰·多恩(剑桥)
Doughty, Charles 查尔斯·道蒂(国王,冈维尔－凯厄斯)
Dowsing, William 威廉·道辛
Drabble, Margaret; Dame Margaret Drabble Holroyd 玛格丽特·德拉布尔;玛格丽特·德拉布尔·霍尔罗伊德女爵士(纽纳姆)
Dryden, John 约翰·德莱顿(三一)
Dunn, John 约翰·邓恩(国王,耶稣)
Durkheim, Emile 埃米尔·涂尔干
Dutt, Clemens Palme 克莱门斯·帕姆·达特(王后)
Earl of Manchester 曼彻斯特伯爵(西德尼·苏塞克斯)
Eddington, Sir Arthur Stanley 阿瑟·斯坦利·爱丁顿爵士(三一)
Edwards, Ken 肯·爱德华兹(圣约翰)
Edwards, Robert Geoffrey 罗伯特·杰弗里·爱德华兹(丘吉尔)
Elton, Sir Geoffrey 杰弗里·埃尔顿爵士(克莱尔)
Emerson, Ralph Waldo 拉尔夫·沃尔多·爱默生
Empson, Sir William 威廉·燕卜逊爵士(抹大拉)
Erasmus, Desiderius 狄赛德留斯·伊拉斯谟(王后)
Evans－Pritchard, Sir Edward 爱德华·埃文斯－普里查德爵士(剑桥)
Ewart, Gavin 加文·尤尔特(基督)
Eyre, Sir Richard 理查德·艾尔爵士(彼得)
Farish, William 威廉·法里什(抹大拉)
Faulks, Sebastian 塞巴斯蒂安·福克斯(以马利)
Fay, Charles Ryle 查尔斯·赖尔·费伊(国王)
Feinstein, Elaine 伊莱恩·范斯坦(纽纳姆)
Figgis, John Neville 约翰·内维尔·菲吉斯(圣凯瑟琳)
Finley, Sir Moses 摩西·芬利爵士(耶稣,达尔文)
Firbank, Ronald 罗纳德·弗班克(三一堂)
Fishers 费希尔家族(剑桥)
FitzGerald, Edward 爱德华·菲茨杰拉德(三一)
Fitzwilliam, Sir Richard 理查德·费茨威廉爵士(三一堂)
Flamsteed, John 约翰·弗拉姆斯蒂德(耶稣)
Flecker, James Elroy 詹姆斯·埃尔罗伊·弗莱克(冈维尔－凯厄斯)
Fletcher, Giles the Younger 小贾尔斯·弗莱彻(三一)
Forster, Edward Morgan 爱德华·摩根·福斯特(国王)
Fortes, Meyer 迈耶·福特斯(国王)
Fortune, John 约翰·福琼(国王)
Fossey, Dian 黛安·福西(达尔文)
Fowler, Sir Ralph Howard 拉尔夫·霍华德·福勒爵士(三一)
Foxe, John 约翰·福克斯(剑桥)
Franklin, Rosalind 罗莎琳德·富兰克林(纽纳姆)

Frayn, Michael 迈克尔·弗雷恩(以马利)
Frazer, Sir James George 詹姆斯·乔治·弗雷泽爵士(三一)
Frears, Stephen 斯蒂芬·弗里尔斯(三一)
Friend, Sir Richard Henry 理查德·亨利·弗兰德爵士(圣约翰)
Frisch, Otto 奥托·弗里奇(三一)
Frost, Sir David Paradine 大卫·帕拉丁·弗罗斯特爵士(冈维尔—凯厄斯)
Fry, Roger 罗杰·弗莱(国王)
Fry, Stephen 斯蒂芬·弗莱(王后)
Fuller, Thomas 托马斯·富勒(王后,西德尼·苏塞克斯,圣体)
Gainsborough, Thomas 托马斯·盖恩斯伯勒
Galbraith, John Kenneth 约翰·肯尼迪·加尔布雷思(三一)
Garden, David Graeme 大卫·格雷姆·加登(以马利)
Gardiner, Sir John Eliot 约翰·艾略特·加丁纳爵士(国王)
Garrod, Dorothy 多萝西·加罗德(纽纳姆)
Gascoigne, George 乔治·盖斯科因(三一)
Gaskells 盖斯凯尔家族(剑桥)
Geertz, Clifford 克利福德·格尔茨(剑桥)
Gellner, Ernest 欧内斯特·盖尔纳(国王)
Gibbons, Grinling 格林林·吉本斯
Gibbons, Orlando 奥兰多·吉本斯(国王)
Giddens, Tony 托尼·吉登斯(国王)
Gilbert, William 威廉·吉尔伯特(圣约翰)
Godley, Wynne 温·戈德利(国王)
Goehr, Alexander 亚历山大·戈尔(国王)

Gooch, George 乔治·古奇(三一)
Goodall, Dame Valerie Jane 瓦莱丽·简·古多尔女爵士(纽纳姆,达尔文)
Goody, Sir Jack 杰克·古迪爵士(圣约翰)
Gould, Stephen Jay 斯蒂芬·杰伊·古尔德
Granmer, Thomas 托马斯·格兰默(耶稣)
Grant, Duncan 邓肯·格兰特(剑桥)
Gray, Simon 西蒙·格雷(三一)
Gray, Thomas 托马斯·格雷(彼得)
Greer, Germaine 杰曼·格里尔(纽纳姆)
Griffiths, John 约翰·格里菲思斯(国王)
Gunn, Thom 汤姆·冈恩(三一)
Gurdon, Sir John 约翰·格登爵士(抹大拉)
Gurneys 格尼家族(剑桥)
Haddon, Alfred Cort 阿尔弗雷德·科特·哈登(基督)
Hales, Stephen 斯蒂芬·黑尔斯(圣体)
Hall, Sir Peter 彼得·霍尔爵士(圣凯瑟琳)
Handel, Georg 格奥尔格·亨德尔
Harcourt, Geoffrey/Geoff 杰弗里/杰夫·哈考特(耶稣)
Harcourt, Sir Vernon 维农·哈考特爵士(三一)
Hardy, Godfrey Harold 戈弗雷·哈罗德·哈代(三一)
Harrington, Sir John 约翰·哈林顿爵士(国王)
Harrison, Jane 简·哈里森(纽纳姆)
Hart, Keith 基思·哈特(圣约翰)
Harvard, John 约翰·哈佛(以马利)
Harvey, William 威廉·哈维(冈维尔—凯厄斯)
Hauser, Hermann 赫尔曼·豪泽(国王)

Hawking, Stephen　斯蒂芬·霍金（三一堂）
Hawthorn, Geoffrey　杰弗里·霍索恩（丘吉尔，克莱尔堂）
Hayman, Ronald　罗纳德·海曼（三一堂）
Heaney, Seamus　谢默斯·希尼（抹大拉）
Henslow, John Stevens　约翰·史蒂文斯·亨斯洛（圣约翰）
Herbert, George　乔治·赫伯特（三一）
Herrick, Robert　罗伯特·赫里克（圣约翰）
Herschel, Sir John　约翰·赫谢尔爵士（圣约翰）
Hesse, Mary　玛丽·赫西（剑桥）
Hewish, Sir Antony　安东尼·休伊什爵士（冈维尔－凯厄斯）
Hill, Archibald Vivian　阿奇博尔德·维维安·希尔（三一）
Hill, Polly　波莉·希尔（克莱尔堂）
Hinde, Robert　罗伯特·欣德（圣约翰）
Hoares　霍尔家族（剑桥）
Hobsbawn, Eric　埃里克·霍布斯鲍姆（国王）
Hodgkin, Alan　艾伦·霍奇金（三一）
Hogwood, Christopher　克里斯多佛·霍格伍德（彭布罗克）
Holinshed, Raphael　拉斐尔·霍林斯赫德（基督）
Holloway, Robin　罗宾·霍洛韦（国王）
Hopkins, Keith　基思·霍普金斯（国王）
Hopkins, Sir Frederick Gowland　弗雷德里克·戈兰·霍普金斯爵士（三一）
Hopkins, William　威廉·霍普金斯（彼得）
Hopper, Andy　安迪·霍珀（圣体，三一堂）
Horn, Sir Gabriel　加布里埃尔·霍恩爵士（国王，西德尼·苏塞克斯）
Hornby, Nick　尼克·霍恩比（耶稣）

Houseman, Alfred Edward　阿尔弗雷德·爱德华·豪斯曼（三一）
Hoyle, Sir Fred　弗雷德·霍伊尔爵士（以马利）
Hugh－Jones, Stephen　斯蒂芬·休－琼斯（国王）
Hughes, Ted　特德·休斯（彭布罗克）
Huizinga, Johan　约翰·赫伊津哈
Humphrey, Caroline　卡罗琳·汉弗莱（国王）
Huppert, Herbert　赫伯特·胡珀特（国王）
Hussey, Christopher　克里斯多佛·赫西
Huxley, Sir Andrew　安德鲁·赫胥黎爵士（三一）
Huxley, Thomas Henry　托马斯·亨利·赫胥黎
Hyland, Martin　马丁·海兰（国王）
Idle, Eric　埃里克·艾德尔（彭布罗克）
Innis, Harold Adams　哈罗德·亚当斯·英尼斯
Iqbal, Mohammad　穆罕默德·伊克巴勒（三一）
Isherwood, Christopher　克里斯多佛·衣修午德（圣体）
Jacobi, Sir Derek　德里克·雅各比（圣约翰）
Jacobson, Howard　霍华德·雅各布森（唐宁）
James, Clive　克莱夫·詹姆斯（彭布罗克）
Jardine, Lisa　莉萨·贾丁（纽纳姆）
Knowles, David　大卫·诺尔斯（基督）
James, Montague Rhodes　蒙塔古·罗兹·詹姆斯（国王）
Jenkins, Roy　罗伊·詹金斯
Joad, Cyril Mitchinson　西里尔·米钦森·乔德
Jones, Griff Rhys　格里夫·里斯·琼斯（以马利）

Jowett, Benjamin　本杰明·乔伊特
Kahn, Lord Richard　理查德·卡恩勋爵（国王）
Kaldor, Lord Nicholas/Nicky　尼古拉斯/尼基·卡尔多勋爵（国王）
Kapitsa, Pyotr Leonidovich　彼得·列昂尼多维奇·卡皮察（三一，丘吉尔）
Keats, John　约翰·济慈
Kelvin, Lord William Thomas　威廉·托马斯·凯尔文勋爵（彼得）
Kendrew, Sir John　约翰·肯德鲁爵士（三一）
Kermode, Sir Frank　弗兰克·克莫德爵士（国王）
Keverne, Barry　巴里·克文（国王）
Keynes, John Maynard　约翰·梅纳德·凯恩斯（国王）
Keynes, Richard Darwin　理查德·达尔文·凯恩斯（三一，丘吉尔）
Kim, Dae-Jung　金大中（克莱尔堂）
King, Mervyn　默文·金（国王，圣约翰）
Kinglake, Alexander William　亚历山大·威廉·金雷克（三一）
Kingsley, Charles　查尔斯·金斯利（抹大拉）
Klug, Sir Aaron　艾伦·克卢格爵士（三一）
Knowles, David　大卫·诺尔斯（基督，彼得）
Laing, Samuel　塞缪尔·莱恩（圣约翰）
Laslett, Peter　彼得·拉斯利特（圣约翰，三一）
Latimer, Hugh　休·拉蒂默（克莱尔）
Laud, Archbishop William　威廉·劳德大主教
Laurie, Hugh　休·劳里（塞尔温）
Law, William　威廉·劳（以马利）
Leach, Sir Edmund　埃德蒙·利奇爵士（克莱尔，国王）
Leavis, Frank Raymond　弗兰克·雷蒙德·利维斯（以马利，唐宁）

Lee, Kuan Yew　李光耀（费茨威廉）
Lehmann, Rosamond　罗莎蒙德·莱曼（戈登）
Leigh, Sir Thomas　托马斯·利爵士（剑桥）
Leland, John　约翰·利兰（基督）
Leppard, Raymond　雷蒙德·莱帕德（三一）
Lewis, C.S.　C.S.刘易斯
Lipton, Peter　彼得·利普顿（国王）
Lloyd, Sir Geoffrey　杰弗里·劳埃德爵士（国王，达尔文）
Locke, John　约翰·洛克
Loke, Charlie　陆容威/查理·陆（国王）
Longuet－Higgins, Hugh Christopher　休·克里斯多佛·朗格特—希金斯（圣体）
Lonsdale, Anne　安·朗斯代尔（新堂）
Lorenz, Konrad　康拉德·洛伦茨
Lowry, Malcolm　马尔科姆·劳里（圣凯瑟琳）
Luther, Martin　马丁·路德
Macaulay, Lord Thomas Babington　托马斯·巴宾顿·麦考莱勋爵（三一）
Macaulays　麦考莱家族
McBurney, Charles　查尔斯·麦克伯尼（国王）
MacGregor, Joanna　乔安娜·麦格雷戈（新堂）
McHugh, Sean T.　肖恩·T.麦克休（剑桥）
Madge, Charles　查尔斯·马奇（抹大拉）
Maine, Sir Henry　亨利·梅因爵士（彭布罗克，三一堂）
Maitland, Frederic William　弗雷德里克·威廉·梅特兰（三一）
McKellen, Sir Ian　伊恩·麦凯伦爵士（圣凯瑟琳）
McKenzie, Dan　丹·麦肯齐（国王）
Malthus, Thomas　托马斯·马尔萨斯

（耶稣）

Marchant, Jean 让·马尔尚

Marlowe, Christopher 克里斯多佛·马洛（圣体）

Marsh, Sir Edward Howard 爱德华·霍华德·马什爵士（三一）

Marshall, Alfred 阿尔弗雷德·马歇尔（圣约翰）

Martineaus 马蒂诺家族（剑桥）

Marvell, Andrew 安德鲁·马韦尔（三一）

Massey, Daniel 丹尼尔·梅西（国王）

Mathias, Peter 彼得·马赛厄斯（王后，唐宁）

Maurois, André 安德烈·莫洛亚

Maxwell, James Clark 詹姆斯·克拉克·麦克斯韦（三一）

Mendel, Gregor 格雷戈尔·孟德尔

Mendes, Samuel/Sam 塞缪尔/山姆·门德斯（彼得）

Mildmay, Sir Walter 沃尔特·迈尔德梅爵士（基督，以马利）

Mill, John Stuart 约翰·斯图尔特·密尔

Miller, Sir Jonathan 乔纳森·米勒爵士（圣约翰）

Milne, Alan Alexander 艾伦·亚历山大·米尔恩（三一）

Milner-White, Eric 埃里克·米尔纳—怀特（国王，圣体）

Milstein, Cesar 塞扎·米尔斯坦（唐宁）

Milton, John 约翰·弥尔顿（基督）

Mirrlees, Sir James 詹姆斯·默里斯爵士（三一）

Mitchell, Juliet 朱丽叶·米切尔（耶稣）

Mitford, Nancy 南茜·米特福德

Montesquieu, Baron de 孟德斯鸠男爵

Moody, Ken 肯·穆迪（国王）

Moore, Dudley 达德利·莫尔（抹大拉）

Moore, George Edward 乔治·爱德华·莫尔（三一）

More, Henry 亨利·莫尔（基督）

Morland, Sir Samuel 塞缪尔·莫兰爵士（抹大拉）

Morris, Christopher 克里斯多佛·莫里斯（国王）

Morris, Simon Conway 西蒙·康韦·莫里斯（圣约翰）

Munby, Tim 蒂姆·芒比（国王）

Munrow, David 大卫·芒罗（彭布罗克）

Myers, Frederic William Henry 弗雷德里克·威廉·亨利·迈尔斯（三一）

Nabokov, Vladimir 弗拉基米尔·纳博科夫（三一）

Nashe, Thomas 托马斯·纳什（圣约翰）

Needham, Joseph 李约瑟（冈维尔—凯厄斯）

Nehru, Jawaharlal 贾瓦哈拉尔·尼赫鲁（三一）

Newell, Mike 迈克·纽厄尔（抹大拉）

Newman, Cardinal John Henry 红衣主教约翰·亨利·纽曼

Newton, Sir Isaac 艾萨克·牛顿爵士（三一）

Nixon, John Edwin 约翰·埃德温·尼克松（国王）

Noyce, Wilfred 威尔弗雷德·诺伊斯（国王）

Nunn, Sir Trevor 特雷弗·纳恩爵士（唐宁）

Oakeshott, Michael 迈克尔·奥克肖特（冈维尔—凯厄斯）

Oatley, Sir Charles 查尔斯·奥特利爵士（圣约翰）

Ogden, Charles Kay 查尔斯·凯·奥格登（抹大拉）

Orwell, George 乔治·奥威尔

Palladino, Eusapia 欧莎皮亚·帕拉迪诺

Palmerston, Lord; Henry John Temple 帕默斯顿勋爵；亨利·约翰·坦普尔

（圣约翰）

Pasinetti, Luigi 路易吉·帕西内蒂（国王）

Paxman, Jeremy 杰里米·帕克斯曼（圣凯瑟琳）

Peases 皮斯家族（剑桥）

Penroses 彭罗斯家族（剑桥）

Pepper, Sir Michael 迈克尔·佩珀爵士（三一）

Pepys, Samuel 塞缪尔·皮普斯（抹大拉）

Perham, Richard 理查德·佩勒姆（圣约翰）

Perkins, William 威廉·帕金斯（基督）

Perutz, Max 马克斯·佩鲁茨（剑桥）

Peterlin, Borut 博鲁特·皮特林

Pevsner, Nikolaus 尼古劳斯·佩夫斯纳（剑桥）

Pinter, Harold 哈罗德·品特

Pippard, Sir Alfred Brian 阿尔弗雷德·布赖恩·皮帕爵士（克莱尔堂）

Pitt the Younger, William 威廉·皮特/小皮特（彭布罗克）

Plath, Sylvia 西尔维亚·普拉思（纽纳姆）

Plumb, Sir John/Jack 约翰·杰克·普卢姆爵士（基督，国王）

Poe, Edgar Allen 埃德加·爱伦·坡

Poliakoff, Stephen 斯蒂芬·波里亚科夫（国王）

Polkinghorne, Sir John 约翰·波尔金霍恩爵士（三一，三一堂，王后）

Pollock, Sir Frederick 弗雷德里克·波洛克爵士（三一）

Pope, Alexander 亚历山大·蒲柏

Popper, Karl 卡尔·波普（达尔文）

Postan, Sir Michael Moissey 迈克尔·莫伊西·波斯坦爵士（剑桥）

Potters 波特家族（剑桥）

Power, Eileen 艾琳·鲍威尔（戈登）

Powys, John Cowper 约翰·库珀·波伊斯（圣体）

Powys, Llewellyn 卢埃林·波伊斯（圣体）

Priestley, John Boynton 约翰·博因顿·普里斯利（三一堂）

Prince Edward of Wales 威尔士亲王爱德华（三一）

Prior, Matthew 马修·普赖尔（圣约翰）

Prynne, Jeremy Halvard 杰里米·哈尔瓦·普林（冈维尔-凯厄斯）

Puckler-Muskau, Prince 皮克勒-穆斯考大公

Quiller-Couch, Sir Arthur 阿瑟·奎勒-库奇爵士

Rackham, Oliver 奥利弗·拉克姆（圣体）

Raine, Kathleen 凯思琳·雷恩（戈登）

Ramanujan, Srinivasa 斯林尼瓦萨·拉马奴詹（三一）

Ranger, Terence 特伦斯·兰杰

Raven, Charles Earle 查尔斯·厄尔·雷文（基督）

Raven, John Earles 约翰·厄尔·雷文（三一，国王）

Raverat, Gwen 格温·雷维拉特

Ray, John 约翰·雷（三一）

Rayleigh, Lord; John William Strutt 雷利勋爵；约翰·威廉·斯特拉特（三一）

Read, Piers Paul 皮尔斯·保罗·里德（圣约翰）

Redgrave, Sir Michael 迈克尔·雷德格雷夫爵士（抹大拉）

Redman, John 约翰·雷德曼（三一）

Rees, Martin; Baron of Ludlow 马丁·里斯；拉德鲁男爵（三一）

Renfrew, Lord Colin 柯林·伦弗鲁勋爵（圣约翰，耶稣）

Richard, Alison 艾莉森·理查德（纽纳姆）

Richards, Ivor Armstrong 艾弗·阿姆

斯特朗·理查兹(抹大拉)
Ridgeway, William 威廉·里奇韦(彼得,冈维尔－凯厄斯)
Ridley, Nicholas 尼古拉斯·里德利(剑桥)
Riemann, Georg 格奥尔格·黎曼
Rivers, William Halse Rivers 威廉·哈尔斯·里弗斯·里弗斯(三一)
Robinson, Joan 琼·罗宾逊(戈登,纽纳姆,国王)
Rochefoucauld, La 罗什福科公爵
Rothschild, Lord Nathaniel 纳撒尼尔·罗思柴尔德勋爵(三一)
Roubiliac, Louis-François 路易－弗朗索瓦·鲁比亚克
Rowntrees 朗特里家族(剑桥)
Rowthorn, Bob 鲍勃·罗索恩
Runciman, Lord Gary 加里·朗西曼勋爵(三一)
Runciman, Sir Steven 史蒂文·朗西曼爵士(三一)
Rushdie, Sir Ahmed Salman 艾哈默德·萨尔曼·拉什迪爵士(国王)
Ruskin, John 约翰·罗斯金(剑桥)
Russell, Lord Bertrand 伯特兰·罗素勋爵(三一)
Rutherford, Lord Ernest 欧内斯特·卢瑟福勋爵(剑桥)
Rutter, John 约翰·拉特(克莱尔)
Rylands, Dadie 达迪·赖兰兹(国王)
Ryle, Gilbert 吉尔伯特·赖尔
Ryle, Sir Martin 马丁·赖尔爵士(剑桥)
Sainsburys 塞恩斯伯里家族(剑桥)
Saltmarsh, John 约翰·索尔特马什(国王)
Sanger, Fred 弗雷德里克·桑格(圣约翰)
Sassoon, Siegfried 西格弗里德·萨松(克莱尔)
Schaffer, Simon 西蒙·谢弗(三一,唐宁)
Schama, Simon 西蒙·沙马(基督)
Schofield, Roger 罗杰·斯科菲尔德(克莱尔)
Sedgwick, Adam 亚当·塞奇威克(三一)
Sen, Amartya 阿玛蒂亚·森(三一)
Shaffer, Sir Peter 彼得·谢弗爵士(三一)
Shapin, Steve 史蒂夫·夏平
Sharpe, Tom 汤姆·沙普(彭布罗克)
Shaw, George Bernard 萧伯纳
Sheppard, Lord David 大卫·谢泼德勋爵(三一堂)
Shepherd/Shepard, Thomas 托马斯·谢泼德(以马利)
Shirley/Sherley, James 詹姆斯·雪利(圣凯瑟琳)
Shore, Peter 彼得·肖尔(国王)
Sidgwick, Henry 亨利·西奇威克(三一)
Singh, Manmohan 曼莫汉·辛格(圣约翰)
Skinner, Quentin 昆廷·斯金纳(冈维尔－凯厄斯,基督)
Smart, Christopher 克里斯多佛·斯马特(彭布罗克)
Smith, Adam 亚当·斯密
Smith, Sir Thomas 托马斯·史密斯爵士(王后)
Smith, William Robertson 威廉·罗伯逊·史密斯(基督)
Snow, Charles Percy 查尔斯·珀西·斯诺(基督)
Snow, Peter 彼得·斯诺
Spelman, Sir Henry 亨利·斯佩尔曼爵士(三一)
Spencer, Edmund 埃德蒙·斯宾塞(彭布罗克)
Sprott, Walter John Herbert 沃尔特·约翰·赫伯特·斯普罗特(克莱尔)

Sraffa, Piero 皮埃罗·斯拉法(国王)
Stanford, Charles Villiers 查尔斯·维利尔斯·斯坦福(王后,三一)
Steiner, George 乔治·斯坦纳(丘吉尔)
Steinhardt, Paul 保罗·斯坦哈特
Stendhal 司汤达
Stephen, Sir Leslie 莱斯利·斯蒂芬爵士(三一)
Stephens 斯蒂芬家族(剑桥)
Steptoe, Patrick Christopher 帕特里克·克里斯多佛·斯特普图(剑桥)
Sterne, Laurence 劳伦斯·斯特恩(耶稣)
Strachey, Lytton 利顿·斯特雷奇(三一)
Stracheys 斯特雷奇家族(剑桥)
Strathern, Dame Ann Marilyn 安·玛里琳·斯特拉森女爵士(戈登)
Sturges 斯特奇家族(剑桥)
Suckling, Sir John 约翰·萨克林爵士(三一)
Sulston, Sir John 约翰·萨尔斯顿爵士(彭布罗克)
Swift, Graham 格雷厄姆·斯威夫特(王后)
Swinnerton-Dyer, Sir Henry Peter 亨利·彼得·斯温纳顿—戴尔爵士(三一,圣凯瑟琳)
Taine, Hippolyte 希波利特·泰纳
Tambiah, Stanley 斯坦利·坦比亚(国王)
Tanner, Tony 托尼·坦纳(耶稣,国王)
Tear, Robert 罗伯特·蒂尔(国王)
Tennyson, Alfred 阿尔弗雷德·丁尼生(三一)
Tennysons 丁尼生家族(剑桥)
Thackeray William Makepeace 威廉·梅克皮斯·萨克雷(三一)
Thomas, Sir John Meurig 约翰·穆里格·托马斯爵士(国王)
Thompson, Edward Palmer 爱德华·帕尔默·汤普森(圣体)
Thompson, Emma 艾玛·汤普森(纽纳姆)
Thompson, Sir D'arcy Wentworth 达西·温特沃思·汤普森爵(三一)
Thomson, Sir Joseph John 约瑟夫·约翰·汤姆森爵士(三一)
Thomson, William, Lord Kelvin 威廉·汤姆森,凯尔文勋爵(彭布罗克)
Tönnies, Ferdinand 费迪南·滕尼斯
Tosvig, Sandi 桑蒂·托斯维格(霍默顿)
Toulmin, Stephen 斯蒂芬·图尔明(国王)
Trevelyan, George Macaulay 乔治·麦考莱·特里维廉(三一)
Trollope, Anthony 安东尼·特罗洛普
Turing, Alan 艾伦·图灵(国王)
Turok, Neil 尼尔·图罗克(丘吉尔)
Tusser, Thomas 托马斯·塔瑟(国王)
Ullmann, Walter 瓦尔特·乌尔曼(三一)
Vaizey, John 约翰·维西(王后,圣凯瑟琳)
Vaughan Williams, Ralph 拉尔夫·沃恩·威廉斯(三一)
Vaughan Williams family 沃恩·威廉斯家族(剑桥)
Veblen, Thorstein 索尔斯坦·维布伦
Waddingtons 沃丁顿家族(剑桥)
Wade, Sir Thomas 托马斯·韦德爵士/威妥玛(三一)
Walker, Sir John 约翰·沃尔克爵士(希德尼·苏塞克斯)
Waller, Edmund 埃德蒙·沃勒(国王)
Walpole, Horace; Earl of Oxford 霍勒斯·沃波尔;牛津伯爵(国王)
Walople, Sir Hugh Seymour 休·西摩·沃波尔爵士(以马利)
Walpole, Robert; Earl of Oxford 罗伯特·沃波尔;牛津伯爵(国王)

Walsingham, Sir Francis　弗朗西斯·沃尔辛厄姆爵士(国王)
Walton, Ernest　欧内斯特·沃尔顿(三一)
Wards　沃德家族(剑桥)
Watson, James　詹姆斯·沃森(剑桥)
Watt, Ian　伊恩·瓦特(圣约翰)
Watt, James　詹姆斯·瓦特
Wedgwoods　韦奇伍德(剑桥)
Whewell, William　威廉·休厄尔(三一)
Whichcote, Benjamin　本杰明·惠奇科特(以马利,国王)
Whiston, William　威廉·惠斯顿(克莱尔)
White, Patrick　帕特里克·怀特(国王)
Whitehead, Alfred North　阿尔弗雷德·诺思·怀特海(三一)
Whittle, Sir Frank　弗兰克·惠特尔爵士(彼得)
Wilberforce, William　威廉·威尔伯福斯(圣约翰)
Wilde, Oscar　奥斯卡·王尔德
Wiles, Sir Andrew　安德鲁·怀尔斯爵士(克莱尔)
Wilkes, Sir Maurice　莫里斯·威尔克斯爵士(圣约翰)
Wilkins, William　威廉·威尔金斯(冈维尔—凯厄斯)
Willcocks, Sir David　大卫·威尔科克斯爵士(国王)
Williams, Raymond　雷蒙德·威廉斯(三一)
Willis, Robert　罗伯特·威利斯
Wittgenstein, Ludwig　路德维希·维特根斯坦(三一)
Wolsey, Thomas, Cardinal　红衣主教托马斯·沃尔西
Woolf, Leonard　伦纳德·伍尔夫(三一)
Woolf, Virginia　弗吉尼亚·伍尔夫(国王)
Wordsworth, William　威廉·华兹华斯(圣约翰)
Wren, Sir Christopher　克里斯多佛·雷恩爵士
Wrigley, Sir Anthony/Tony　安东尼/托尼·里格利爵士(圣体)
Wyatt, Sir Thomas　托马斯·怀亚特爵士(圣约翰)
Wyse, William　威廉·怀斯(三一)
Xu, Zhimo　徐志摩(国王)
Yalman, Nur　努尔·亚尔曼(彼得)
Young, Thomas　托马斯·扬(以马利)

图书在版编目(CIP)数据

反思剑桥/(英)艾伦·麦克法兰著;管可秾译.—北京:商务印书馆,2022(2022.7重印)
(麦克法兰自选集)
ISBN 978-7-100-20464-4

Ⅰ.①反… Ⅱ.①艾…②管… Ⅲ.①剑桥大学—校史 Ⅳ.①G649.561.8

中国版本图书馆 CIP 数据核字(2021)第 229267 号

权利保留,侵权必究。

麦克法兰自选集
反思剑桥
〔英〕艾伦·麦克法兰 著
管可秾 译

商 务 印 书 馆 出 版
(北京王府井大街36号 邮政编码100710)
商 务 印 书 馆 发 行
北 京 冠 中 印 刷 厂 印 刷
ISBN 978-7-100-20464-4

2022年1月第1版   开本710×1000 1/16
2022年7月北京第2次印刷   印张22¾ 插页4
定价:116.00元